家族のおわり、心のはじまり

ユング派心理療法の現場から

猪股 剛
編著

兼城賢志
大録 慈
植田 静
村田知久
北山 純
西山葉子
相樂加奈
宮澤淳滋
W・ギーゲリッヒ

左右社

家族のおわり、心のはじまり

はじめに　北山　純　4

第一章　家族の傷、「私」の痛み　兼城賢志　15

コラム――沖縄慰霊の日と家族　沖縄のフィールドワークより　西山葉子　58

第二章　戦後八十年の家族、現代の家族　大録　慈　62

コラム――広島から　憎しみとその変容について　西山葉子　102

コラム――ふるさとと祈り　高江洲義英先生のこと　西山葉子　107

第三章　家族という幻想の終焉、心理学の可能態　猪股　剛　112

コラム――白バラ抵抗運動とショル兄妹　ミュンヘンを訪ねて　北山　純　159

第四章　母と私の「忘れた歌」　植田　静　163
コラム――月山本営紫燈祭　相樂加奈　205
コラム――知憩軒　長南光さんの暮らし　相樂加奈　208
第五章　火との対話
火がもたらすもの、もう一つのかたち　村田知久　211
コラム――東京の家族　宮澤淳滋　251
第六章　神を信じない時代における神々へのもてなし
フィレモン―ファウスト―ユング　ヴォルフガング・ギーゲリッヒ　254
第七章　家族を巡って
W・ギーゲリッヒとの対話　290
おわりに　猪股　剛　373

はじめに

北山 純

二〇二一年四月、一人の修道士が帰天した。小崎登明さん、享年九十三歳。同年八月九日の長崎市長による平和宣言の冒頭では、小崎さんの言葉が引用された。「核兵器は、普通のバクダンでは無いのだ。放射能が持つ恐怖は、体験した者でなければ分からない。このバクダンで、沢山の人が、親が、子が、愛する人が殺されたのだ」。

本書冒頭の一節を担当するわたしの役割は、各論へと読者の方々をお誘いすることではあるが、まず初めに私自身がこの長崎の修道士と知遇を得て、ともに過ごした個人的な時間について振り返ることをお許しいただきたい。

いまから十五年以上前になるだろうか、わたしは小崎さんが館長を務める、長崎市の聖コルベ記念館を訪ねた。市電の電停を降り、長崎らしい急な坂道を息を切らせて上り記念館にたどり着いたものの、初訪問のその日、小崎さんは不在だった。小柄で丁寧な受付の女性が「小崎さんのいるときにぜひいらっしゃい」と柔らかな笑顔で声をかけてくれた。

改めて意を決し、しばし経ってから再訪した折には、小柄でエネルギッシュな小崎さんから「どこから来たとね？」と長崎弁で迎えられた。館内を案内してもらい、コルベ神父についての説明を受けた。聖人であるマキシミリアノ・コルベ神父は、ポーランドから長崎に来て宣教活動をし、一九三六年に祖国に帰ったのち、アウシュビッツ強制収容所に入れられた。そこで、家族ある男性が死刑を宣告されたのに際して、コルベ神父は「わたしには家族がありませんので」とその男性の身代わりとなることを申し出て、収容所の餓死室で亡くなったのである。

小崎さん自身の原爆体験についても、詳しく話してもらった（その詳細は小崎さんがものした複数の書籍に記されている）。十七歳の小崎さんは、原爆が落ちたその瞬間、長崎市内のトンネル内の工場で働いていた。トンネルにいたことが幸いし、爆風によってケガをすることはなかった。小崎さんは、爆心地にほど近い自宅に向かって、あまたの死体を見ながら焦土と化した長崎の街を歩いた。その道中で、腹部に重傷を負った数歳年上の工員に出会う。彼は以前から小崎さんとは険悪な関係であり、小崎さんの頬を理由もなくぶん殴ったことのある男だった。ケガのない小崎さんは、腹部が裂けて横たわる工員を見下し、「ざまあみろ」と言ったという。この体験は、憎しみにかられ、敵を許せなかった傷として、のちに修道士となる小崎さんのこころに終生刻み込まれることになる。

このときの出会いをきっかけに、わたしは年に数回ほど長崎に足を運ぶようになり、そのたびに聖コルベ記念館に小崎さんを訪ねた。特にアポイントメントを取るわけでもなかったし、行っても不在で会えないこともあったが、そんな日は先の受付の方とおしゃべりをしたりしながら、また次の機会を待った。訪問を重ねるごとに、原爆やコルベ神父についてだけでなく、互いの日常について話したり、長崎の街について教えてもらったりと四方山話でときを過ごすようになっていった。小崎さんの顔を見て、とりとめなく話をするために通い続けたといってもよい。ただ、会って、話をするのが楽しみだった。

遠藤周作の小説「沈黙」の舞台となった、隠れキリシタンの地である長崎市の外海地区に連れて行ってもらったことがある。軽自動車に乗せてもらい、近年に潜伏キリシタン関連遺産として世界文化遺産に登録されたエリアを旅した。その地の食堂で昼食をともにしているとき、どのような文脈かは記憶にないのだが、珍しく小崎さんと戦争の話になった。わたしが「再び戦争をしないようにするには、どうしたらよいと思うか？」と尋ねると、小崎さんは答えてくれた。「『戦争をしない』と言うのは簡単だけれども、実際に日本は戦争になった。本当に戦争をしなくてはならなかったのか？　そのときの日本や世界はどうだったのか？　それ以外の道はなかったのか？といったことを検証しなくてはいけない。そのうえで、いま何ができるのか、どうすべきなのかを考える必要がある」と。漠然と、「平和を守る」といった甘い言葉を想定していた、文字どおり平和ボケしたわたしに、小崎さんの言葉は鋭かった。小崎さんは原爆体験の語り部活動も行っていたが、そのような講話ではもちろん、平和の大切さや原爆の恐ろしさ、それがくり返されないことについて語っていた。しかし食堂でのやり取りでは、その先にある扉を示してくれたのではないか、といまとなっては思えてならない。

小崎さんの言う「検証」とは、単に社会情勢について回顧することのみならず、その時代に生きる一人の人間としてどうあるかという問いを自分自身に投げかけ、みずからその問いを引き受けて考える必要があるということなのだろう。心理学に携わる者としてその言葉を反芻するならば、「戦争をしない（すなわち、戦わない）」といった一義的な目標を先に立て、それを安直なテーゼとして掲げるのではなく、戦いに伴う恐怖、痛み、血や涙、戦わないと得られないもの、戦わざるを得ない必然といったことをも含み込んで悩み抜くことが、「考える」ということなのだと思われる。

二〇二〇年八月、小崎さんの人生がＮＨＫのドキュメンタリーとして放送された（「こころの時代　宗教・人生『弱さを希望に』」）。原爆体験や、コルベ神父とのつながりを小崎さん自身が丁寧に語り尽くしていて見応えがあったが、何にもましてわたしが胸を打たれたのは、番組最後での言葉だった。番組のディレクターから「十七歳のときに、『ざまあみろ』と言った先輩に、いま声をかけるとしたら？」と問われた九十二歳の小崎さんは、一言一言かみしめるように答えていた。「『大丈夫か』だな。そう声をかける。手を伸ばして、助けてあげるということは、勇気がいることだしね。だけど、コルベ神父さまを知った以上は、そういう人間になりたいということは、自分でね、こころの隅にはあります。『大丈夫か』という声はかけたい。そして、手を伸ばして、起こして、助けるかというところは、そこは、人間の弱さがまだ残っているからね。まだわからない」

修道士である小崎さんにとって、この瞬間、神の名や信仰をもって自分の人生の変化を語り、自分のこころの傷が癒やされ、救われたと宣べ伝えることもできたかもしれない。「助ける人」であったコルベ神父を身近にしながら生きてきて、そのことが自分に及ぼした影響を喧伝することもできたはずである。しかし、人生の最晩年を迎えた小崎さんの口から語られたのは、そのようなシンプルでわかりやすい、結論めいた発言では決してなかった。むしろ、「まだわからない」という言葉で、いまなお自分が葛藤を抱え、悩み続けていることを表現していた。キリスト者として生き、コルベ神父の人生に触れた小崎さんは、できうることならば相手を許す、手を差し伸べる人間でありたいという願いをもちつつも、それができるかわからないという不確かさも同時に体験していたのであろう。

何かが「わかった」、自分が「変わった」と明言できるならば、そこで問題は消失し、こころの動きも止まる。しかし、七十五年前のこころの傷を消し去るのではなく「まだわからない」と抱え続け、現在進行形のままで目の前に置き続けることによって、「考える」ことができる。すなわち「考える」という営為は、いまここにある現象に誠実にかかわり続けることにほかならない。それは必ずしも容易なことではなく、みずからに苦しみを強いることでもある。

本書は、ここで述べたような、目の前のことにこころをこめて誠実にかかわる、という試行錯誤の結果として生み出されたものだといえるようにわたしは思っている。いずれの章においても、執筆者がそれぞれの掲げたテーマに対してぐるぐると思索を巡らせ、対話し、「考える」ことを通じて書き綴られた論考である。問いに対する明確な答えや、わかりやすい結論のようなものを提供することは必ずしもないかもしれないが、このような執筆のあり方そのものが、クライアントの表現するイメージに向き合い、それと対話しながらクライアントとともに歩むユング派心理療法のアプローチと重なるようにわたしには思える。

そのような円環する「思索の書」としての本書は、家族をテーマとしている。なぜ家族なのか、そして家族を通じてわたしたちがとらえようとしていることはなにかについて、言葉にしてみたいと思う。そのためにもう少しだけ、小崎さんの力を借りることにしよう。

北朝鮮で生まれ育った小崎さんは、小学校一年生のときに父を亡くしている。父親は先述した外海地区の出身、母親は原爆の爆心地である長崎市浦上の生まれで、北朝鮮にいたときは町に唯一のカトリック家族だったという。特に母親は熱心な信者で、朝夕の祈りに始まり、生活のなかに信仰生活のある環境で育った。母子は中学のときに長崎に戻り、一九四五年の原爆の日を迎える。トンネル工場に向かうために家を出るとき、台所でにっこりと笑う母を見たのが最後の姿であった。爆弾が投下された日の夕方、家のあった場所にたどり着くと、家は燃え尽きており、母の遺骨さえ拾えなかった。

小崎さんは十七歳にして両親を失い、兄弟もなく、ひとりになった。そして、神学校に入ることを望んで、聖母の騎士修道院の前に立つ。アウシュビッツで亡くなる前、長崎にいたコルベ神父が生活していた居所であり、生前の母とともにその敷地内にあるルルド（泉のある祈りの場）に幾度となく参詣していた思い出の場所でもあった。ポーランド人の修道士たちは小崎さんを迎え入れて、彼らが小崎さんにとっての新たな「家族」となってゆく。小崎さんは著書に「北朝鮮で父を失い、原爆で母を爆死させた孤独の少年にとって、父の匂いを与え、母代わりに育て教えてくれたのは、この人たち〔修道士や神父〕だった。全くの無一物だった私はポーランド人修道士の胸に飛び込んでいった」と記している。

小崎さんは死を迎える最期の日まで、ほぼ毎日欠かさずブログを書いていた。そこには、数少ないであろう母親の写真が掲載され、母との思い出が記されることがしばしばあった。齢九十を超えてもなお、小崎さんにとっての母親像は、少年時代の記憶のまま変わることなく残っているのだ。周知のことだが、カトリックの修道士は妻帯をせず、男子修道会は男性だけの社会である。それは多くの人びとからすれば特殊な生活形態だと見られるだろうし、いわゆる「家族」とは異なる、信仰を基盤としたコミュニティである。しかし小崎さんが書いているように、そこで修道生活をともに送る者たちが父であり、また母でもあり、共同生活の場が家であったのだろう。修道者であったことから考えてみると、キリスト教という信仰が、修道院が、小崎さんを包み込む家として、家族として機能していたとも考えられよう。そこは実際的な家とは異なるこころのなかのスペースであり、人の集まりでもある。加えて言えば、聖母の騎士修道院が母と一緒に通った祈りの場であり、小崎さんの信仰そのものが親から受け継がれたものだと考えると、小崎さんが修道士であること自体が、亡くした親をこころのなかで生かし続けている営みのようにも思える。

小崎さんの人生の一端を参照するだけでも、「家族」というもののもつさまざまな側面が見えてくる。家族そのものは親と子という関係が世代を超えて連鎖しながら続いていくという歴史性をもつ。もちろん、その歴史がどこかで止まったり、また横に広がっていったりと、複雑でオリジナルな過程を経るものではあるが、必ず誰かを親として出生する以上は、歴史性をもたない家族はあり得ない。キリシタンの里に先祖をもつことも、信心深い親に育てられることも、家族の歴史の一端だと考えられる。また、家族は「父、母、子」というユニットで構成されることが一般的ではあるだろうが、それとは異なる関係性を「家族」として（みなして、といった方がよいかもしれないが）生きている人も数多い。小崎さんのように、男性修道士たちに囲まれて生きるということもあるわけである。

　そのような他者との新たなつながり方の一例として、映画「ノマドランド」で描かれる車上生活者たちについて少しだけ触れたい。二〇二一年のアカデミー賞作品賞を受賞した本作では、家を離れ、車上生活者として生きる高齢者たちの姿が描かれている。そのなかで主人公は、「homeless」ではなく、「houseless」だとみずからを説明する。諸般の理由から家屋、建物としてのhouseは失っているかもしれないが、こころの基盤となるhomeを失っているわけではないのだと主張するのである。現に彼らは、全米各地を車で転々としながら種々の季節労働に従事し生計を立てており、その姿は社会に背を向けたり経済活動を放棄したものではない。また、トライブと呼ばれる車上生活者同士のコミュニティを形成しながらゆるいつながりを保つ彼らは、そもそも人間関係自体が希薄で、それを回避するのみの人生を生きている人びとでもないように思われる。作中の登場人物の姿からは、出会いがもたらす友情も垣間見え、新しい人と人とのつながり方が生まれていることがわかる。高齢になって改めて、そのような他者とのつながり方の変化が生じていることも興味深い。その一方で、それぞれの車上生活者が、かけがえのない家族との離別を体験してきていたり、その喪失の傷をいまなお抱え続けていることが通奏低音として流れているのも特徴である。トラディショナルな家族を否定し、新しいhomeをつくろうとしている物語だからこそ、よりくっきりとしたかたちで「家族」について実感せざるを得なくなる作品のように思われる。

私自身は、心理療法家としてこころの問題を抱えた人（クライアント）に出会うことを仕事にしている。クライアントの語りに「家族」についての話題は極めて多く出現するし、さまざまな家族と、そこに生きる人びとに出会ってきた。昨今では、上述したような伝統的な家族ユニットを生きていないクライアントは決して少なくないし、表面的には家族成員が揃っていても、心理的にはつながりがなかったり、つながりが歪であるがゆえに問題が生じているような家族にも出会う。このような臨床的な現実については、本書の各論を読んでいただくほうがよりイメージが広がりやすいに違いないので、ここで逐一例を挙げて述べることはやめておきたい。ただ、わたしが家族をめぐるテーマを臨床場面で受け止める際の視座について触れておくとするならば、家族の特徴を問題の原因として還元的に理解しようとしない、ということであろうか。いまある問題が、「こんな親に育てられたから」「こんな家庭環境だったから」生じているという安易な因果関係に流れることはできるだけ避けたい。なぜなら、小崎さんのエピソードでも述べたように、そこで問題は消失し、こころの動きが止まるからである。そのような因果論は、「母親の理解が得られれば」「家庭の状況が変われば」何かが動くだろうとみなす方向、すなわちこころの外側にあるものに着眼し、こころそのものに目を向けなくさせてしまう（そして、そうさせる力は恐ろしいほどに強い）。

あくまで心理療法という軸足を保ち、クライアントのたましいの動きに目を向け続けるとするならば、そこでの営みは、家族形態の特色でもって当人の心理状態を説明することでも、外的な現実から性格傾向や病理性を判断しようとすることでもない。たとえばある人にとっては、最後に認めた母の表情の記憶かもしれない、あるいは、男性修道士に抱きかかえられた瞬間の体験なのかもしれない。その一つひとつをクライアントとともに味わいながら、人のこころに現れる家族とはどういったものなのか、その普遍性と個別性について考え続けることを大切にしたい。決して容易に「わかった」ところにたどり着けるわけではないし、ぐるぐると考えを巡らせることになるだろうけれども、クライアントのたましいからは目を離さずにいたい。それこそが、私自身にとっての「家族」についての心理学である。そして、たましいから目を離さないというあり方は、本書全体を貫いているものと重なるのではないかというのが、すべての原稿に目を通したわたしの実感である。

前置きはこのくらいにして、各論に進んでいただくほうがよいのだが、最後にもう一つだけ、わたしの感じる本書の特徴をお伝えしておきたい。それは、各論の著者である心理療法家たちが、自らの家族について、そのパーソナルな部分を丁寧に言葉にしていることである。一般的に心理療法においては、心理療法家が自身のパーソナルな情報をセラピーのなかで開示することは基本的にはしない。あくまでもクライアントの語りを聴き、クライアントについて考えることに主眼が置かれる。しかし本書では、著者たちが自分にとって大切な家族とのエピソードや、そのときに生じた心情、出自といま現在の自分自身とのつながり、みずからのふるさととなる土地への思いなどを記している。どの著者も、家族や、故郷や、大切なこととのつながりを含めて、どのようにして自分を語るかを吟味し、その表現にどこか戸惑いや痛みを感じながら執筆したのではないだろうか。一般的なエッセイでは当たり前のことかもしれないが、クライアントとの関係を生きることを仕事にしている者にとっての自己開示は、少なからず勇気のいる行為だとわたしは思う。

いわゆる心理臨床の専門家を読者の中心層として想定せず、より広い層に届くことを願っている本書ではあるが、どのような方々が手に取ってくださるのか、わたしにはまだくっきりとしたイメージがもてていない。しかし、小崎さんの言葉を信じれば、「わからない」からこそ、そこには未知なる可能性も生まれてくるはずである。本書を通じてわたしたちの思索の一端に触れていただき、読者の方々と「考える」営みをともにすることができることをこころから願う。

第一章　家族の傷、「私」の痛み

兼城賢志

一　心と家族

心の苦しみ

心理療法では、苦しみの言葉が語られる。

「調子が悪い」「死にたい」「苦しい」「怖い」「どうしたらいいのかわからない」「解決策がない」「ムカつく」「殺してやりたい」「どうして私ばかりこんな目に」「すべてぶち壊したい」「みんな死んでしまえばいい」「早く世界が終わればいい」「戦争に行って死ぬ方がマシ」「消えたい」「さびしい」「つらい」「あの人を許せない」「自分が嫌い」「自分が醜い」「こんなはずじゃなかった」。

どれだけ言葉を尽くしても、自分の苦しみをほんとうに表す言葉が見つからない。心理療法を訪れる人は、語り得ない体験を生きている。彼らは言葉を探して何時間も語り、心理療法を生業としている私は何時間も話を聴く。ときには絵を描いたり、昨夜見た夢について語ったりしながら、まだ言葉にならない言葉を探す。

心理士は「話を聴くことしかしない」と批判されることがある。そう言われると、どう答えていいのか困ってしまう。社会学を学ぶ人からは、こう言われたことがあった。

「川で溺れている人がいる。その人を助ける。しばらくすると、また溺れている人が流れてくる。その人をまた助ける。心理士は、川で溺れている人を助ける仕事なんだと思う。でも社会学は川の上流で何が起きていて、なぜ人が流れてくるのかを考える学問なんだ」

心理療法は政治や社会の「暴力」に対して無自覚ではないか、と言われたこともあった。この言葉はつらかった。確かに目の前にいるひとりの人のことしか考えられない。政治や社会の問題がその人を苦しめていると感じることもあるし、そのことについて話い合いもする。けれど、私たち心理士は福祉士ではないし政治家でも社会学者でもないから、政治や社会の問題に対して基本的に無力だ。その人とその人の心について話し合い、共に感じ考えていくことしかできない。なんて無力な仕事だろうとときどき思う。それでも言葉を探している人がいるから、心理療法の仕事を引き受ける。心の苦しみのことになると、人はそう簡単に自分が何に苦しんでいるのかわからない。心が何に傷ついているのかわからない。だから、誰かが共に痛みを感じ、言葉を探さないといけない。

苦しみとしての「家族」

臨床心理学では、心の苦しみの原因が家族にあると言われることが多い。たとえば、「母親が気持ちをわかってくれない人だったから、いまも苦しんでいる」とか、「父親が忙しくて家にいないことで、家族のバランスが崩れた」とか、家族の問題が現在の苦しみを説明するものとして語られる。確かに「子どもの頃に家族から受けた傷によっていまの苦しみが形成されている」という説明は、一見すると科学的で、ある程度説得力があるようにも思える。けれど、実際に心理療法のなかで話を聴いていると、心の苦しみはそう単純に説明されるものではない。

特に日本では心の苦しみを家族の問題として説明しようとする傾向が強いように思う。ドイツの心理学者ギーリッヒと事例検討会を行うと、「この人はもう成人しているのに、どうしていまでも親のことを責めているのですか?」とよく質問される。西洋の心理学から見ると、日本人が自分の心の問題を家族の問題で説明することは、少し異様に見えるらしい。歴史的に日本人は儒教の影響を受けてきたし、「先祖崇拝」という霊的文化を生きてきた。だから、個人主義が確立された現代でも、人びとの心には「家族」が重要なものとして強く残っているのかもしれない。西洋人のように、「私」と「家族」は別々の独立した人間である、という考え方を受け入れることは、頭でわかっていても心が追いつかない。

もちろん西洋で誕生した臨床心理学でも、「家族」は重要視されている。たとえば、臨床心理学の礎をつくった神経科医のフロイトは、家族との関係から心が形成されると考えた。フロイトは男児が母親を愛し、父親を排除したいと願うことを、エディプス・コンプレックスと名付け、理論の基盤に据えた。興味深いのは、フロイトがこの着想に至った道筋だ。

一八九六年、フロイトの父ヤコブが八十二歳で死去した。父の死に直面したフロイトは友人フリースに次のように手紙を書いた。

「父の人生はその死のかなり前に終わっていましたが、私の内的な自己においては、この出来事によって過去全体が再び喚起されたのです。私はいまや完全に根こぎにされたと感じています」(『フロイト　視野の暗点』)

父ヤコブは老いており、すでにフロイトの人生にとって重要な人物ではなかった。しかし、父は死ぬことによって、フロイトの心にとって最重要人物として浮上してきた。ここから、フロイトは幼少期の回想や夢を手がかりに自己分析を始めて、後に人文科学に大きな影響を与える精神分析理論をつくっていった。フロイトにとって生前は重要でなかった父親が、「死者」になることで最重要人物として回帰した。そして、それがフロイトにとって、みずからの心との対話、すなわち心理学の始まりだった。

このことを思うと、西洋の精神文化では「家族」はすでに死んだものとして重要なのであり、心を形作る「家族」はあくまで心のなかに回想されるイメージであることがわかる。西洋の心理学は、現実の家族と「心のなかの家族」がしっかりと区別されていることが前提となる。一方で、日本人の場合は、この区別が曖昧になっていることが多いように思う。だから大人になって、離れて暮らしていても、「家族」が自分の人生にとって特別に重要な存在に感じられるし、家族のことを思うと、喜びや悲しみや、切なさがこみ上げてくるのかもしれない。

実際、心理療法に相談に来る人のなかにも個人の心と「家族」が重なり合い、家族全体を巻き込むかたちで心の問題が現れていることは意外と多い。このとき心理療法では、まず実体としての家族を解体することで、心のなかの家族へと視点を移すことが重要になる。そこから、心理学の対話は始まる。

家族の亡霊

ある日、きちんとした服装の中年女性が相談室を訪れた。彼女は、高校生の息子との関わり方について相談したいと希望していた。彼女の息子は小学生の頃から塾に通い、いわゆる「優等生」だった。しかし、息子が中学三年生になり、受験勉強が本格化した頃から、彼女いわく息子はあまり勉強をしなくなった。彼女が勉強するように言うと、息子は怒って物に当たった。その態度に彼女も腹が立って、お互いに怒鳴りあう喧嘩がくり返された。喧嘩がヒートアップすると、彼女はなぜか感情が溢れて涙が出てきた。彼女が息子に「そんなに嫌なら受験をやめるか」と問い詰め、息子も泣きながら「それは嫌だ」と答えるのだった。結局、息子は地元の名門校に合格したが、しばらくして腹痛を訴えて学校を休むようになった。

彼女は息子の大学受験への不安を話した。私は彼女が息子にどういう大人になってほしいと思っているか尋ねた。すると、彼女は少し困った様子で考え込み、「優しい人になってくれたらそれでいいです……」と答えた。彼女自身のコンプレックスが息子との関係に影響を及ぼしているのかもしれないと考え、彼女の生い立ちについて話を聞かせてもらうことにした。

彼女は男尊女卑の家庭で育った。彼女は大学に進学したいと思っていたが、母親が「女の子は結婚して家を出てしまうのだから教育は必要ない」と言って、進学を認めてくれなかった。彼女は少しでも早く実家を出たいと思い、高校卒業後に就職した。

生い立ちが語られるにつれて、彼女が息子に対して「自分と同じようになってほしくない。息子が望むことをなんでもさせてあげたい」と語ることもあった。しかし、依然として家庭内は荒れており、彼女と息子が大声で喧嘩し、ついにはテレビを投げて壊してしまう事件が起きた。近所の人から児童相談所に通告があり、児童虐待を疑われた彼女は事情を説明しなければならなかった。彼女は憔悴した様子で相談室に現れた。しかし、息子について語っていくうちにだんだんと熱が入ってきて、彼女は鬼気迫った様子で話し続けた。私が言葉をはさむ余地はなかった。依然として彼女の訴えは、息子の大学受験にまつわる不安で占められていた。「優しい人になってほしい」という彼女の願いと、実際に息子に求めている「学歴」とのあいだに矛盾があることを私が指摘すると、彼女は涙を流しながら同意し、自分は大学に行かせてもらえなかったという話をくり返した。私はだんだんと言葉にならない苦しさを感じるようになっていた。

面接は行き詰っていた。私はこのままでは彼女の痛みを共に感じることができないと考え、箱庭療法の技法を用いることにした。箱庭療法とは砂を敷いた箱の中にミニチュアを置き、ひとつの世界を表現する芸術療法の一種だ。「心のなかの風景を共有したいから箱庭を作ってほしい」と伝えると、彼女は興味を示して「やってみたいです」と答えた。

いざ箱庭を目の前にすると彼女は少し戸惑い「こういうの苦手なんです」と笑った。私は「心のおもむくままに作ってみてください」と伝えた。彼女は最初に教会のミニチュアを置いた。続けてマリア像、天使像が置かれた。そして彼女はカモメを置いたが、その後に迷って棚に戻した。次にお地蔵さんが置かれた。これも棚に戻すか戻さないか迷って「ここで止めておきます、これ以上置くとごちゃごちゃしそうなので」と言って彼女は制作を終えた。タイトルは『安心できる世界』だった（写真1）。

　私は箱庭を見て、ようやく彼女の苦しみを理解できたように感じた。マリア像や少女たちが輪になっている箱庭から、彼女の心が母性と子どものイメージで溢れていると感じられた。明らかに異様だったのは、その輪の外側に置かれて、こちらをじっと見ている「お地蔵さん」だった（写真2）。私はこのお地蔵さんについて尋ねた。すると彼女は「これはご先祖様のイメージです」と答えた。「ご先祖様は大事。でも重たいん

写真1

です」と苦笑して、彼女は先祖について何気なく語り始めた。

彼女の先祖は農民だったが、道路の開発で農地を手放さないといけなかった。道路建設の反対運動もしたけど駄目だった。「ご先祖様がいるから自分がいるという気持ちもあるけど、見張られているという感じもする」と彼女は述べた。私は「マリア様や天使たちとお地蔵さんというという対比が印象的でした」と伝えた。すると、彼女は「キリスト教は個を大切にするイメージなんです。それに対して仏教は縦のつながりを大事にするイメージ。いまの自分にとっては、それは窮屈だったんです。『私は私、あなたはどうしたいの』ということを大事にしたい」と答えた。その後の面接で、彼女は「息子から離れないといけない」と語り、パートタイムの仕事を探し始めた。

彼女の先祖は近代化の過程で土地を奪われた農民だった。長い歴史のなかで日本人にとって稲作は人生のすべてだった。しかし、近代になって米の価値は下

写真2

がり、田んぼは売り払われて道路や住宅地になっていった。同時に社会の価値基準としては、食物がたくさん収穫できることよりも「学歴」が重視されるようになった。人びとは先祖から受け継いだ土地とのつながりを失い、農民としての尊厳を失った。彼女の母はその経験を記憶している世代だったのだろう。彼女は新しい時代の流れのなかで大学に行くことを希望した。けれど、彼女の母にとって新しい時代を象徴する「大学教育」や「学歴」は、農民から土地を奪い、「家」から女性を奪う忌まわしいものに見えたのかもしれない。

従来の日本の精神性においては、先祖代々受け継いできた土地を守り、「家」を存続させることが最も重要だった。けれど、戦後の経済発展の過程で価値観は急速に変わった。当時、女性が「学歴」を身につけたり仕事を続けたりすることは、「家」からの解放を意味していたのだろう。彼女もすぐに就職して、ひとりの女性として強く生きてきた。しかし、箱庭表現からわかるように、彼女の心の奥底には依然として「先祖」がいる。この「先祖」がお地蔵さんで表現されたことが興味深い。本来、「お地蔵さん」は人びとを救ってくれる地蔵菩薩であり、民間信仰では子どもを守る役割や水子供養の役割を担っている。この「お地蔵さん」が彼女の心のなかで力を振るい始めたのは、彼女が子育てに取り組んでいたからだろう。彼女の箱庭では、その「お地蔵さん」が彼女を守っているようでいて、実は見張っている。それは母性のネガティブな側面を表しているとも言える。

お地蔵さんとして現れた先祖とのつながりから自分を解放し、自分の人生を取り戻すために彼女が用いたのが、一神教であるキリスト教のイメージだった。けれどマリア像が置いてあることから、ここで表現されるイメージもまた母性の影響が強いことがわかる。この箱庭では、母性のふたつの側面がせめぎあっている。つまり、子どもを守ろうとして「家」の価値観に縛りつける力と、子どもを守り、育むことで「家」から巣立っていくことを促す力である。このことは、「学歴」を身につけさせないといけないという不安と、「息子の望むようにさせてあげたい」という気持ちとのあいだで揺れ動いている彼女の心情とも重なっていた。

彼女の箱庭表現が私に教えてくれたのは、「家族の問題」が単純に親子関係の反復という物語で理解されるわけではない、ということだった。心に影響を与え、私たちをどうしようもなく突き動かしている「家族の問題」は、いま生きている家族ではなく、むしろ会ったこともないような先祖や死者のかたちをとって現れることもある。それは特定の誰かではなく、どのように対話して良いかわからないものだからこそ、人はその影響から逃れ難く、苦しみながらも同じことをくり返してしまうのだ。

家族は知らず知らずのうちに、無意識的な価値観やある種の幻想を共有し、それは親から子へ、その子からまた子へと、世代を越えて受け継がれる。ユングはこのように家族に共有されているコンプレックスを「家族の亡霊」とも呼んでいる。この世界にまだ心理学がなかった時代には、「家族の問題」が起きたときに誰かを責めるのではなく、人びとは亡霊が悪さをしているのだと思ったかもしれない。しかし、現代では「亡霊」を信じるという霊的文化が失われているために、家族のコンプレックスが「亡霊」として現れることはない。家族のコンプレックスは「受験」や「結婚」など家族が変化する時期に親子間の葛藤として現れる。あるいは「虐待」「家庭内暴力」などの激しいかたちで現れることもある。このとき、私たちは家族の誰かに原因を押し付けるのではなく、家族全体を突き動かしている「亡霊」の正体を突き止めなければならない。「亡霊」は人びとに力を及ぼす一方で、実体がなくとらえがたいものだ。その正体を見極めることも容易ではない。けれど、心理士はわかりやすい因果論で心の苦しみを理解するのではなく、この「とらえがたさ」に留まり、クライアントとともに考え続けないといけない。

二　家族をめぐるフィールドワーク

月山の死者

心の深いところで影響を及ぼしている「家族」を考えるためには、先祖や死者も含めて研究しなければならない。私はそう思って死者儀礼をめぐるフィールドワークに参加した。フィールドワークに参加することで、現代人の苦しみを「家族」や「先祖」という言葉から理解できるのではないか。私はそう期待していた。

フィールドワークは八月十三日から十五日のお盆の時期に行われた。山形県出羽三山の霊山である月山では、柴燈祭《さいとうさい》が執り行われることになっていた。柴燈祭とは、毎年、月山山頂で焚かれる迎え火の儀礼である。私たちはそれに参加するために月山を登ることになった。八合目まで車で行き、そこから山頂を目指して山を登る。八合目に着いたとき空は曇っていたが、雨は降っていなかった。なんとかなりそうだ、と私たちは安心した。八合目の弥陀ヶ原はところどころに池があり、そのあいだに白や黄の可憐な花が揺れていた。阿弥陀如来に出会えそうな穏やかな風景だった。登山道の途中には石碑や墓があり、あんこ餅が供えてあった。

しかし、「行者返し」と呼ばれる急峻な岩場を過ぎ山頂に近づくほどに雨風がひどくなった。やがて景色は雨でけぶって一〇メートル先も見えなくなった。私は装備が不十分で服に雨が染み込み、ずぶ濡れになった。だんだんと足が重くなった。小さな岩をまたぐだけでも足が動かない。私だけではなく参加者は皆必死だった。次第に言葉も交わさなくなり、少しでも早く山頂小屋に到着しないと体がもたないという焦りを感じていた。横殴りの雨に打たれて、よろめいた。耳元では風が轟々と鳴っていた。あまりにも身体が重たく、私はふいに恐怖を感じた。月山の死者が荒ぶっているのではないか。お盆に山に登るなんてすべきではなかったのではないか。そんな妄想のような不安がこみ上げてきた。

ようやく「月山山頂」と書かれた看板が見えた。鉄鎖をたどって私たちは矢印のさす方向に進んだ。やっと頂上についたとき、目の前にあったのは「月山山頂」と書いてある小さい標だけであった。目の前には何もなく、雨風が轟々と鳴っていた。そのとき、私たち全員が一瞬絶望した。山が私たちの精神性にとって何か重要な意味をもっているのではないかと思って、私たちは山頂まで登ってきた。しかし、そこには何もなかった。そこにあるのは寒々しい風景と、私たちの体力が尽きかけているという事実だけだった。

「山頂小屋が見えない。どこかで道を間違えたのか。ここじゃなかったのか」と不安になって言葉を交わしたが、私たちはすぐに冷静さを取り戻した。鎖をたどって山頂から少し降りると、別の道が奥に続いているのが見えた。二十分ほど道を進んでいくと、雨の中にぼんやりと山頂小屋が見えてきた。助かったと思った。

雨風の中の炎

すぐにストーブで体を温めた。冷静になって考えると、身体が動かなくなったのは急激に体温が下がったからだと思った。ずっと歩いていたので気づかなかったが、山頂付近の気温は十度を下回っていた。そんななかでずぶ濡れで歩いていたのだから、自分の愚かさが嫌になった。もうひとり私と同じように装備が不十分だった参加者と話すと、彼も「身体がまったく動かなくて驚いた。まるで死者に足を引かれているみたいだった」と言った。死者が荒ぶっているという妄想を抱いたのは、私だけではなかったのだ。

その日はひどい雨だったので、山頂小屋には常連客しか来ていなかった。毎年親子で来ているという常連客に話を聞くと、例年は予約が一杯になるほど宿泊客がいるのだが、今年は天気が悪いから柴燈祭を目的に来ている一部の人しかいないということだった。

空は分厚い雲に覆われていた。太陽が沈んだのかどうかもわからなかった。あたりがぼんやりと薄青くなってきた頃に、祭りが始まると聞いて私たちは屋外に出た。

神社の裏手が崖になっていて、そこに塔婆などの木材が積み上げられていた。常連の一家は、どんなに雨が降っていても儀式が始まるといつも雨風がおさまるから不思議だと言っていた。しかし祭りが執り行われるときになっても、雨風はおさまらなかった。宮司さんは「こんなことは初めてだ。神様が怒っているのかもしれない」と言った。雨がほとんど真横に降って見えるほどに強風が吹く中、山積みの塔婆に火が放たれた。驚いたことに、火は勢いよく燃え広がり、大きな炎となって渦巻いた。私は石垣の上に膝を抱いて座った。風に体温を奪われないように身体を小さく丸めて、儀式の炎を見つめていた。どんなに雨が吹き付けても勢いの衰えない炎は、神々しく見えた。風の音で耳を塞がれ、雨の冷たさで手足の自由を奪われ、じっと炎を見つめていると、次第に私の意識は炎とそれを取り囲む闇しか見えなくなった。そのとき、ふと聞き覚えのある祝詞が聞こえて来た。

綾に綾に奇しく尊と　月山神の御前を拝み奉る

これまでのフィールドワークで山伏の成瀬正憲さんに何度か修行体験をさせてもらっていた。月山の麓で聞いたその祝詞がなぜかとても懐かしく聞こえた。何百年もこんなふうに炎が焚かれ、人間は祈りを捧げて、死者との再会を待ち望んできたのだという実感が湧いてきた。

どれほどの時間が経ったのかわからなかった。気がつくと私の手足は寒さのために感覚がなくなっていた。私は祭りを中座して、ひとり山小屋に戻ることにした。炎が見える場所から離れると、あたり一面が暗闇だった。神社から数十メートル先の山小屋まで真っ暗で何も見えない。私は足の裏で感じられる石畳の感触を辿りながら、少しずつ歩みを進めた。暗闇の奥深くから強風がやってきて、私の身体を揺さぶっては通り過ぎていった。ふらつきながらも、じりじりと一歩ずつ進んだ。ふと闇の中にうっすらと白いものが浮かんでいることに気がついた。まるくぼんやりと浮かぶそれは、道の先まで続いていた。この先に山小屋があるのだとわかった。そのとき私は思い出した。道の両脇には白い紫陽花が咲いていた。その紫陽花がいま分厚い雲を通り抜けてくる微かな月のひかりをあつめ、薄く光っているのだった。

曼陀羅

翌日、しとしとと雨が降る中、私たちは下山した。八合目まで戻ってくると雨は止み、風も弱まっていた。その日は知憩軒という宿に泊まり、女将の長南光さんにインタビューすることになっていた。

光さんは山形の農家に生まれ、農家として生きてきた。光さんは自分の畑で採れた野菜を使ったさまざまな山形料理を出していた。そのどれもが素材の味が生きていて、じっくりと命と対話しながら食べているような気分にさせてくれるものだった。

光さんはいろんな話をしてくれた。光さんは歳を重ねられても小さな身体ひとつで、野菜を作り宿を切り盛りし、病気の猫たちの世話までしていた。それでいて光さんは驚くほどに社会の変化に敏感で、ご自分の考えをしっかりともっていた。ずっと山形に住み、自然と対話し家族と共に暮らしてきた光さんは、七十歳を過ぎて妹さんを亡くした。そのときに命は限られていると感じ、世界のために何かをなさないといけないと思った。そして光さんは曼陀羅を織った。七年ほど時間をかけるつもりだったが、コロナ禍で多くの人が苦しんでいるいまの世界を見て、急がないといけないと感じて三年で完成させたということだった。

光さんは綴織りという伝統的な技工でいろんな図像を織っていた。光さんが綴織りを始めたのは、綴織り作家である遠藤虚籟を知ったことがきっかけだった。虚籟は住職だったが、綴織りに出会って多くの作品を作り、有名な作家となっていった。しかし第二次世界大戦を経て、戦争犠牲者を弔うために虚籟は生活を一変させた。彼は貧しい生活のなかで犠牲者たちの冥福と世界平和を祈願するために曼陀羅を織った。その曼陀羅は国連本部に寄贈され、いまでも飾られているという。

光さんは離れにある制作部屋を見せてくれた。部屋に入ると四方の壁一面にずらりと作品がかかっていた。「これは東日本大震災の犠牲者のために作ったもの」などと言いながら、光さんは作品を紹介してくれた。私は驚いた。戦争が終わってから七十数年のあいだに日本ではいろんな問題が起きた。私が生きてきた時代だけでも、阪神淡路大震災、地下鉄サリン事件、東日本大震災、新型コロナウイルスの流行、その他多くの災害や事件があった。多くの人が苦しみ、悲しみにくれた。そういった世界の問題に対して、ひとりの女性が仕事を終えて束の間の夜の時間に、あるいは農作業が休みになる冬の時間に、祈りを込めて作品を作っていたのだ。私は祈りというもののかたちを見せてもらった気がした。

臨床心理学でも曼陀羅の表現が重視されていることは知っていた。教科書では「曼陀羅はセラピーの展開点で生じる。それは自己の象徴である」と書かれていた。けれど、私はその意味がよくわからず、自己治癒を引き起こす方法論のひとつくらいにしか思っていなかった。しかし自己治癒のためでもなくセラピーのためでもなく、いわば「自然発生」とも言える光さんの曼陀羅は、私に深い感銘を与えた。曼陀羅は自分のためではなく、世界のために作られるものだった。それは世界の痛みに向けられた祈りだった。自分の心に取り組むということは、世界を作っていくことなのかもしれない。あるいはその逆でもいい。世界を新しく作っていこうと真剣に取り組むことは、自分の心に取り組むことにつながっている。私はそう思った。

翌日、私たちは遠藤虚籟が身を寄せていたという天澤寺を訪れた。本堂に入ると奥のほうに虚籟の作品が飾られていた。ふと後ろを振り向くと、欄間にずらりと寺の町内から出征した青年たちの写真が飾られていた。そのとき、私は月山の山頂で渦巻きながら燃え盛る炎を思い出した。今年もあの炎によって死者たちが呼び戻され、月山の麓の家々に帰り着いた。毎年人びとは死者を待ち望んでいた。こんなにも若くして死んでしまった者たちを家族が待っていた。ちょうどその日は終戦記念日だった。私はなぜか安堵し、涙が流れた。あどけなさの残る一人ひとりの写真を見ているうちに、その死者たちを待ちわびていた家族の思いが私のなかにも流れ込んできたようだった。

戦争に行って帰らなかった若者たちの写真を見て、まっさきに思い出されたのは、ひめゆり平和祈念資料館で見た学徒隊の少女たちの写真だった。資料館にはひめゆり学徒隊の少女たちの写真が、ちょうど同じようにずらりと並んでいた。家族を残して戦地で死んでいった男たちと、島に残って家族を守りながら死んでいった女たちの姿がひとつに重なった。私はそのときやっと理解した。フィールドワークに参加しても、家族や先祖については理解できない。家族や先祖はいま私の血のなかに、心のなかにいる。私が家族や先祖について考えたいのなら、私は故郷に向き合わないといけない。私はそれをずっと避けてきたのだった。

祖母の沈黙

クライアントの心のなかに「先祖」が姿を現したように、私の心のなかにも「家族の亡霊」がいる。その正体はよくわからないが、私の故郷・沖縄と関係しているようだった。一九四五年、私の故郷である沖縄は米軍と日本軍の地上戦の舞台となった。そこで多くの人が殺しあった。私のふたりの祖父は徴兵され、それぞれ満州と台湾に行っていた。島に残っていたのは祖母たちだ。米軍が本島に上陸したとき、父方の祖母はすでに二十代だった。彼女は幼い兄弟を連れて逃げ回った。彼女はその当時のことをよく話してくれた。死体がそこらじゅうにあって、どうしても死体を踏んで歩くしかなかったこと。内臓が飛び出したまま数メートル走って死んだ男性のこと。艦砲射撃を受けて防空壕が崩れ、一瞬にして親戚の家族が全滅したこと。彼女は自分が見てきた残酷な世界をそのままに語った。米兵に捕まれば拷問され殺されると聞いていたが集団自決をする勇気もなく、思い切って捕虜になった。そうして彼女は命拾いをした。彼女の弟は本島北部で従軍していた。沖縄戦は本島南部で激化し多くの死傷者を出したから、北部にいた弟はそのままならおそらく助かったのだろうと彼女は言った。けれど南部にいる家族のことを心配して、弟は南下し、その途上で死んだのだろうと彼女は推測を語った。いまも骨が見つからない弟について語り終えて、彼女は一言「バカだなぁ……」と漏らしただけだった。彼女の腹部には銃弾の跡が残っていた。

　母方の祖母は昭和十年生まれで沖縄戦の当時まだ十歳だった。私が中学生の頃だったか。親戚で集まったときに従兄弟が彼女から戦争の話を聞こうとした。孫たちが祖母を囲んで沖縄戦の話を聴くという、ありふれた場面だった。私は父方祖母のように彼女が熱心に戦争の話をしてくれるのだろうと思っていた。彼女は「まだ十歳で小学校も卒業できなかった」と語り出した。しかしすぐに彼女は沈黙した。気づくと彼女は涙で喉を詰まらせて、言葉が出なくなっていた。普段は厳しい祖母の涙を見たのは、それが最初で最後だった。その場に居合わせた私たちは誰もそれ以上戦争の話を聞かなかった。後日、私の母から聞いた話によると、彼女は十歳のときに母と逃げていたが、流れ弾が頭をかすめて傷を負ったということだった。いまでも頭頂部にその傷跡が残っている。彼女の頭をかすめた銃弾はそのまま背後にいた彼女の母の腹部をうがち、母は死んだ。あの日、祖母の沈黙に触れて初めて、人には語り得ないものがあることを私は理解した。

　今回、私たちは沖縄でも家族と死者儀礼をめぐるフィールドワークを行った。私は故郷でフィールドワークをすることが不安だった。心の奥がざわついていた。私が上京した頃に東京の友人に沖縄戦の話をしたことがあった。そのとき、「苦しい思いをしたのは沖縄だけじゃない」と言われて驚いた。私は東京の人と戦争の悲しみを共有できるものだと思い込んでいた。しかしなぜか友人は責められたと感じたようだった。私はそれ以来沖縄のことをあまり人に話さなくなった。今回のフィールドワークでも心のどこかで「そっとしておいてほしい」という思いがあった。

フィールドワークを通して、私たちは多くの人の話を聴いた。離島から本島に来た人、日系三世として生きてきた人、ユタと呼ばれるシャーマンたち、沖縄文化の研究者。インタビューはどれも興味深いものであり、私にとっては子どもの頃から感じて来た「オキナワ」について、一つひとつ再確認する作業だった。琉球王朝、中国や日本との関係、沖縄戦、米国による統治、霊的治療文化、貧困、方言の喪失、基地問題。しかし私は沖縄について心理学的に研究することは難しいと感じていた。私にとって沖縄は「祖母の沈黙」そのものだった。祖母の沈黙に私は心理学的な意味を与えることができなかった。昔観たＮＨＫが製作した沖縄戦のドキュメンタリーでは、一緒に逃げていた姉を亡くした沖縄女性が、あのとき姉と一緒に死んでいれば、こんな苦しみを抱えなくてよかったと吐露していた。戦争が終わり七十年経っても、消えることがない思いは「一緒に死ねばよかった」だった。私の祖母の沈黙の先にも「あのとき死ねばよかった」という思いがあったのかもしれない。戦争では意味もなく人が死んでいった。男も女も子どもも老人も死んだ。そこには何の意味もなかった。死んでいった人たちの向こう側に顔を覗かせた「無意味さ」が私は恐ろしかった。

精神医学や臨床心理学で沖縄が話題になるとき、たいてい注目されるのはスピリチュアルな治療文化だった。戦争が取り扱われないのが私には不思議だったし、本を読んで失望することも多かった。しかし今回フィールドワークをして気がついたのは、沖縄の霊的治療文化に「戦争」が位置付けられていないことだった。戦争という出来事は沖縄の文化のなかでも消化されていないのではないかと私は思った。たとえば、インタビューに応じてくれたユタに、霊的な問題が起きて相談に来る人のなかに戦争の影響はあると思うかと尋ねてみた。しかし答えは「わからない」というものだった。霊的治療文化のなかで相談を続けているユタたちは、彼らなりに人の苦しみについて理論をもっており、多くの場合、人の苦しみは先祖や家族という文脈で理解される。先祖の霊が怒っていたり苦しんでいたりして、それを鎮めることが相談者の治癒にもつながるのだ。しかしそれにもかかわらず、先祖が体験してきたはずの「戦争」はその文化のなかで語り得ないものだった。

　東京の友人と戦争の痛みを共有することが難しいと気づいてから、私は自分のなかにある正体のよくわからないこの「痛み」について考えていた。それは沖縄と関係しているようだったが、決して「ふるさと」を思うときの懐かしさや郷愁ではなかった。一体この痛みは何なのだろうと思った。その痛みが個人的なものではなく、沖縄の人の心のなかにある集合的なものであると思うようになったのは、沖縄出身の歌手Coccoの「ジュゴンの見える丘」という歌を聴いたときだった。

　二〇〇七年六月、辺野古崎に近いキャンプ・シュワブの沖にジュゴンの親子が泳いでいる姿が撮影された。米軍のヘリポートが移設される予定の海域だった。辺野古へのヘリポート移設には反対運動が起きていた。慰霊の日が近く、沖縄の人びとが戦争への思いを強くする時期に、ジュゴンの親子は基地が建設される海に現れた。そのニュースが報道された直後に、Coccoはライブで「ジュゴンの見える丘」を発表した。Ｃｏｃｃｏはこんなふうに歌っている。

「もういいよ／目を閉じていい／もういいよ／少し　おやすみ／悲しみは　いらない／やさしい歌だけでいい／あなたに降り注ぐ全てが／正しい　やさしいになれ」

　この歌を聴いたときに得体のしれない感情が湧き上がり、私は自分の心のなかにも「オキナワ」があることを感じ取った。それはたとえば祖母が傷ついているとか、その祖母に育てられた母や父が傷ついているとか、そういう具体的な誰かが傷ついているという感覚ではなかった。痛みとともに故郷や先祖を思うときに私のなかに浮かんできたのは、不思議なことに、真っ青な海や強い日差しで消えそうなくらいに白く浮かび上がる砂浜や、暑さに負けずに生い茂る深い緑だった。それはなぜか沖縄という島の自然の風景だったのだ。

　なぜ「ふるさと」を思い痛みを感じるときに思い浮かぶのが、島の自然風景なのだろうか。その痛みの原因は、トラウマの「世代間伝達」なのだろうか。基地建設による自然破壊に対する「痛み」なのだろうか。あるいは、同化政策による言語や文化の喪失が原因なのだろうか。それだけなのだろうか。沖縄で政治的社会的問題が起きていることは確かだろう。けれど心理学者の立場から考えるとき、家族や故郷を思うときの「痛み」がここまで根深いものであることは不可解だった。「家族の亡霊」とは、目に見えないかたちで私たちの心に影響を及ぼしている。言いかえれば、それは考えられる心的内容ではなく心の体験様式そのものであり、「世界」としての風景に同化しているのだ。その亡霊がもたらす痛みは政治や社会の問題のみで説明できないほどに心の奥に浸透しており、ほとんどの人は無自覚のままに傷ついている。心理療法のなかである事例を経験したとき、その痛みがここまで根深いのは、心理学における「私」の成立と関わっているのではないかと思うに至った。

三　家族と故郷の心理学

世界の終わりと「私」の始まり

まだ幼さがのこるけれど、賢そうな顔をした中学二年生の女子生徒が、母親に連れられて、相談室を訪れた。彼女は「隕石が落ちてくるのではないか」という強迫観念に悩まされていた。

彼女が小学校四年生でちょうど塾に通い始めた頃だった。彼女の父親に癌が見つかった。彼女が小学校六年生のときに父親は亡くなった。彼女は当時を振り返って「闘病して弱っていくお父さんを見ているほうがつらかった」「お父さんが亡くなったときは、ほっとして受験勉強にも集中できた」と語った。努力が実って彼女は希望していた中学に合格した。しかし、入学してみると、周囲が真面目な生徒ばかりで「つまらない」と感じるようになった。夏休み明けに数日間学校を休んだことを機に、彼女は母親と口論するようになった。この時期から彼女は「何か悪いことが起きる」「隕石が降ってくるのではないか」という強い不安に襲われるようになった。この不安から、彼女は家を出る前に決まった順番で数字を数えないと外出できなくなった。数字を数え間違えると、また一からやり直しをしないと気が済まず、外出する前に一時間以上かかることもあった。徐々に学校を休む日が増えていった。心配した母に連れられて彼女は相談室を訪れた。

初めて会ったとき、彼女は明るい表情で「隕石が怖いと思ってしまう。きっと人類はどうにかできるともわかっているんだけど」と話した。彼女との面接後に母からも少し話がしたいという希望があり、私は話を聞いた。母によると学校を休み始めた時期に彼女は「なんで学校に行かないといけないのかわからない」「何のために人は生きるの」と言っていたとのことだった。

翌週、私が学校に行きたいのか尋ねると、彼女は行きたいと答えた。その理由を尋ねると、将来医者になりたいので勉強をしないといけないと説明した。「どうして医者になりたいの？」と尋ねると、「人の役に立つ仕事だと思うんで」と彼女はあっさりと答えた。「何のために人は生きるの」と悩んでいた彼女の姿をそこに感じ取ることはできなかった。もしかしたら彼女は成長過程のどこかで何かが引っかかっていて、思春期特有の課題である「自分らしさ」を確立する段階でつまずいているのかもしれない。私はそう感じていた。

実際、心理療法が進むにつれて彼女は「別に医者の仕事が楽しそうだとは思わない」と言ったり、「大学はどこでもいい」「子どもの頃から歴史が好きだったから、美術史や考古学が学びたい」などと語るようになった。私は本音が少しずつ出て来て、彼女のなかからエネルギーが湧いて来ているように感じた。その一方で、隕石に対する不安はいまだに残っていた。私はいまの彼女なら大丈夫なのではないかと思い、風景構成法と呼ばれる風景画を描いて心を表現する技法を用いて、彼女の心のなかにある「隕石」と出会う作業を行うことにした。私がそれを提案すると、少し不安そうな表情を見せた後に、「やってみたい」と彼女は答えた。

　彼女は丁寧に風景を描いた。隕石を描きこむ段階になったとき、彼女は少しためらい、「大きいのと小さいの、どっちがいいんだろう」と言った。私は「より怖いほうにしよう」と答えた。彼女は「じゃあ……」といって大きい隕石を描いた。あまりに大きくて、思わず私も「怖いね……」と漏らした（絵1）。

　その後、彼女は徐々に登校を再開し友だちもできた。私たちはさらに隕石が落ちた後の世界も描くことにした。彼女は写真も何も見ずに、勢いよく絵を描いていった。完成した絵があまりに生々しく描かれていることに驚き、私は言葉を失った（絵2）。「すごく生々しくて、怖い風景だと感じる……」と伝えると、彼女は「一度、東京大空襲の絵を見たことがあるから、リアルに描けた」と答えた。そして彼女は、小学五年生の頃に母親とふたりで東京駅に行ったときのことを思い出した。たくさんの高層ビルを見ている

絵1

と、突然隕石のイメージが湧いて怖かったという。「ビルがすべて崩れたら悲惨だろうなと思った。隕石が落ちた後は空が曇って寒くなり、徐々に人が死んでいくイメージがある」と彼女は語った。私は「迫力のある絵だと思う。これが本当に東京であったことなんだなと感じる」と伝えた。数回の面接の後、急速に強迫症状が消失して、しばらく面接はなくても大丈夫だと思うと彼女は述べた。

　私は面接の当初、彼女の父親が亡くなったことが、症状に何らかのかたちで影響しているのだろうと思っていた。深層心理学では思春期に「心のなかで家族が死ぬこと」が重要であると言われる。たとえば、『ハリー・ポッター』シリーズなどの児童文学で、思春期にさしかかった主人公が孤児であることから物語が始まることが多いのは、このことと関係している。これまでの子どもの世界が終わることは、父母が死ぬこととして心のなかで表現されることがある。あるいは、映画『千と千尋の神隠し』のように父母が豚

絵2

になってしまい、これから一人で生きなければならないという表現になることもある。いずれにしても、父母がいて家族に包み込まれていた世界が終わり、新しい世界が突然に始まるのが現代の思春期だ。彼女はちょうどその時期に父親が病気で亡くなってしまった。このとき、心のなかで行われるべき作業が、実際の出来事として起きてしまった。そのために、彼女は幼年時代を壊して、「私」を成立させることが難しくなったのではないかと私には思われた。

　隕石落下に限らず、気候変動やウイルスの蔓延、核戦争などによって旧世界が終わり、新しい世界が始まるというモチーフは、現代の映画や文学でくり返し描かれている。多くの場合、旧世界が終わった後には、荒廃した世界が広がり、協力したり裏切ったりしながら新たな居住地を求めて旅をしたり、まったく別の生命体との接触が起きる。ここで描かれているのは、旧世界を喪失し、孤独でありながらも自由であって、新しい自分の人生を築いていくという物語である。これは現代的なイニシエーションの比喩であると思う。これまでは「家族」が世界のすべてであった幼年時代が後にされると、ひとりの人間としての「私」が誕生する。それは、荒廃した世界でひとり生きるという比喩になるくらいに、孤独で責任の重さを感じさせるものでもある。

　彼女が隕石を恐れたのは、この新しい世界の始まりを予感していたからだと考えられる。彼女の心が隕石というイメージを生み出し、彼女のなかで新しい展開を生み出そうとしていた。私が心理療法で行うべき作業は、「隕石」というイメージを十分に展開させ世界の終わりを完遂し、彼女が「私」という感覚を持って生きることだった。その後、心理療法の場には「東京大空襲」のイメージが姿を現した。私はこのイメージを受けて、彼女が「私」として生き、世界を作っていくことの重みを感じた。思春期のイニシエーションは、自分の死や動物の殺害などの恐ろしいイメージで現れることが多い。しかし彼女の心が生み出したイメージは、まさに私たちの暮らしている東京の破壊を描き出していた。「家族」だけではなく世界全体の崩壊のイメージが現れたことに、私は圧倒された。しばらく彼女が憂鬱感や悲しみに沈んでいくかもしれないと思った。けれどそれを乗り越えれば、彼女は自分らしく生きる道を見出すだろうとも確信していた。しかし予想に反して、急速に症状が消えて、彼女は明るい表情を保ったまま相談室を去っていった。

故郷の傷

幼年時代の終わりのイメージを心のなかで経験することは、現代人が「私」として生きていくために重要な作業だと考えられる。しかし「私」を確立する時期に家族が死んでしまったり、戦争によって本当に世界が破壊されたりすると、「私」を立ち上げることが難しくなる。より精確には、「私」という存在形式に家族の死や戦争が組み込まれてしまうと言うべきかもしれない。そうすると、家族や戦争は語りうる「意味」ではなく、その人の心を規定する「文法」になってしまう。別の言い方をすれば、心のなかの「傷」と世界の「傷」が結合して、語り得ない体験になってしまうのだ。そうすると、たとえば「私が父を殺した」「私のせいだ」という感覚が強くなりすぎて、罪悪感にさいなまれたり、世界のあらゆる悲惨な出来事がそのまま「私」の痛みになることもある。あるいは、「私」という存在形式が破綻すると「私のせいだ」が反転して「世界が私を破壊しようとする」という確信が生まれ、恐ろしい妄想に発展することもあるだろう。

沖縄に生きる人の心の痛みは、このことと関係しているのではないかと私は思った。沖縄が近代化し主体化していく時期に、戦争によって強制的に暴力的に「家族」が殺され、「ふるさと」が破壊された。そして、この「傷」が家族の亡霊として、若い世代にも引き継がれた。そのために、思春期に心理学的に遂行される家族の否定が、家族の傷と結びつき、「私」の傷は、そのまま「沖縄の傷」と混交されてしまうのだ。Ｃｏｃｃｏはエッセイのなかでこう書いている。

「私たちの美しい島を、〝基地の無い沖縄〟を見てみたいと初めて、願った。じゃあ次は誰が背負うの？　自分の無責任な感情とあまりの無力さに私は、声を上げて泣いた。誰か助けてはくれまいか？　夢を見るにもほどがある。私は馬鹿だ。ぶっ殺してくれ」

沖縄を思うときの彼女の心の揺れ動きには、心の傷と世界の傷の結合がよく表れていると思う。彼女は家族や先祖の傷を引き受けながら「私」を生きている。それは彼女の創作活動の源泉にもなっているけれど、いくら祈りを捧げたり美しい歌を奏でたり恨みつらみを表現しても、現実の沖縄には戦争の影がつきまとう。沖縄では戦争は二度と起きてほしくないと願っても、世界のどこかで戦争があるたびに、基地から戦闘機が飛び立っていく。基地はいらないと叫んでも、「じゃあ誰が代わりに基地を背負ってくれるのか」という疑問が浮かぶ。答えが出ないままに、戦争との関係が現在進行形で続いていく。戦争で死んでいった家族や先祖のために、「もう戦争はしません」と平和の祈りを捧げることはできない。

二〇〇八年、映画監督の是枝裕和がＣｏｃｃｏを取材したドキュメンタリー映画を発表している。その映画では彼女の苦しみが膨れ上がっていく様子が感じられる。たとえば彼女は青森のファンから手紙をもらい、核燃料再処理工場のある六ヶ所村でコンサートを開くのだが、そのときに彼女はこう語る。

「今朝六ヶ所村に行ってきた。六ヶ所村は沖縄みたいだった。沖縄には在日米軍基地の七〇%が集中してる。じゃあ沖縄の人はみんな米軍基地に反対してるかと言えばそうじゃなくて、アメをもらうためにムチを受け入れなければならない現実もあって。そういう沖縄を本土の人に知ってほしいとずっと思ってたけど、自分自身六ヶ所のことを知らなかった。知らなくてごめん。教えてくれてありがとう」

彼女が悲痛な表情を浮かべて語るこの場面を観て、私は「オキナワ」は沖縄の人の心のなかだけにあるのではないと感じた。「オキナワ」は日本の至るところにある故郷の傷のイメージなのだ。Ｃｏｃｃｏは、沖縄だけではなく日本各地で起きている「ふるさと」の傷に触れて、涙を流していた。彼女が拒食症と診断されて入院したという字幕が流れて、この映画は終わる。

私は山形でのフィールドワークを続けているときに、戦争の記憶に侵されていない自然があり「美しいふるさと」があるように感じて、山形が羨ましいと思っていた。光さんが世界平和を願って、曼陀羅を描けることが羨ましかった。けれど、そんな単純な問題ではなかった。山形にも沖縄にも故郷の傷や喪失の感覚は存在している。沖縄では基地があり戦争との関係性が視覚化されているために、故郷の傷が顕在化しているだけなのだ。

「傷」のイメージが現れるとき、多くの人は動揺し、なんとか頭で考えて正当化しようとする。

誰かのせいにして「敵」をつくり、対処可能であると思い込もうとする。しかし、沖縄ではもはやアメリカも日本も「敵」にはなり得ないだろう。アメリカ人の血を受け継いだ友人がいて、親戚は基地のなかで仕事をしている。沖縄は「楽園」としてみずからを演出し観光客を呼び込まないと、多くの人の生活が成り立たない。戦後の社会変化のなかであらゆる要因が絡み合っていて、もはや沖縄では綺麗に統一された曼陀羅を描くことはできない。もちろん、この沖縄文化の多様性・多層性や、歪みや揺れ動きこそが、沖縄の魅力を生み出していると感じる人もいるのだろう。しかし沖縄でもがき苦しむ人びとのことを思うとき、私には沖縄の現在を美化することはできない。心理学者として、私は沖縄の人が抱え込んでいる家族や故郷の傷から、どのようにしてみずからを解放し、自分らしく生きていけるのかということを考えざるを得ない。

傷が傷跡になるまで

私は心理学者だから、政治や社会のことではなく、沖縄の人の心に影響を与えている「傷」とどう向き合うのかを考えたい。それは困難な道だと思うし、生きている人はさまざまであるから、全員に一様の道筋を示すこともできないだろう。それに私は沖縄で心理療法を実践しているわけでもない。けれど先に述べたように「オキナワ」は誰の心のなかにもあるのだと思う。

ここでは、ひとりの女性の心の変遷を分析することで、この傷と向き合うための手がかりを得たいと思う。Ｃｏｃｃｏが映画監督の塚本晋也と共に制作した映画『ＫＯＴＯＫＯ』に登場する「琴子」という名の女性だ。

この映画は、浜辺で踊っている少女の場面から始まる。波音が聞こえ、海光に照らされた少女の後ろ姿が見える。少女は歓喜するように手足を伸ばし踊っている。しかし突然、女性の叫び声が耳をつんざき、映像が中断される。

場面が変わり琴子が登場する。琴子は世界が二重に見えるという精神症状を抱えている。道端で他人とすれ違うときも、ひとりの人が二人に見える。二人のうちのどちらかが現実で、どちらかは幻覚だ。幻覚の人は琴子を襲ってくる。それが幻覚であれば本当に殺されることはないが、もし現実であったら殺される。現実なのか幻覚なのかわからない恐怖を抱えながら琴子は生活している。彼女は自分を守るために幻覚のなかで人びとに暴力を振い、襲ってくる者たちを殺す。現実では彼女はリストカットを行い血を流す。それは自分が生きていていいのか確認するためだという。また歌っているときだけは世界がひとつに見えると言い、彼女は沖縄民謡『月ぬ美しゃ』を歌う。

琴子はシングルマザーで、赤子の大二郎と暮らしている。幻覚の恐怖や子育ての大変さから、琴子は赤子を落としてしまう不安や幻覚を抱く。児童虐待の疑いで、琴子と大二郎は引き離されてしまう。大二郎は沖縄の実家に引き取られ、琴子は東京で一人暮らしを続ける。その過程で彼女はある男に出会う。琴子は最初、その男に襲われ、殺害される幻覚を見る。実際の男は小説家であり、琴子の歌声を聞いて恋に落ち交際を申し込む。琴子は彼に激しく暴力を振い拒絶するが、それでもなお彼女を求める彼に対して次第に心を許す。そして、琴子は歌わなくとも世界がひとつに見えるようになっていく。ここで重要なのは、彼女が暴力を受け止める男性と出会ったことで、幻覚と現実という二つの世界に橋が渡されたことだろう。そうして世界は一つに見えるようになった。

映画の中盤、彼女は彼のために歌をうたう。そうして彼女は治癒したかに見えた。しかし、その直後に小説を書くことができなくなったとつぶやき、男は逃げてしまう。精神的に安定してきていた彼女のもとには、大二郎が戻されることが決まる。待ち望んでいた大二郎との生活が始まるが、再び世界は二重化し、琴子は幻覚を見始める。映画の終盤、黒い覆面を被り銃を持った兵士と思しき男が、家の中に侵入してくる。そして「嫌だ、嫌だ」と泣き叫ぶ大二郎を銃で撃ち殺してしまう。琴子が我にかえると、穏やかな顔をして大二郎が眠っている。琴子の独白が流れる。

「私の知らないところで、知らない人にこの子が殺されるのは嫌だ。恐怖のなかで最後にこの子がどういうふうに私の名前を呼ぶのかもわからずに。それなら私が殺してあげる。痛くないように、尊厳をもって。私がそばにいて抱いて殺してあげる」

息子の首を締めて殺している涙と鼻水だらけの琴子の顔が映される。すると突然、琴子のいる部屋の中に紙細工や人形が現れ、まるで子ども部屋のように飾られた空間が出現する。場面が変わり、すでに彼女は精神病院内にいる。煙草を吸いたいと言って彼女は一日一回の外出を許してもらう。しかし外は土砂降りの雨で、煙草の火はつかない。彼女はそこで雨に濡れたまま、力強く踊り出す。その後、彼女の息子が面会に来る場面が続き、大二郎は生きていたことがわかる。これが映画の概要である。

ベネチア国際映画祭でオリゾンティ部門グランプリを受賞したこの映画は、暴力と恐怖に彩られながらも、ときにユーモアがあり、ときに美しい歌が挿入されている。決してわかりやすい作品とはいえない。しかし、ここではあえて琴子の精神症状の変遷に焦点を当てて、臨床心理学の立場から、故郷の傷が傷跡に変容する様相を分析してみたい。

琴子にとって世界が二重に見えること、しかも一方の世界は暴力的で危険に満ちていることから、彼女の心の形式は破綻していることがわかる。心が分裂し、彼女は世界と敵対しているために、常に世界から迫害される恐怖に脅かされている。のちにこの幻覚が「兵士」に変化して息子を殺害することからもわかるように、この幻覚は戦争の幻影であり、彼女の「故郷の傷」といえるだろう。

一方、現実では彼女が男を激しく拒絶したように、彼女自身が暴力的で、他者を寄せ付けない。現実と幻覚という二つの世界のうち、彼女はどちらかといえば幻覚を生きており、故郷の傷に支配されている状態にあるといえる。それゆえに、現実世界は彼女にとってリアリティを失っており、現実の人間はくだらないものに見えるのだろう。そうして生きているリアリティが希薄であるために、彼女は生きていることを確認しようとしてリストカットを行い、みずからの血が流れることを確認する。

しかし、小説家の男が現れることによって彼女は変化する。彼女はその男に激しい暴力を振るうことで、彼女を脅かし続けた暴力性そのものになった。それを男性が受け止め傷つくことを通して、彼女は徐々に落ち着きを取り戻し、世界は統一されたかに見えた。しかしその男は逃げ出してしまい、再び世界は二重化する。

彼女の世界が再び分裂したとき、彼女を襲って来る幻覚は明確に「兵士」の姿をしている。ここで彼女の心の存在形式を支配していた「故郷の傷」が、いくらか対象化されていることがわかる。映画の序盤では、道端ですれ違う主婦や女子高生など、明らかに無害な人びとに襲われるという幻覚だった。しかし、映画の後半で迫害者は「兵士」であり「戦争の記憶」により近づいている。心を規定していた形式が、語りうる内容へと変容しつつあるのだ。

そして映画の終盤で彼女は息子を守るために殺すという幻覚を生きることになる。この子殺しの場面を見て私がまっさきに思い出したのは、沖縄戦の防空壕のことだった。防空壕で隠れているときに赤子が泣き出すと、敵兵に見つかるから静かにさせるように言われる。母親が赤子の口を必死に塞いでいると、いつしか赤子は死んでいた。壕の中ではそういう出来事が頻繁にあった。日本兵が直接子どもを銃殺することもあったという。「この子が誰かに殺されるくらいなら」という琴子の独白には、戦争で子どもを失った母親たちの声も重なって聴こえてくる。戦場という悲惨な状況のなかで、「お母さん」と呼びながら残酷に殺されていく息子や娘を思うとき、それなら自分の手で安らかに殺してあげたかったと思うのは、母親として自然な感情ではないか。「あのとき一緒に死にたかった」という沖縄女性の言葉も思い出される。一緒に死んでしまえば、痛みを抱えて生きることもなく、世界の残酷さを知ることもなく、故郷の美しい記憶と共に消え去ることができたのだ。

沖縄戦で実際に起きた悲惨な出来事とは違って、琴子は誤って赤子を殺したわけでもないし、赤子と心中することも選ばなかった。ここで重要なのは、彼女がみずからの手で最も大切なものを殺したことだと思われる。この子殺しは、確かに沖縄戦の壕の中での悲惨な出来事を彷彿とさせるものであり、それゆえにこの子殺しを沖縄戦のトラウマの再演であると解釈する人もいるだろう。しかし私はこの子殺しが、彼女が戦争の幻覚から解放されるために必要な行為であり、イニシエーションであったと考える。

彼女の心は次第に故郷の傷を対象化し、最終的に彼女が最も恐れていたイメージに向かっていった。それが純粋無垢なる子どもの殺害をみずから遂行することだった。戦争によって「ふるさと」や「母」や「子ども」が破壊されたのではなく、「私」がその殺害の責任を引き受けることになった。彼女は最も恐れていた出来事をみずからの行為によって実現し、そのことで逆説的に、その恐怖から解放されたのだ。

戦争の幻影に支配された世界を終わらせ、「私」を確立する瞬間が、沖縄戦の子殺しのイメージのかたちを取った。心理学的に考えるのであれば、それは純粋無垢なる子ども時代を終わらせることを意味している。故郷の傷に支配された生き方が終わり、心のなかの「オキナワ」の死がようやく完結したのだ。子殺しの直後に彼女がいる部屋がまるで子ども部屋のように変化するのは、彼女が実際の大二郎を殺したのではなく、「子どもとしての自分」を殺したことを暗示している。あるいは、より正確に言えば、彼女は子どもとしての自分と大人としての自分を区別し、子どもとしての自分を「精神病院」という空間に隔離したとも考えられる。

映画の始まりの場面では、少女の踊りが叫び声によって中断された。しかし、終盤の精神病院の場面では、彼女は雨の中で力強く踊り続ける。もはや彼女の踊りが、叫び声によって中断されることはない。彼女の踊りは力強く魂を表現し、彼女を証明するものとなった。ここで傷は「傷跡」になったのだといえる。この場面に続いて息子が生きていることが明らかになるのは、「未来」としての子どもが守られたことを意味している。もはや琴子の息子が、彼女と同じように故郷の傷に支配され、血を流す必要はなくなったのだ。

ユング派の心理学者であるジェイムズ・ヒルマンは、心理療法で傷が血を流すことの重要性と、それを抱え、ケアすることによって、傷が傷跡になることを論じている。傷から流れ出した血は、抱えられることで身体中をめぐる血液となる。「傷跡」はかつての傷を思い出す印であり、自分自身をケアするためにも必要なものとなる。ヒルマンの理論に基づき考えるなら、映画の結末が精神病院の場面であることは、彼女が彼女自身をケアできるようになったことを暗示するのかもしれない。そして、彼女がリストカットをして流し続けた血は、彼女のなかに抱えられ、体中をめぐる血液となり、力強い踊りとなったのだ。

家族の傷、「私」の痛み

いまでもときどき、沖縄出身だと言うと「いいなぁ、うらやましいなぁ」と言われることがある。どうして東京の人にとって沖縄はうらやましい場所であり、「楽園」のようなイメージをもっているのだろうと不思議に思う。フィールドワークに参加した仲間からは、「沖縄の人は優しいいし、血が通っている」と言われた。一方で、「絶対に沖縄の人のなかには入れてもらえない気がする」とも言われた。沖縄は東京の人にとって何かなつかしさを感じさせる場所であり、同時に絶対に取り戻すことができないものとして体験されるのだろう。「オキナワ」は失われた故郷なのだ。

映画『ＫＯＴＯＫＯ』の分析で、私は戦争の傷が傷跡へと変化し、流れ出す血が踊りへと変容していると述べた。この変化には二つの段階が介在していた。一つ目は男性との出会いであり、二つ目は彼女がみずから子どもを殺害したことだった。

一つ目の段階は、沖縄で生まれ育った女性と東京で生まれ育った男性との出会いだった。映画のなかで小説家の男性は琴子の歌を聴いて恋に落ち、痛みを分かち合った。塚本監督も是枝監督もＣｏｃｃｏという歌手に出会い、心を揺さぶられて作品を作った。デビュー以来、Ｃｏｃｃｏの歌は多くの日本人に受容されてきた。私はこの沖縄と東京との出会いに、「痛み」を分かち合い、東京の人がみずからの傷を生き、自分のなかにも「血が通っている」と実感する可能性があるのではないかと思う。そして、東京の人という「他者」との出会いを通して、沖縄の人の傷が傷跡になる可能性があるようにも思う。

心理療法では、悩み苦しんでいる人がセラピストに話をする。多くの入門書には、セラピストは「共感すること」が大事だと書いてある。しかし本来、共感はしようと思ってするものではなく、どうしようもなく心のなかに湧いてくるものだ。だから本物の共感とは、セラピストが苦しんでいる人の話を聴いているときに、自分でもよくわからないものが心のなかから湧いてきて揺さぶられることである。セラピストは多くの場合、親に虐待された経験もないし、苦しんで相談に来ている人ほどに、人生で過酷な経験もしていない。しかし、そういう「傷ついていないセラピスト」と「傷ついている人」のあいだに共感が生まれることが心理療法の重要な治療因子である。ここでいう共感とは、お互いの感情に同一化することではない。クライアントとセラピストはお互いに違う人間であるという差異を認識しながらも、「痛み」という一点でつながる。これは、「わかってもらえない」という体験も含んでいる「痛み」であって、双方にとって苦しい作業だ。

　心理療法ではこうして、セラピストとクライアントとの出会いから生まれた「痛み」から、「傷」のイメージが現れてくる。この段階では「傷」を消し去り、痛みを取り除くことが目的なのではない。ヒルマンの表現を借りれば、心理療法では痛みを感じることで傷の内側から傷自身が癒えることが目指されている。その傷のイメージは人によってさまざまな表現を取る。たとえば、親に傷つけられたという記憶であったり、自分が親を傷つけたという記憶だったりする。あるいは、沖縄戦や東京大空襲、核戦争や自然破壊といった悲惨なイメージで現れるかもしれない。傷のイメージが心のなかに現れたとき、人は心を強く揺さぶられ苦悩する。そして、ときにそのイメージが心の傷ではなく、家族や世界の傷であると文字どおりに受け取られてしまうこともある。そうすると、その人は家族のために生きて償いをしようとしたり、平和や自然保護のための活動に熱心になったりするかもしれない。

　誤解がないように言っておくと、家族のために生きることも、平和や自然保護の活動をすることも、それ自体はまったく問題ではない。それが人生を支配してしまうことが問題なのだ。臨床心理学者の河合隼雄は、心理療法を通して私たちが目指している地点を、「私は私の人生を私の物語として生きる」と表現した。ここでは「私」が何度もくり返されていることが重要である。「私」が私の意志で私の人生の物語として、家族や平和のために生きるなら、それは素晴らしいことだろう。しかし、心理療法のなかで家族や故郷の傷に支配されているために苦しんでいる人と出会うとき、セラピストは方法論として「家族」や「世界」が傷ついているのではなく、「あなたの心」が傷ついているという立場を取る。だから、私たちは社会学者や福祉士のように、実際の家族や社会に介入するのではなく、その人の心のなかの家族、心のなかの死者の声を共に聴こうとする。いや、むしろクライアント自身が、心理療法という家族や社会や政治にはなんら影響力を持たない「対話」の場に来ている時点で、自分自身がどこか心を置き去りにしてきたことに気づいているのだろうと思う。

　そうして心理療法が始まり「傷」が開かれてゆくと、その人が最も恐れていたイメージが出現する。琴子の場合、これが子殺しのイメージとして現れた。実際に古代や未開部族のイニシエーションでは、子殺しのイメージが用いられることがあるという。宗教学者のエリアーデは、神が子どもを殺し切り刻み、新しい存在者として生き返らせるという未開部族の成人儀礼を紹介している。これは母親から子どもを分離し、子どもが大人に成るための儀式である。このように、しばしば魂は私たちが最も恐れるものを、変容のイメージとして利用する。

　しかし、現代において多くの人びとは宗教や神話をもたず、神に裏付けられた世界観をもたない。そのためにイニシエーションの媒介者として「神」を置くことはできない。神が最も大切なものを殺してくれて、人間を人間たらしめるのではない。「私」が「私」の儀式を遂行しなければならない。神ではなく、戦争や政治的暴力が世界を破壊することもある。それを直接経験する者にとって、それは心的外傷となりうる。そして、その者の子ども世代にとって外傷は家族の亡霊として知らず知らずのうちに心に影響し、イニシエーションを難しくする。琴子は「私」が子どもを殺すというイメージを生きることで、暴力と恐怖の世界に終止符を打った。しかし、その後に彼女が精神病院で生きざるを得なくなったことから、この子殺しはあまりにも過酷だったともいえる。もちろん現実世界でのCoccoは退院し、その後も歌手としてより豊かな活動を展開している。しかし、琴子はいまも精神病院の一室で、現実世界から隔てられ、解放されることのない「子ども」として、ひとり歌い続けているのかもしれない。

きっと、心理療法のなかで私たちが行っていることは、「傷」に囚われて現実から隔てられてしまった人の歌を聴き、共に痛みを感じることを通して、「私の傷」から「私」が解放されていく作業なのだろう。いや、このことは心理療法に限らない。家族や戦争や政治のことで苦しんでいる人が、これがほかならぬ「私の痛み」であると感じるところから、「私」を解放する過程は始まるのだと思う。ここで「私の痛み」であることを見落とすと、結果的に傷に支配され、人は妄想的な思考のなかで世界と敵対することになってしまう。

確かに心理療法は家族や社会の暴力に対して無力かもしれない。心理療法を行っても、世界から戦争が消えることはないし、戦争で死んだ母も父もきょうだいも戻ってこない。けれど心理療法を訪れる人は、どんなに家族や社会に傷つけられ苦しみ、絶望していても、なお誰かとの「対話」を求めている。それは家族の亡霊たちがその声を聴いてもらいたがっているからだ。彼らもまた、解放されることを求めている。私たちが心の奥で疼いている家族の傷を思い出し、それを分かち合うのなら、そのとき初めて家族の傷は「私の痛み」に変わるだろう。その「私の痛み」が生きられたときに、そのなかから傷にも痛みにも支配されることのない「私」が生まれてくる。そうして、「私は私」という自由を手にしたとき、もう一度、私は私の物語として家族や故郷と、もしかすると戦争でさえも、共に生きることができるのかもしれない。

参考文献・映画など

M・エリアーデ（堀一郎訳）『生と再生　イニシエーションの宗教的意義』東京大学出版会、一九七一年
小川洋子・河合隼雄『生きるとは、自分の物語をつくること』新潮文庫、二〇一一年
河合隼雄『家族関係を考える』講談社現代新書、一九八〇年
W・ギーゲリッヒ（猪股剛・宮澤淳滋訳）『仏教的心理学と西洋的心理学　心理学の自己明確化に向けて』創元社、二〇二二年
Cocco『想い事。』幻冬舎文庫、二〇一一年
Cocco『コトコノコ』幻冬舎、二〇一二年
Cocco「ジュゴンの見える丘」SPEEDSTAR RECORDS、二〇〇七年
長南光『この村で暮らして』自費出版、二〇二一年
James Hillman, *SENEX & PUER: James Hillman Uniform Edition3*, Spring Publications, 2005.

L・ブレーガー（後藤素規・弘田洋二監訳）『フロイト　視野の暗点』里文出版、二〇〇七年

C. G. Jung, *Consciousness and the Unconscious: Lectures Delivered at ETH Zurich, Volume 2, 1934*, Princeton University Press, 2022.

C・G・ユング（高尾浩幸訳）『診断学的連想研究』人文書院、一九九三年

和田修二編『順霊の綴錦織　世界平和の祈願に生きた遠藤虚籟・秋野の芸術と思想』一燈園燈影舎、一九九四年

「NHKスペシャル　沖縄戦・全記録」NHKエンタープライズ、二〇一五年

是枝裕和「大丈夫であるように――Cocco 終らない旅――」「大丈夫であるように」製作委員会、二〇〇八年

塚本晋也「KOTOKO」海獣シアター、二〇一一年

コラム

沖縄慰霊の日と家族

沖縄のフィールドワークより

西山葉子

糸満市摩文仁《まぶに》の平和祈念公園には、平和の礎《いしじ》と呼ばれる沖縄戦の戦没者二十四万人の名前を刻んだ波のモニュメントがある。鉄の暴風と呼ばれた爆撃の波濤が平和の波となるようにとの願いが込められ、日本兵も米兵も沖縄戦を戦った敵と味方、あいだに挟まれ戦火に追われた民間人も、亡くなったすべての人の名前が等しく刻まれている。戦争は敵も味方もなく死ぬのだ。

　沖縄復帰五十周年の二〇二二年も、六月二十三日の慰霊の日には、朝日がメイン園路を辿るように、海の向こうからまっすぐ礎を照らしながら昇って来た。まだ薄暗い内から人びとが礎の前に集まっている。亡くなった親族の名前をなでながら花を手向け、水をかける人、名前の前で涙する人や、線香を焚く祖父母の傍で手を合わせる子孫たち、名前の前にお供えのお重を広げ、まるでピクニックのように座って語らいながら死者と共にそれを食し、写真を撮る何代かの家族連れ。島言葉《しまくとうば》の研究者の石原昌英氏が「親族等が友軍である日本の軍人に殺された住民など強烈な傷として残っている人も多い。将来長くはないがこれだけは言っておきたいと語り出す人も増えてきた。慰霊の日は亡くなった人たちの家族や子どもが孫を連れて先祖に会いに行く。礎に行けば先祖に会える。家族のなかで忘れてはならない日と語り継がれ、いまだ形骸化していない」と語られたそのままの営みが静かにくり広げられていた。私たちもそっと花をそえさせていただいた。

公園の片隅のテントでは、命の証として礎に刻まれたお名前を一人ずつ読み上げる初めての（途方もない！）試みが、有志によって六月十二日からオンラインで行われており、それに私たちも参加させていただいた。手渡された紙には四十名ほどのお名前と、その人がどこで何歳のときに亡くなったかが記されている。「（苗字）子」というお名前は、名前のわからない小さな子どもや生まれて間もない名付けられる前の子どもたちをも、こう記してその命を弔っているのだそうだ。「コさん」は、かなりたくさんおられた。

もしかしたら肉親の方がネットの向こうで耳をすませているかもしれない。そう思ってできるだけ丁寧に、お名前を一人ひとり読み上げていると、だんだん名前を呼ばれるのを待っているかのような、幾多の命に聞き耳をたてられているかのような気がしてくる。だんだん彼らの気配は濃くなり、彼らにじっと見つめられ、返事されているようだ。そこには無数の生まれることのできなかった命もいただろう。一人ひとりの名前を呼ぶごとに、私の声（熱）でぽっぽっと灯る数多の命が笑ったり頷いたり、呼ばれて起立し、語りかけてくるように感じられてくるのだ……。「大丈夫ですか？」と声をかけられたとき、私は涙を流していた。悲しい涙ではない。それは本当に不思議な体験で……こみ上げてくるのは、私の身体の奥に刻まれた一人ひとりの命の返答なのかもしれない。

読み上げの閉会式では、実行委員の一人の教え子の若いラッパー、Rude-α さんの「礎でおばあと一緒に手を合わせ、おばあが涙を流しながら『戦うんじゃなくて目の前にあるものを大切にしてください』と言ったのをずっと覚えている。直接話を聞けた最後の世代として次に繋ぎたい」と歌う歌声に、また「大切な命を自分にとって本当に大事なものに使いたい」と語る実行委員の女性の言葉に胸を打たれた。一人ひとりが個々に抱えてきたものから離れず、プロパガンダになるわけでもなく、いま、みずからの叫びや祈りに丁寧にかたちを与えていく姿に、私も励まされていた。

たくさんの人が追い詰められて海に命を散らしたこの場所は、現在という時間の深みが立ち上がってくる礎となり、波と風を感じ死者と生まれなかった命と対話しながらみずからの生を新たに踏み出す始まりの場となっているのだろう。私もいつかそれらに形を与えたいと願いつつ、私の身体の奥にいまなお響く命の返答と共にしばらく歩いていたいと思う。

写真は慰霊の日の平和祈念公園にて。

沖縄復帰五十周年や慰霊の日について知るために

『沖縄ノート』大江健三郎、岩波新書、一九七〇年

沖縄返還の一年前に出版された、「沖縄とはなにか」「日本人とはなにか」という根源に迫り、橋をかけようとした書。沖縄の置かれた現実に日本人である自分がその均衡を失うほどにコミットし、沖縄を核として日本人としての自己を検証をしようとする大江の誠実な格闘が描かれている。

「沖縄戦の図」一九八四年制作

「原爆の図」を描いた丸木位里・丸木俊夫妻が、日本で唯一の地上戦である沖縄戦を体験した方々の証言に基づいて描いた連作。宜野湾市の佐喜眞美術館に所蔵。沖縄戦の語りから死んでいった人の根源の想いをつかみたいと耳をすませた夫妻の祈りの絵である。

「うむい」　Rude-α（ルードアルファ）作

沖縄戦で亡くなった祖父と、祖母の言葉を胸に、生まれたときからある沖縄の現実を生きる青年の祈りを歌う。https://www.youtube.com/watch?v=PYuGfK8I0ZI

不屈館

那覇市にある民間の沖縄の戦後史資料館。元衆議院議員で、米軍占領下の沖縄で圧制に対する抵抗運動の先頭に立ち、沖縄の民衆の尊敬を集めた瀬長亀次郎が残した資料を基に、沖縄の民衆の戦いを後世に伝える目的で作られた。ぜひ行っておきたい場所。

対馬丸記念館

那覇市にある対馬丸事件の犠牲者の鎮魂と平和のための記念館。昭和十九年に那覇を出港した学童疎開船対馬丸は、米潜水艦の魚雷攻撃を受け撃沈し、子ども七百八十人を含む千四百八十四人が一瞬のうちに帰らぬ人となった。一度は訪れておくべき記念館。

第二章

戦後八十年の家族、現代の家族

大録 慈

今年二十三歳になる若い作家、宇佐見りんの小説を読んでいて、そこに書かれている家族の温度の変化に驚いた。『推し、燃ゆ』（二〇二〇）は、主人公が推しのアイドルのネットでの炎上に心揺れる様と、体調不良や注意力低下のため登校やバイトがままならなくなった日常を重ねて書いた小説だ。結局主人公は高校を中退し、就職活動の仕方もわからず取り残された日々を送るのであるが、その状態に困惑する母や姉、父は家族会議を開き、「どうして何もしなかったの」「厳しいことを言うようだけど、ずっと養っているわけにはいかないんだよね、おれらも」とシンプルな言葉を投げ、主人公を家庭から切り離してしまう。ずっと養っているわけにはいかない、というのは多くの家庭でそのとおりだろうし、それをどこかで伝えて自立を促すのも必要な場合はあるだろう。でも私がここでひっかかったのは、父の発した「おれらも」というフレーズだ。同年代の仲間内を指すのによく使われる言葉が、家族に持ち込まれたことの冷やかさにどきっとしたのだ。この話し合いの前に、主人公が父のＳＮＳのアカウントを偶然発見し、父が好きな女性声優に寄せたツイートを覗き見ているという流れが、余計に個人同士が集まった家族という印象を与える。

同じ宇佐見の『くるまの娘』（二〇二二）では一転して、愛されなかった不全感に苦しむＤＶ気質の父と脳梗塞の後遺症で幼女のように変わってしまった母、という弱い両親が書かれる。主人公の中学受験の合格を見て、泣きながらしがみ着いて来た父を受け止め、主人公は「頼るべき先がほかにない赤ん坊のような声」をそのなかに聞く。「愛されなかった記憶は、かんこにはなかった。それはこの現代にあって、ひどく珍しく、恵まれたことだった。それでいて、愛情は一方的に注がれるばかりではなかった。助けてくれ愛してくれと手を伸ばされながら、育ってきた」という簡素にも見える主人公の述懐に、いまの子どもたちのまたもう一つの実感が現れているように思われた。

もちろんこの二編の小説だけで、現代の家族の特徴をどうこう言うことはできないだろう。どちらも作者の個別の意図や背景によって作られた描写である。しかし私自身、カウンセリングでお会いする十代、二十代の若い方が語る家族の感触が以前とは変わってきているように感じていたので、これらの描写は印象的だった。私から見て、若い人が家族に寄りかかっておらず、家族に身を預けずに一人きりで立っているように何となく感じることが増えたのである。家族と疎遠な人に限らず、家族とよく会話していたり、家族の感情に巻き込まれて密着しているように見える場合にもそれは感じることがあった。

社会学者の大澤真幸は、いわゆる新型うつ病（若年者に多く見られるようになってきた身体的不調が目立つうつ病）が流行し始めた時期に、精神科医の内海健と対談をしている。そこで大澤は、昔の親は子どもの存在に対して本当には取れない責任を最後まで取るという「詐欺」を引き受けていたが、最近では親も「それは不可能なんだよね」と正直になってしまったと話している（『現代思想』二〇一一年二月）。親だけでなく、上司や会社など、これまで仮にも絶対的存在というイメージを投げかけられて来たものが皆、その役目から降り始め、リスクを負わないように立ち回る社会になってきたと大澤は言う。内海はそれに概ね同意し、近代以降死を宣告されながらも「主体」の奥に辛うじて延命していた「神」の存在感が、いよいよ薄くなっているのを臨床現場でも感じる、と応じている。

この対談から五年ほどして流行し出した「親ガチャ」という言葉には、引き当てた家族に責任を投げかけつつも、家族を資源かリスクとしてクールに値踏みする視線がある。若い方が同じ視線を自分自身にも向け、早く適応的な状態にならなければと苦しむ語りをカウンセリングのなかでよく聞くようになったように思う。

私たちが当然のように背中を預け、甘え、ときに恨みをぶつけていたもの——その代表が「家族」であろう——が、薄くなり、いずれ手を伸ばしても触れられなくなるような感覚を私はところどころで覚えるようになった。

私の感じていることは、現代の家族というテーマの裾野のほんの一部に過ぎないであろうが、近年文化面でも、家族はいろいろな角度から問い直されているように思われる。映画界では

『万引き家族』（二〇一八）のヒットを筆頭にした是枝裕和監督の作品群のように、疑似家族または血縁によらない家族のテーマがトレンドになっている。この数年のあいだに文芸誌でもいくつも家族特集が組まれていた。

並行する現象として、社会学では「家族の戦後体制」への批評が盛んになっている。家族社会学者の落合恵美子（『二十一世紀家族へ』二〇一九）によれば、日本では特に戦後数十年、サラリーマン、専業主婦、子どもからなる家族が「当たり前の普通の家族」像と見なされてきた流れがあるという。しかしその性別分業など現代の実像と乖離したあり方が、近年本格的に疑問視され、共稼ぎ夫婦はもちろん、ひとり親家庭、ステップファミリーなど、家族には多様なかたちがあることが積極的に取り上げられるようになっている。単身者の増加や、ヤングケアラーといった家族機能の低下が問題になってきて、家族に代わる、あるいは家族を補強する共同体の必要性が切実になってきてもいる。ＳＮＳでよその家族の日常がどんどん流れて来ることや、同じくＳＮＳでの疑似家族的なつながりを簡単に作れるようになったことも、家族は宿命的なものというより、人間関係の一つのバージョンだという感覚を強めているように思う。

ただ、ここまで私は家族の凝集性が下がってきているような印象を書いてきたが、その一方で、両親が経済的にも生活面でもタッグを組んで、子どもも一緒に一つのチームのように一生懸命日々を送っている様子を見ると、それも現代的だと思うのである。葛藤する問題が家族にあったとき、それぞれの視点から対等なやり取りが行われるのを見ると、それも現代的だと思ったりする。これは同じ状況の両面なのかもしれないが、自分のなかでもうまくとらえ切れていない。

こうした現代の家族事情のなかで、親になり子どもを育てるのはどんな道のりだろうか。私も数年前に親になってから、それが他人事でない課題となった。

娘の心拍を確認してから初めて保健センターに行き、手渡された母子手帳の表紙には、いわさきちひろの赤ちゃんの絵が印刷されていた。思いがけず懐かしい絵にほっとすると同時に、いまもいわさきちひろなのか、と驚きも湧いてきた。昭和の子どもだった頃から見知ってきた母性を踏襲すれば良いんだよ、と行政から背中を押されるような心強さと、自分にそれができるだろうかという一抹の覚束なさも感じた瞬間であった。専業主婦だった私の母と、心理士として働く私の体現する母性は相当違う。娘が保育園に慣れてからというもの、私は仕事のあいだは娘のことをほぼ忘れて、面接に没頭している。娘はそれをどう体験するだろう。途切れ途切れの、一続きでない「母」を私が選んだことで、何か目に見えない大事なものが抜け落ちてしまうのだろうか。いずれ娘が個人として立とうとするとき、背後にあるべきたっぷりとした情緒のようなものが、薄くなってしまったりするのだろうか。

一方では大澤が言っていた、最近の親は「詐欺」を引き受けなくなった、という言葉も気にかかる。これは最近のセラピストは、という言葉にも置き換えられそうだ。「詐欺」を引き受けるための胆力を知らず知らず自分も失っているとしたら、私はどこで足を踏ん張って、我が子や話に来て下さる方々と対峙していけば良いのだろう。

じきに戦後八十年がやってくる。この八十年の日本の家族の変遷を覗いてみたら、失われるのが必然のものや、失ってはいけないものについて、何かヒントがあるかもしれない、と私は思った。しかし実際やり始めてみたら、私の育った東京という土地や祖父の代からの自分のテーマにも触れることになり、いろいろと広がってしまった。そのあたりについては、ごく個人的な体験記としてお読みいただければありがたい。心理士としての私が面接のなかで個人的な背景を語ることは滅多にないが、家族についてはいかに普遍的に考えようとしても、個別の家族への心情や願望から自由になることが難しいように思われて、そのまま記させていただいた。それがもし戦後からいまへつながる家族と個人のあり方を表す一端となることがあれば、たいへん幸いである。

家族の戦後体制と「母性」の重み

日本社会における普遍的母子像と見られることが多い、いわさきちひろの絵だが、その画業は日本社会と家族像の揺れ動きを映し込んで変遷している（宮下美砂子『いわさきちひろと戦後日本の母親像』二〇二一）。ここでは戦後の日本の家族の移り変わりを、いわさきの絵の変化と引き合わせながら、見ていきたい。

まず戦前戦中までの日本の家族の典型は、先祖代々の土地に定住し、三世代、四世代の大家族で農業を営む家であった。柳田國男は『先祖の話』（一九四五）のなかで、日本のこの大家族制のあり方を丁寧に書いている。かつては田畑が最も安全な財産であり、分割相続によって家がやせ細るのを防ぐために、長子以外に田畑を分け与える「分家」を禁止している村もあった。次男以降の子どもは成人しても主屋の部屋で生活したり、所帯をもつと主屋のすぐ近くに小屋を建てて暮らすことが多かった。普段はそれぞれで寝起きし、食事も簡単なものはめいめいの炉の火で調理して食べたが、田植え、撒き物、刈り入れ、味噌や漬物の仕込みなど、少し大きな作業のある際には総員が主屋に集まってきて、その家の人間として共に働き、広々とした座敷で共同の食事をした。餅つき・ふかし物には主屋の庭の大きな竈が使われた。この花びらのように中心をもった集合体が、日本の大家族の特色だったと柳田は言う。

　ちなみに落合恵美子の『徳川日本のライフコース』（二〇〇六）によると、この大家族のなかで離婚や再婚は現代並みに容易く行われていたようである。大家族のなかでは片方の親が抜けても、他の大人が子育てに手を貸せた。このため、子育て中であっても父親や母親が代わるがわる他の土地へ奉公に出ることもよくされていたようである。

　一方で、江戸後期からすでに、近代的な職を得て都市に出る核家族も少しずつ増えていた。いわさきの実家も、大正期の東京に核家族として流入した。いわさきの父は軍籍、母は戦中には女子青年団の幹部で満州へ送られる「大陸の花嫁」の教育に携わっていた。太平洋戦争中、二十代前半であったいわさきが母を通して引き受けたと思われる最初の絵の仕事が残されている。それは戦地へ送る慰問用の便せんの挿絵で、モンペ姿で銃後活動をする女性が描かれていた。

　やがて敗戦が訪れると、戦争に協力的であったいわさきの両親は公職を追われた。いわさきは画業への思いを捨てきれず、敗戦翌年に開校した共産党の「宣伝部芸術学校」に入校、師事したのは『原爆の図』を描いた丸木俊であった。敗戦後、市民権を回復した共産党は、保守層も取り込める方向に転換しており、いわさきが戦中の女学校や家庭で養った良妻賢母的感性は、共産党の発信するイメージとしても通用するものとなっていたようである。しかし裕福な家庭で育ったいわさきの描く母子が都会的でモダンな服装をしていることは、戦後混乱期の庶民の生活に合わないと党内で批判もされた。

一九五〇年代、日本は資本主義社会として復興し、本格的に都市に流出する若者が多くなり、彼らが作る核家族が世帯の主流になっていった。アメリカのマイホームや物質的豊かさへの憧れが、新しい家族像を作った。この頃、逆コースと呼ばれる左派への圧力の強まりで、いわさきの活動の場であった党出版物が発刊できなくなる時期があった。このときいわさきに活路を与えたのが、当時興隆していた広告の世界である。新しい消費主体である核家族、特に主婦層に訴えかけるため、いわさきの描く母と子の絵は重宝された。広告で知名度を上げたところに、月刊保育絵本の仕事が持ち込まれ、いわさきは絵本作家としてのスタートを切る。

一九六〇年の池田勇人首相による「所得倍増計画」で、日本人の都市化・核家族化の流れは加速した。農業人口が意図的に減少させられ、産業は工業に転換してゆき、都市の郊外に次々と団地が作られた。一九七〇年代までには日本人の七二・一%が都市部に居住するようになった。一九四五年の都市居住率が二八%であったのを見ると、激変であったことがわかる（中村政則『戦後史』二〇〇五）。

当時公団の団地への入居は三十倍の倍率で、その勢いは『日本住宅公団10年史』（一九六五）に載せられた谷川俊太郎の詩『新しい故郷』にも表れている。

荒野を流れていた小川が
いつか林の中を流れ
今日は子ども等の学校へ通う
橋の下を流れている

人々がここでも寄りそって
つくってゆく新しい故郷
コンクリートの谺

所得倍増計画は奇跡的なスピードで目標を達成し、七年後には日本のＧＮＰは二倍になり、洗濯機・冷蔵庫・白黒テレビが九割近い一般家庭に普及した。この時期、厚労省の調査によると労働者の平均年間総労働時間は二千二百時間を超えており、多くの父親はほとんど家庭に不在であった（中村、前掲書）。その分家庭のすべてを担う専業主婦に社会の期待は注がれた。一九六一年に「三歳児健診」が始まると、メディアで三歳という時期への注目が集まった。ボウルビィの愛着理論などを根拠とした「三歳までは母の手で」という「三歳児神話」が強固に広まったのもこの時期だ。高度成長期はそのまま「家族の戦後体制」の黄金期だった。この頃には、いわさきの描く都会的な母子像は、多くの国民の実像として支持されるようになっていた。いわさきは、母の手製のしゃれた洋服を着る子ども（当時家庭用ミシンが大流行した）や、その傍に常に寄り添う母の姿を描き込んだ。ベストセラーの育児書の挿絵も担当し、いわさきの絵は、日本の正しい母子像として受け入れられるようになっていった。月刊保育絵本の仕事で、いわさきは父親を絵のなかから排除するかのように登場させず、それは当時の女性にとって子育てが最大の武器であり、切り札ともなる聖域であったことを反映してではなかったかと宮下は分析する。

この「家族の戦後体制」の黄金期は、しかし、一九七〇年代に入ると様相を変えていく。団塊の世代が親となる一九七〇年代半ばには典型的な核家族の数は最大となった。しかし一九七三年のオイルショックを境に経済成長は失速し、生活の向上がこれ以上望めない、変わらない日常という感覚が広がった。短大・大学進学率は大きく上昇したが、一方では人生が学歴によって固定される閉塞感も広がっていった。さらには、がむしゃらな経済成長のなかで気づかぬうちに進んでいた公害や自然破壊の問題が浮上した。

この一九七〇年代頃から、「家族の危機」が叫ばれ出したのであった。学校で校内暴力やいじめが激化し、家庭内でも子どもの暴力や不登校、自殺が注目されるようになった。親が子を捨てたり殺したりする事件や、子が親を殺す事件が取り沙汰された。それらは、家族にいつの間にか昔のような一体感が失われ、お互いの思いが伝わらず、子どもを包んだり制止したりする温かい関わりが薄くなっている結果だと見なされた。「家族の危機」の要因を探そうとする当時の評論のなかでは、資本主義の進展で家族が個人個人の欲求をもつ消費者になってきたこと、大家族にあった人手の多さや関わりの多様さを失ったこと、地域社会が解体して核家族がむきだしに孤立・内閉していること、などが挙げられていた。「家族はもうだめかもしれない」と「家族で何とかするしかない」と、両方の圧力がかかっていたのが、この時期の論調だったようだ。

　そのなかでも槍玉に上げられたのが先の二十年間で家庭の中心とされてきた母親だった。専業主婦である母親たちが子どもに生きがいを求めるあまり過保護・過干渉になるか、あるいはノイローゼや就労で子に無関心になるか、いずれにしても現代の家庭では「自然な母性」が損なわれていると問題視された。子に過干渉になりやすい専業主婦は批判を浴び、パート就労が推奨されるようになる一方で、三歳児神話も堅調であり、世論調査で性別分業の支持はいまだに八割を超えるなど、母親たちは葛藤する状況に置かれたようである。さらに、米国で起きたウーマン・リブの流れを受けて、母親たち自身のなかにも家庭中心の生き方に疑問が生じていた面もあった。

　いわさきの絵はここで、複雑になった母親の立場を反映するかのように変貌したと宮下は言う。絵の中から母親の姿を消し去ったのである。使われたのは、いわさきが絵本の国際市場に打って出た際、編集者と共に開発した日本画由来の大胆なにじみ、ぼかしの技法だった。母親の具体的な姿は見せない代わりに、余白やにじみの効果で、そこにある母の眼差しを体感させる。さらに背景からも具体物を排したいわさきの絵は、時空を超えてどのような立場の母親も自らを投影することが可能な、高度な普遍性を獲得したと宮下は述べる。

　いわさきはこの画風を完成させた後、晩年は戦争絵本の制作に取りかかる。ぼかしの技法と子どもたちの澄んだ表情によって抒情性が強調され、戦禍の具体的な細部や傷ついた人体が描かれない、いわさきの絵本は、戦争を知らない世代の母たちが子どもに与えやすい反戦絵本として、長く売れ続けた。

宮下は、いわさきの画業を高く評価しながらも、その抽象的・抒情的イメージが、軍国であった歴史や、社会が求める母役割の矛盾を見えにくくする面があったことを指摘している。

確かに母子手帳のいわさきの絵は、五十年を経たいまも、母になった私を包んでくれるかのように、安心させる所がある。独特のスッと硬質な線を見ていると、七〇年代からの亀裂の渦中にいた私の母が虚ろな思いを垣間見せていたことも忘れ、まっさらな母性のなかに一から生まれ変われるような気分になる。普遍的な印象のあるイメージというのは、そういうものかもしれない。人生のなかで、やり直しができると思うとき、そういうイメージが手を貸してくれることはままある。理想どおりにできない葛藤を一時的に取り払い、無心に子育てに没頭しているような喜ばしい気分をいわさきの絵は与えてくれる。その気分自体が子育てにはとても必要なものであろう。それゆえに行政も新米の母たちに一つのエールとして、いわさきの絵を渡すのだろう。

ただ、いわさきのたどり着いた靄のような光の表現が、核家族として都市に漂い出した日本人の、深い不安を包む慰めとして必要とされたものだったことは、覚えておきたいように思われる。

家族と宗教性

臨床心理学者の河合隼雄がスイスから帰国し、日本で活動を始めたのはちょうどこの一九七〇年代半ばであった。本書で猪股が指摘しているように、当時の「家族の危機」の論調に引きずりこまれるかのように、河合は日本人の母性と父性の分析に力を注いだ。

また河合はそれに加えて、日本人の宗教性という問題に取り組んでいた。宗教性の衰えは現代人に共通する大きな流れだったが、とりわけ日本人にとって、それは家族や家庭生活の変質とともに経験されたようである。河合は『家族関係を考える』（一九八〇）という本の最後に「永遠の同伴者」という短い文章を載せている。

人間がこの世に生まれ、死んでゆくということには、どう考えてみても解らない非合理性が内在されている。宇宙全体のはたらきのなかで、ほんの束の間の存在として生まれてきたわれわれは、自分自身を何とか「永遠の相」の中に定位したいと願うものである。われわれ日本人はそれを「イエ」の中に求め、永遠の同伴者としての祖霊を大切にしてきたのである。

現代人としての日本人は、古くからあるイエや祖霊を否定しようとした。それでは、われわれは何をその代りに持っているのだろうか。これに答えられぬ不安に気づきはじめた人々は、否定した古いものにもう一度頼ろうとする。そのことは家族にまつわる通過儀礼、誕生、結婚、葬式などが、最近極めて立派に行われるようになったことにも反映されている。しかし、実際には物質的な豊かさに比例して、そこには精神の貧困が感じられ、増大された不安は人々をますます物の世界に駆りたててゆくようにも思われる。

　河合の言う否定された祖霊信仰とはどのようなものであったのか。先に挙げた柳田國男の『先祖の話』には、それが失われる直前に各地から収集された祖霊信仰の有り様が生き生きと載っている。柳田によると日本の農民には、亡くなった先祖が仏教の「極楽往生」のようには遠くへ行ってしまわず、子孫を見守っているという一つの大きな死生観があった。そこでは、人は亡くなってしばらくは家族の愛惜の情で識別されるものの、ある年限（地方によって三十三年とも四十九年とも言われている）を過ぎると、あとは家の「ご先祖様」または「みたま様」という一つの尊い「霊体」に融け込んでしまうと考えられていた。死者たちはその地域で神聖視されたお山に登り、やがて「みたま」となって、正月や盆には子孫を訪れて交流したり、稲作を見守ったりする。

　家を訪れる先祖をもてなす所作も細やかである。その日が近づくと山から新鮮な花や松を取ってきて飾り、先祖が下りてくる道の下草を綺麗に刈っておく。日頃の神棚や仏壇とは別に、正月には年ごとの恵方に向けて「年棚」を吊り、みたまに融合する魂たちを表現したように数多くにぎった「みたまの飯」を供える。盆には水辺や門の脇など、外からの霊がたどり着きやすい場所に花や青葉で飾った「精霊棚」をこしらえる。迎え火と一緒に子どもたちが「ぢいさん　ばあさ

ん　このあかりで　おいでやれ　おいでやれ」と呼ばわる。そうして訪れた霊を米や水で歓待し、帰りも丁重に送る。ある武家の老夫婦は明治の中頃になるまで、盆の送りには黒の紋服を着て玄関の式台に座り、「まことに行き届かぬ御もてなしでございましたのに、よう御逗留下さいました」と、まるで「生き人」に対するような改まった挨拶をしていたという。こうした所作は理屈抜きで子どもたちに受け渡され、それが日本人の生きる時間の感覚を作っていたことを、柳田は次のようなことばで表現している。

> 年とった者などが、「自分が孫であり、祖父や祖母と共にいた日」のことを憶い起こし、さらにまた、今の孫たちの、「自分のようになる日」を想像してみるのも、多くはこの際の事であった。

　こうした実感のなかに、生まれ変わりの発想もあった。それぞれの人の魂は、死後しばらく力を養った後で若返り、家の子どもとして再び生まれて来る、という考えである。特に祖父母が孫の誰かに生まれ変わるということは、多くの地域に伝わっている考え方だったと柳田は言う。私の世代でさえ、子どもの誕生と祖父母の死が重なったときなど、友人同士でそれを口にすることがまだあるくらいなので、かなり根強い考え方なのだと思う。

　このようにわずかには生き延びている部分があるものの、都市で生きている私たちが、「先祖代々」の温かな流れを実感できる機会は、いまとなってはとても乏しいと言える。立派な葬式や結婚式をしたところでそれは回復しないと、先の引用で河合も批判しているのだが、その一方で河合は、家族自体を決して諦めてはいなかった。河合は『家族関係を考える』のなかで、家族同士が対話し、ときにがむしゃらにぶつかることが、現代人の可能性だと書いている。河合はこの本以外でも、現代においては家族が、人が宗教性に開かれる数少ない機会であるといろいろなところで述べていて、その考えを晩年まで手放さなかったようである。河合はそのことを、人間が自分の子どもや伴侶に対して「どんなことがあっても一緒にやっていこう」と思えば、自分を超えた存在と出会ったり歩んだりすることが生じてくるからだ、とあっさりと説明することが多いが、心理療法的に踏み込んだ表現で言えば、かつての儀礼が担っていたような深いレベルの心の動きが、家族を通して生じうることを考えていたように思う。

河合の挙げる臨床事例には確かに、家族のなかに生じる跳躍のような展開を描いているものがある。たとえば息子が不登校になったと母子で来談した一九六〇年代のケースの話である。カウンセリングで息子は最初は学校に行けない葛藤を話していたが、そのうちに、「両親が仲が悪くて、父は出張でいないし、母もあまり家の事をせず、家が寒々としている」と話し出した。母のほうは「父は気が弱くて息子に学校に行けとも言えず、私ばかりを責める」と訴えていたが、やがて「父の出張は嘘で、外に女がいることがわかっている」と深いところを語り出す。母と息子は、語ることでそれぞれエネルギーを蓄えてゆき、それでも一年以上かかって、ついに衝突する。ある日、母が息子に「みんな学校に行ってるのにどうして行かないの」と正面切って言い、息子のほうは「自分だってほんとうは学校へ行きたくてしかたがないけれど、どうしてもいけない。こういう子どもの気持ちがお母さんにはわからないのか！」と怒って、そばにあった扇風機をひっくりかえしてつぶしてしまう。当時扇風機は高価なものだったので、驚いた母は父に「××が扇風機をつぶしたんですよ」と電話する。父は驚いて帰ってきたが、いままで怒ったことのない父もこのときは興奮しており、帰って来るなり入口にあったバットをぱっと持って、「××出てこい！」と息子の名前を呼んで、家の中に飛び込んできた。それを見て息子はぱっと窓から逃げてしまうが、後から聞いたことによるとそのとき、「あんなすばらしいお父さんを初めて見た、輝かしかった」と息子は感動していたという。それから夫婦で息子をあちこち探して歩くが、いくら探しても見つからない。帰ってきて「どうしようか」と言う父に、母はもう準備ができていて、「あなたは自分の生き方を考えてほしい」と、外の女性のことを含めて、これまでの思いを話す。すると父のほうでも、母が家事をしないことや愛想がないことを持ち出し、それだから諦めていた開業の夢があったのだ、と言い出す。さんざん夫婦で喧嘩をした後に、驚いたことにこの夫婦は「それだったら力を合わせて開業しよう」という気持ちになっていく。帰って来た息子はいきさつを聞き、「お父さんとお母さんはこういう話になったけれど、お前が学校に行ってくれないとどうにもならない」と両親から言われると「あっ、お父さんとお母さんが仲良かったら、僕、明日から学校に行くよ」と言って翌日から登校を再開した。両親も本当に開業し、家じゅうが変わっていったという（『ユング心理学と超越性』二〇〇二から「悪の深層」一九九六）。

　この例では、母子に切れ目が入ること、これまで影を潜めていた父性が現れること、夫婦間の感情の澱が洗い出されること、など多くのことが一日にして噴き出すように起きている。自分のカウンセリングの実感からすると、うまく凝縮されすぎているような気もするが、家族の成員それぞれの生を膠着もさせれば劇的に転換もさせる、家族に充満する力動があることを、パワフルに伝えるように思う。

ただこの事例はいま読むとだいぶ一九六〇年代的で、当時の離婚へのハードルの高さや、扇風機ひとつを皆で大事に使う生活事情、「学校に行かないとどうにもならない」というはっきりした規範が世の中にあったことなど、時代背景が器になっていた面も大きいのではないかとも思われる。

こうした家族のダイナミズムを踏まえて、前掲の「永遠の同伴者」の章のなかで、河合は、次のように述べている。

> これからの家族は、その成員の各々にふさわしい永遠の同伴者を見出すことに、互いの協調と、時には争いをも辞さない家族となるべきだろう。[…] つまり家族のなかに、永遠の同伴者の顕現を感じとってゆく[…]

この「家族のなかに永遠の同伴者が顕現する」という河合の論は、一九八〇年当時の宗教的な風潮と照らすと興味深い。宗教学者の島薗進は『新宗教を問う』(二〇二〇)のなかで、創価学会や天理教など日本のやや旧い世代の新宗教が、一九二〇年代から六〇年代の都市化と経済成長の時期に最も活発に活動していたことを挙げ、それらは失われた村落共同体の代わりに、都市において人びとの連帯を作る「第二のムラ」の役割をもっていたのではないかと述べている。宗教活動の担い手の多くが中年女性で、布教には家庭集会が多く行われたことや、「貧・病・争」に代表されるこの世の辛さを解決して幸福に生きることが魂の目的であるとする現世肯定的な考え方も、この頃の新宗教の特徴であったという。

ところが、一九七〇年代に入り、ちょうど「家族の危機」とときを同じくして、新宗教にも曲がり角が訪れる。旧世代の新宗教の伸びが停滞し、エホバの証人や真如苑、やや遅れてオウム真理教や幸福の科学など、島薗が新新宗教と呼ぶ宗教が興隆するのである。新新宗教の特徴として、現世よりも死後の救済や霊界での成長といった超越的な次元に重点を置くこと、あるいは現世肯定的であっても密教修行など超越界との直接交流を活動のなかに持っていること、担い手として若者が多く活動していることが挙げられている（島薗はまた新新宗教の活動では、温かい集いの要素が少なくなり、個々人の修行の側面が強くなったとも述べているが、活動の様子を個人的に見聞きすると、信者間の温かい相互扶助もかなり機能しているように私は思うので、その点は単純には同意しかねる）。

大きく見ればこの時期、家族的な連帯を介さずダイレクトに「永遠の相」に接続する志向が人びとの心に強まっていたと言えるのではないか。社会学の本（たとえば大澤真幸の『不可能性の時代』二〇〇八や、大塚英二の『「おたく」の精神史』二〇〇七）には、八〇年代、浸透しきったメディアが人びとの生の実感を求める先になり、虚構のなかに現実以上のリアリティが見出されるようになっていったことが書かれている。そこでは、十代の少女たちが前世の名前で雑誌に投稿し、前世の記憶をもつ仲間に呼びかけた現象が、この世の土を離れた別の次元に存在根拠を求めるこの時期の心の動きとして引き合いに出されていた。

河合の「家族のなかに永遠の同伴者が顕現する」という表現は、そうした傾向を踏まえたうえで、それに抵抗して、漂い出そうとする心をもう一度家族という土に結び付けようとしたようにも思われる。

河合のこの論と出会い、私は強く魅了されてしまったのだが、おそらくそれは、一九七九年生まれの私があの時代の東京の雰囲気を原風景としていることにもよるのではないかと思う。

東京のこと、私と私の家族

一九八〇年代に少年や家族の事件に題を取って劇作を行っていた山崎哲は当時の都市の様子についてこう評している（『事件ブック』一九八九）。

> 資本は高度に発達したメディアと手を携えながら、地域を解体し、それぞれの家族を独立した消費市場に分解し、さらに家族の一人ひとりを消費単位に分解してしまった［…］人々がお互いの体の面倒を見あうエロスを切断され、身体的にも孤絶した地平に追い込まれたのである。

山崎はまた東京の団地を、死を排除した家族的なエロスが純化された状態で閉じこもっている、と表現したが、物心ついた頃には私はその東京の団地に暮らしていた。私から見ても、団地の暮らしにはすでに停滞感があった。公園では盆踊りもあったし、秋には町会が保管している山車と神輿で町内を練り歩き袋菓子をもらったりもしたが、接する大人はほとんど顔がわからず、この町に所属しているという感覚はもてなかった。所属感のなさは、父が若い頃に転勤を重ね、両親が町内に密な関係をもっていなかったことや、私が流行のメディアに乗れない内向的な子どもであったこともあると思う。私の両親は合理的な志向の人びとだったので、生活の節目に洒落込むとか、情緒を含むとかがあまりなかった。正月さえややもするとスキップされそうな平坦な生活が、平べったい団地の光景に拍車をかけた。母方の実家は地方だったので、私もお盆に行くとキュウリの馬を作ったり、家の死者たちの魂を後ろ手に背負う仕草をしながら四つ辻まで迎え送りするといった行事に胸を躍らせた。でもその土地にいるのが年に数日の私が余所者であるのは明らかだった。東京に帰ると、こことは別のどこかに温かい故郷や共同体があるのではないか、とよく夢想した。そして東京のひたすら現在だけがあふれるような姿を嫌った。

本書の執筆メンバーと集まった際、沖縄の六月二十三日の慰霊の日について話題となり、「東京では、大空襲のあった三月十日に記念式典をしないのか？」と質問があった。自分が小学生の頃にはなかったと思うと答え（その後、平成二年に「東京都平和の日」として制定されたことを知った）、どうしてと驚かれたのに対して、「自分たちのことだと思っていないからじゃないですか」と私は自分でも驚くような冷淡な言葉を返したのだった。

　でも実際に、東京大空襲の体験は戦後二十五年間記録化されることなく、まとめられ始めたのは一九七〇年、東京オリンピックも過ぎた頃であった。自身も十二歳で被災した作家の早乙女勝元が、「戦後三十年を経過したら、記録らしいものはすべて消滅するのではないだろうか。あの三月十日の朝の、果てしない焦土のように」という危機感から、下町を回り生存者の体験を聴き始めてからである。早乙女が訪ねた生存者たちのなかには、口を閉ざす人も多かった。そして語ってくれた人は二十五年経っていても平静には話し終わらず、みな申し合わせたように話の途中で絶句し、早乙女はペンを片手に顔を上げることができなかったという。

　米軍は東京の東側広範囲を、ぐるり三百六十度の炎の壁で囲み逃げられないようにしたうえで、焼夷弾とガソリンを注ぎかけた。「防空法」によって空襲時には避難せず防火に当たるよう義務付けられていた都民を、アメリカは準戦闘員と見なしていた。乳飲み子を連れた夫婦も、下町で暮らしていた大家族も、前の日に朝鮮から連れてこられたばかりの数百人の若者も、炎に飲まれた。その一夜、時間にして二時間半のうちに、八万人が焼け死んだ。そして当時の都民の三分の二に近い四百万人が、家を失って地方へ流出した（早乙女勝元『東京大空襲』一九七一）。犠牲者も遺族も国からはほぼ一切、何も補償されず、残された人たちは自力で戦後を生き抜いたのだった（これは東京に限らず、大戦の民間犠牲者の大半に言えることである）。

　東京はもともと海際の小さな漁村と農村であった。それが江戸開府の頃から湿地や海を埋め立て、商人、職工、官職を営む人が住み、近県の農村からは出稼ぎ人が出入りして、人の入れ替わりに慣れた大都市になっていった。大火事も頻繁に起き、大空襲の三百年前には明暦の大火で十万人が、三十年前には関東大震災で六万人とも七万人ともいわれる人びとが亡くなっている。だから東京大空襲も大火事の一つとして受け止められたのか……と言うのはさすがに乱暴すぎると思うが、この四百年のあいだ、壊れれば首都として復興を急ぎ、大量の資金と流入する人びとによって、死者を弔うよりも未来を作ることが前面に出る土地であると思う。

　私の家族が東京に入ってきたのも戦争を契機にしてである。茨城の農家の次男であった私の祖父は海軍に徴兵され、ミッドウェー海戦で乗っていた空母を撃沈され海に投げ出され、七時間海の上を漂った後で救助された。幼い私と布団を並べて寝るたびに、祖父はその話をした。水温の高い海域で鮫が多く、戦友が食われていった。鮫は獲物をすぐには襲わず、まず大きさを測るために最初に回りをぐるりと泳ぐ。自分より大きい生き物は襲わないという。だから、足に長いふんどしをむすんでおいて、普段はダラリと海面に浮かんでおき、鮫が来たそのときに、自分の身体を大きく見せるため、精いっぱい手足を伸ばしてバタ足をするのだと、祖父は布団の上で何度も再演してみせた。

　ミッドウェー海戦で生き残った兵員たちは、いち早く敗戦を予感し噂していたために、内地と接触しないよう、多くが南方へ送られたという。祖父は南方でも辛くも生き残り、終戦後は手の負傷のために農業ができなくなっていたので、復員兵に対して特別に雇用を開いていた警察官の職を得るために上京し、焼け野原だった浅草で家を借りた。大空襲で誰かの家が焼けた跡に、祖父は新婚の家を持ったのだった。

次男の祖父は、故郷では開墾をしなければ自分の土地が持てない立場だった。あの海中の七時間は祖父のなかで、先祖の土地と切れたまったく違う生き方への、突然の通過儀礼の体験として位置づけられていたのではないかと思う。祖父がそれを身振り手振りで孫に語れるようになった背景には、元軍籍として国の経済支援を受けられた安堵も働いていたようにも思う。祖父の語りは、生き残って人生を作り上げてきたという勢いに溢れていた。牛を曳いて田を耕していた少年期から警察官へ、戦争があったから自分の人生は変わった、と祖父はよく言った。南方であったかもしれない口にし難い体験については一切語らず、パパイヤを「懐かしい」と買ってきては孫と食べることができてしまう祖父でもあった。

祖父の話の影響が幾らかあったかもしれないが、小学生になると私は図書室で、第二次世界大戦の記録を読むことに熱中していった。東京大空襲、沖縄戦、広島、長崎、ホロコーストの記録……たくさんの死を恐れながら、おかしなことだが私は何か原初的なもの、生命の爆発のようなものに触れる感じもしていた。それは強い情動で自分の平坦な生を補償する試みだったと思うが、もう一つにはさまざまな土地の傷つきを見ながら自分が参入できるかもしれない故郷を探していたような気もする。大きな傷のなかでは、細かい振る舞いやこれまでの関係性などご破算になって一体感を共有できるような（現実には決してそんなことはないと思うのだが）、そんな気がしていたのかもしれない。またどう考えても人類が真剣に悩むべき事柄に思えたので、それを通して故郷のような連帯を得られると思ったのかもしれない。現実にあった大変な出来事にそうしたものを感じてしまう自分に、後ろめたさもあった。六年生のときにその気持ちを一度文章に書いてみようと思ったが、「戦争は絶対してはいけないと思います」と結ぶ、判で押したような作文になるしかなかった。

十代になって東京の街を歩くようになると、今度はそこら中に鳴り響いているような空しさが聞こえてくるようになった。一九八〇年代終わりから九〇年代初めの頃で、東西冷戦構造とバブル経済が同時期に崩壊し、湾岸戦争が起きていたが、社会情勢を読むセンスがまったくなかった私は、繁華街に急増したブルセラショップや、再開発で激しく作り変えられる街並みをただぼうっと眺めて、空しさを聞いて過ごしていた。漫画家の岡崎京子が『リバーズ・エッジ』（一九九四）で「実感がわかない、現実感がない」とくり返したのと、近い感覚だったかもしれない。

あるとき図書館で『骨の鳴るお空』という本を見つけ、その題名が自分の聞いている音をぴったり表しているように感じて、街を歩くときにその言葉をお守りのようにつぶやいていた時期があった。中を読んでしまうと意味が変わりそうで、たまに手に取って開いてもすぐに目をつぶって棚に戻した。そのくせ、図書館に行くと必ず棚にあるか見に行っていた。いま思っても妙な行動だったが、「骨の鳴るお空」とつぶやいて歩いていると、東京の空に沢山の見えない死者がふわふわと浮かぶイメージが湧いて、形が与えられた分、聞こえる空しさが少し楽になるように思った。私はそれが弔われていない大空襲の死者たちではないかと想像した。自分が弔わなければいけないような、でもどう弔えば良いかさっぱりわからず、ただ空に死者の姿を見ることで、かろうじて自分が地面で生きている感覚をつないでいたように思う（何十年も経ってから、私は『骨の鳴るお空』は山崎哲が一九八九年の宮崎勤の事件に取材した戯曲であったことを知った。題名は、まだ犯人がわかっていなかった頃、殺された幼女の骨が届けられたときの山崎の印象からつけられたようである）。

そのよくわからない音が薄らいだのは、一九九五年に阪神淡路大震災と地下鉄サリン事件が立て続けに起きた頃だった。この年の衝撃は、多くの社会学者が日本社会の転換点だったと指摘している。

地下鉄サリン事件は、私にとって少し個人的な体験であった。サリンを撒かれた五つの車両のうちの一つが、公務員であった私の父が普段乗っている路線と時刻の電車であることを、私は中学校の教室のＴＶで確認したのだった。当時の私は父といろいろと葛藤がありろくに口もきいていなかったのだが、その父が自分ではない誰かに殺されたかもしれない、と思うと何とも言えない気持ちになった。地下鉄は終日止まり、歩いて帰宅したら、父はその日は忘れ物をしたとかで乗る電車を遅らせていて無事だった。

オウム真理教は超越的なものには決してなり得なかった。でもまったく非合理な話であるが、疑似的な父殺しの体験で、私のなかではあの事件が少しだけ超越性を帯びてしまい、私の思春期的な症状はそれを機に薄らいでいったのではないかと思う。彼らが松本でも東京でも特に公務員宿舎を標的としたように思えることも、外部から自分の家に初めて向けられた刃として、あの事件を私に印象付けた。この東京でついに「自分たちのこと」が起こったような気持ちに私はなっていたかもしれない。作家の村上春樹が被害者を一人ひとり訪ねて歩き、映画監督の森達也がその後のオウム真理教を訪ねてドキュメンタリーを作っていたのを「私たちのこと」に真剣に取り組んでくれている、と私は感じていたように思う。

大人になったいまでも、あの頃の後ろ暗い気持ちを、私はちょっと引きずっているところがある。このシリーズで行われているフィールドワークの話を聞いて胸が躍る気持ちになったのはそのせいだ。山や自然、昔からの文化が息づいている場所を訪ねること、さらには戦禍の跡を訪ねることは、本当に超越的なものや、本当の死者との交流に触れる体験なのではないかと思った。でも何人かのメンバーは、そんなつもりじゃない、ときっぱりと言った。都市で生きている現代の自分たちに、理解できるものではないと思う、と。理解できないものをどうして訪ねているのだろう？　私はよく呑み込めないまま、今回の執筆に参加させてもらった。

冒頭に書いた漠然とした心情から、家族の古い姿といまの姿を見比べたいと私は思ったのだったが、その作業は私の知識の無さによる困難だけでなく、気持ちのうえでも意外なほど難航するものであった。それは次のような具合だった。

一九九〇年代以降、家族についての言説はより細やかに成熟してきた。家庭内のトラウマへの注目や、児童福祉法の幾度かの改正やＤＶ防止法の制定があり、二〇〇〇年を過ぎると主婦の無償の家事労働やサラリーマンの会社への忠誠が合理的に解体されてゆき、いま家族の世話は「ケア」という新しい光のもとで再分配され始めている。

この流れのなかで、家族という体験が含む陰影を繊細に捉えようとする言葉も生まれてきている。たとえば詩人キーツが残した「ネガティブ・ケイパビリティ」（不確かさにとどまる能力）が近年注目を集めている。キーツは家族の看護や医師の仕事を通して、人間の日々の揺れ動き、調子が良かったり良くなかったりする両義性の状態を抱える必要性を、この言葉で表したという（小川公代『ケアの倫理とエンパワメント』二〇二一）。

また映像作家の中村佑子は、自身の妊娠出産を通して異質な感覚世界に開かれた体験を手がかりに、母親たちに（ときに父親にも）出産や子育てについての聞き取りを重ね、哲学の概念を用いてその感覚を拡張し、一様にはとらえ難い母性というものを描き出した（『マザリング』二〇二〇）。中村が母たちと手探りで探す言葉は、子を迎えることで自分という境界がゆらぎ、他者の痛みや願いが入り込んでくることや、生と死がすぐそばに並ぶ暗い領域の体験や、いまと過去が二重写しになる不思議な時間感覚のことを、非常にリアルに伝えてくれる。

中村の連載に、出産前後の私はずいぶん支えられたのであった。しかしこうした繊細な言葉に触れながら私は、都市のなかでこの世ならざる感覚に出会ったとき、現代人が頼れるのは神や祖霊ではなく、哲学者か詩人なのだ、と痛感もしていた。人しかいない都市のなかで、人の柔らかさ難しさに目を凝らし、微妙なフィーリングに粘り強く留まるのは、何かとてつもない浮遊感に耐えることでもある。

私はいまも散歩中に子どもがふと立ち止まったりすると「向こう側へ引っ張られて戻ってしまうのでは」と、生後間もない子どもを抱えていた頃の不安がよみがえるときがある。そういうとき、私は中村の本の雰囲気を思い出しながら、答えられない問いが口を開けているのを感じる。結局、私たちはどこから来て、どこへ行くのだろう？

すると、その答えが体感としてあった頃の、揺るぎない故郷の大地を求めたい衝動に私はもう一度駆られてしまうのだった。

『先祖の話』を読んで東北に行き、ちょうど代掻きの季節で一面光る泥になった田んぼの道を歩くことがあった。柳田の言葉で田の中に代々打ち込まれた先祖の念を想像するせいなのか、大地は一足ごとにぎっしりと詰まった固有のものに感じられた。遠くに見える瑞々しい山々が死者のいる異界として横たわり、その境界に身体ごと包まれている。自分の命はこの土地のなかに呼吸し続けて、何度でも大地を踏みに戻ってくる……。

そんな疑似体験をした後で上野駅に戻ると、あの大地がどこにも感じられないことに私は落ち込んでしまった。東京がひどく息苦しい場所に思えた。しかし、古い村落共同体はよみがえらない。私たちの広がった世界をもう閉じることはできない。そんな葛藤で筆が進まないなか、私は一年ほど前にこんな夢を見たことを思い出した。


私はガラス張りの駅ビルのような、開けた場所にあるオープンカフェで、道行く人の夢を聞くために、ノートとペンを持って待っている。そこに一人のお婆さんがやって来て、「私の話を聞き切ってくれる人がいて良かった」と言って座った。私が「どうぞ」と言ってそのお婆さんの顔を見ると、煤けた服と白い顔に苦難の跡が刻まれ、誰にも話せない重いものを背負っているそのお婆さんは死者のように見えた。私はお婆さんの話を一言でも聞いてしまったら、いまの自分の生活はなくなるだろう、と直感して恐ろしくなり、お婆さんが一言も発する前に「私には聞けません、申し訳ありません」と言って、膝をついて謝った。話を聞けないのに、聞けるようなふりをしてしまい、本当に申し訳ないという気持ちでいっぱいになった私は、何度も謝罪の言葉をくり返した。お婆さんは「それなら仕方がないね」という感じで聞いてくれていたが、気づくといなくなっていた。

目が覚めたとき、自分が膝をついたコンクリートの感触をよく覚えていた。心理士として人の話を聞けるふりという詐欺をしている自分と、詐欺を引き受けられずまごついている自分の両方が見透かされたようで恥ずかしかった。せっかく訪ねてきてくれた死者を追い返してしまった私の態度は、東京の冷淡さそのもののように思えた。私はこれを克服しなければならない。もしまたお婆さんと出会えたら今度こそ、すべてを捨てても話を聞かなければ……。

夢の内容と共にそんな思いをメンバーに話したら、なぜそんなに罪悪感にとらわれるのか、と何人もからコメントがあった。「罪悪感でこうすれば良かった、次はこうありたいと先取りして、夢のいまに留まらないのはもったいないのでは」という柔らかいコメントから、「風貌から死者だと勝手に読み込んでいるけど、死者だとは限らない。超越的なものを勝手に見出して怖がっただけでは」という厳しいコメントもあった。

思い込みを指摘されて少し落ち込んだが、翌日、ふと自由になって考えてみた。確かに夢の私は、おいおい落ち着けよ、と言いたくなる慌てぶりである。なぜそんなに恐れるのだろう。夢の私は何かを変えたくないようだ。いまの生活、とは何だろう。お婆さんを死者だと決めつけ、どこかに超越的なものや圧倒的な意味や深さを求めようとすること自体が、すなわちお婆さんを追い返す「いまの生活」であって、私はそれを手放したくないのかもしれない。強すぎる罪悪感は、自分のなかの真実を取り消して無垢であろうとする心の動きとして現れることがある。湧いてくる罪悪感の背後で、夢のいまは何を示しているのだろう。

　そのうちに夢から離れて、私の連想は巡った。個人的な経験のなかには罪悪感の源はあり余るほどあった。そしてふっと、祖父が晩年になって初めて、海で隣に浮かんでいた戦友の話をしたのを思い出した。初めは元気良く話していたその人が、だんだん黙り込んで動かなくなり、祖父が「大丈夫か」と肩を叩いたら、そのままうーっと沈んでいってしまったそうだ。「なんか悪いことしちゃったなあと思ってよ……」と祖父は珍しく小さい声でつぶやいていた。祖父の威勢の良い話し方で幼いときにはまったく感じていなかったが、もしかしたら祖父にもサバイバーズギルトのようなものがあったのだろうか。それなら戦後の東京には、全国から流入した人びとの、また東京で生き残った人びとの、それぞれの死者への思いが渦巻いていたのではないか。まず靖国を抱え、その後は振り切って未来に向うしかなかった……いや、きっと振り切ってなどいなかっただろう。連帯のかたちを持ちにくいなかで、それぞれに死者への思いをじっと抱えて、長いこと思い返していただろう。

　そうした当たり前のことに、でも初めて想像を巡らすうちに、私はあることに気がついた。東京の、都市の本領であるこの個別の内面性を、私はいまのいままで、どうにも呑み込めていなかったのだ。だから都市の浮遊感を苦しく思って、故郷を求めたり、空に集合性の死者を浮かべて自分が弔わなければと思ったりしていたのだ。いやもちろん、私も心理士をしているからには、人間に個別の内面があることを知ってもいるし大事にしてきたつもりだった。でも、深いところでそれを受容できているかはまた別のことだったのだ。自分が握りしめていたもののなかから、何かが祖父のなかへ、個別な一人ひとりのなかへ、帰ってゆくような感じがした。それはゆるやかな体験だった。私が背負わなければいけない超越性など、どこにもないということが、足元から私の身体へゆっくりと伝わってきた。

　夢の私が膝をついたことは、もしかしたら私が引きずっている超越性への希求の名残かもしれない。ただ、膝をつかなければコンクリートの感触をこれほど味わうこともないだろう。しばらくコンクリートに留まってもみても良いのかもしれない。確かに昔はよくコンクリートの上に座ったり寝転んだりして遊んでいた。日が当たる場所と日陰で温度が違っていた。コンクリートは隠ぺいする。水が浸透せず、循環しない。コンクリートに死体を埋めることは、決して埋葬ではない。石に似ているが、石のように永遠を象徴しはしない。言わば、石のまがい物かもしれない。けれども頑強な水平性を作り出して、新しい土台になる。……味わってみても、コンクリートはそんなに素敵なものに思えなかったが、少なくともしばらくここに居てみようという気持ちに私はなった。

　肝心のお婆さんを忘れていた。死者でなければ、あの人は誰なのだろう？　夢の私を信頼して、断られても怒らず、何も押し付けず去っていった。

　もちろん、この夢は別の解釈をすることも可能だろう。自分の神経症が、この一つの夢で終わるわけではなく、その周囲を何度もぐるぐると回る必要がある。ユング派の夢分析では、そのゆるやかに歩くテンポを学ぶ。ここでは私のささやかな作業を共有させてもらったが、フィールドワークに出かけたメンバーたちも、こうしてゆっくりと歩きに行っているのかもしれない。

　私の投影から少しだけ自由になった東京を、まず知って歩かなければ、と私は思った。東京大空襲で命を落とした人たちはどこに祀られているのだろう。ふわふわと空に浮かべておきながら、それすら知らなかった。調べてみたら、墨田区横網にある東京都慰霊堂に、関東大震災の被災者と合同でひっそりと祀られているのだとわかった。ひっそりとしか祀れなかったのは、東京を占拠したＧＨＱの目もあったためかもしれない。運河が幾本も走り、江戸の都市計画の面影の濃いその地に、慰霊堂はあるのだった。

それでも異界が必要とされるとき

　コンクリートの上に居てみようと決めた私だが、現代の都市のなかで大地や超越性を切望するような若い人の作品を読むと、やはり胸を揺さぶられてしまう。冒頭に挙げた宇佐見りんが十九歳で書いたデビュー作『かか』（二〇一九）は、その思いがまだ家族を巡って現れることと、それがもう昔どおりではあり得ないことを示している。

　表題の「かか」は娘である主人公が母を呼ぶときの名である。十九歳のうーちゃんは、離婚して心を病んだ母と弟と共に、母の実家で暮らしている。「しにたいよおう」と叫び、自傷行為をする母を、うーちゃんはなだめ、怒鳴り、取っ組み合い、嫌悪しながらも距離を取ることができない。この作品の文体が終始、「かか弁」という家庭内方言で書かれていることも特徴で、それは母が使う「似非関西弁だか九州弁のような、なまった幼児言葉のような」言葉遣いであり、うーちゃんは標準語地域で育ったにもかかわらず、この「かか弁」を母語としているという設定だ。「かか弁」が唯一わかる弟に向けて、「おまいは」と語りかけるかたちでこの小説は書かれる。

一方でうーちゃんが苦悩の吐け口にしているのは、好きな大衆演劇のファン同士、二十人前後のＳＮＳのグループである。そこでうーちゃんは標準語とネットスラングで短いコメントをつぶやく。ＳＮＳでは病んだ投稿を重ねて周囲に持て余されるメンバーがいたりと微妙な不協和音があるものの、うーちゃんは寄せられる慰めに安心する。

次第に母の精神状態は悪化し、うーちゃんは高校を休みがちになり、受験も失敗する。そして浪人生となった頃、母の子宮に腫瘍ができる。摘出手術を前に自己憐憫を増す母を見るうちに、うーちゃんのなかに母の「死」を巡るイメージが初めて湧いてくる。彼女がそれに気づくのは、ＳＮＳで母の手術について「たすかるかわかんないみたい」と大袈裟につぶやいてしまったときである。そしてそれを打ち消すかのように、「自分がかかを妊娠し、産み直す」、そして駄目になっていない母ともう一度出会いたい、という奇想をうーちゃんは抱くようになる。彼女はその成就のために、熊野にいるという「いざなみに会いたい」と思い立ち、旅立つのである。

確かに、『日本書紀』には熊野にイザナミの墓所があると記されている。イザナミの産む力と、殺す力の両方を見出されてきたこの地は、日本のなかでも死者の行くお山として随一の知名度をもち、歩いていると亡くなった肉親や知人に行き会う話が伝えられている。その一方で温泉による行者の再生譚もあり、病者も多く集まった。峻厳な山道に寺社仏閣が並び、日本の異界番付のようなものがあるとしたら、間違いなく上位にあがる土地だろう。

　私もほんの短い時期であるが、個人的な事情から夏になると熊野に通っていたことがあった。日の光と植物の力が凝集したようなその景色はなかなか忘れ難い。熊野出身の作家の中上健次は「強い日の光を受けて光が緑の草の葉に当り、それがこぼれ落ちているのではなく、光が草の葉の内側からじくじくとにじみ出てくるのだという光景を眼にする。そして、実のところ私は、草や木と同じ類のもので、手足が出来ているのではないかと思った」と、その眩しさを表現している（『風景の向こうへ』一九八三）。

「母を産み直す」といううーちゃんの奇想は、状況が悪化するなかで、このままではどうにもならないという思いと、母の幸せを取り戻したいという娘の熱い思いが極限まで煮詰められたもののように思われる。カウンセリングのなかで母子関係の課題を話し込んで行くと、母への否定をかなり語れるようになりながら、母に笑ってもらえないと自分が落ち込んでどうしようもない、と切ない心情が語られることがしばしばある。その両面の語りが深くなっていくとき、私は照り陰りする太陽と、その影響を直に受けて育ったり萎れたりする草木のことを、心のどこかで感じることがある。うーちゃんの心がこの領域に入ったとき、自身の全貌が現れ出る舞台として、熊野を目指すのは納得できる気がする。

さて、しかし現代っ子のうーちゃんは、「すっぴんで鈍行に乗る」という巡礼的な道行を選びながらも、どこか半信半疑である。その証拠に電車の中で「人の祈りをいっしんに受けるかみさまがけっして人間であってはいけんように、かみさまのすむ土地も人智の及ばんものでなくてはならん」「唯一絶対のかみさまを持たん人々は、それぞれ祈りの対象を人間に求めます。できそこないのかみさまたちは、未成年に酒を飲まして性的暴行を加えるし、クスリでつかまってやけに写真うつりの悪い顔がネットニュースに載ります」と、皮肉だがどこか必死な信仰論を巡らせる。熊野に着いても、ことさらに異界を求めるうーちゃんの神経症的な努力は続き、秘仏が偶然開帳されていたり、ハムスターの死に行き会ったりするのを、不気味な偶然として数え上げて歩く。ただときどき聞こえる紀州の方言だけは、不自然な「かか弁」に慣れた読者の耳に、鮮烈な「本物感」をもって響く。

　そして舞台は那智の滝のたもとに入る。そこまでに、うーちゃんはＳＮＳで不幸競争のような当てこすりがあったことにかっとなり、手術で母が死んだことにしようと決意していた。滝の傍らまで来て、うーちゃんが母の死を書き込んだとき、静まり返ったＳＮＳのタイムラインと、現実の滝の静けさが一体になるような瞬間がある。そして嘘という罪と母殺しの罪が一体となってうーちゃんに染み込み、罪を引き受ける主体が立ち上がるような描写が続く。このひとときだけ、嘘っぽさが強かった作品のムードが、昔ながらの供犠という雰囲気に変わる。現代の心においてもこの瞬間があることを、私は疑っていない。幾つもの語りや夢のなかで、クライアントがこうした瞬間を跨ぎ越すのを見てきて、それが訪れるときは、こちらに有無を言わさない力強さがあるのを実感している。しかしまた、現代ではこの瞬間は決して公共的なものにならないし、長く留まれるものでもない。作品のなかでも、この瞬間は次の展開で膨張して消える。

次の展開というのは、嘘を信じて真摯に心配した人たちが次々とメッセージを送って来るのを見たうーちゃんが恐ろしくなりアカウントを消してしまい、頼るものがなくなった彼女が急に苛烈な超越性に開かれることである。母が従姉にピーナッツを食べさせられてアレルギーで死ぬのではないか、とふとよぎった懸念が、命を弄んだ嘘へのばちがあたって母は死ぬ、という確信になる。それはうーちゃんを恐れさせる以上に「ぎらぎら興奮」させ、「すべてのばちあたりな行為はいっとう深い信心の裏返しです。〔…〕ばちあたりな行動はかみさまを信じたうえでちらちらと顔色をうかがうあかぼうの行為なんでした。そいしてばちがあたったとき、その存在にふるえながらようやく人間たちは安心することができるんです。自分のことを本当に理解する誰かと繋がっているという安心感に、身をまかしきることができるのんよ」とつぶやかせる。何らかの超越性に身を寄せなければ、この瞬間を通過できないという切実さと、その地点をもう過ぎつつある醒めた調子が、このつぶやきには混じっている。それから雷が轟き、うーちゃんは腹痛と出血に襲われ、母を身ごもった、と感じるが、神秘的な内容が加速するのに反比例して、作者がそれを描く調子は薄っぺらく、嘘であることをいまにも露呈しそうな口ぶりになっていく。

果たしてうーちゃんの幻想の絶頂で、弟から電話で手術の成功が知らされる。信仰を復活するうーちゃんの試みは、現代において当然、失敗であり、腹痛と出血はうーちゃんの生理によるものだった。それを受けたうーちゃんの泣きながらの述懐が、恐らくいまの作者の世代が感じる現実感であろうと思われる。「この感覚をうーちゃんは知っていました。自分の中身がどこかへ行ってしまいそうなとき、電話する相手をさがしながら連絡帳の一覧をスクロールするときのあの感覚、結局誰にも連絡できんで携帯閉じる瞬間のあの感覚、不特定の誰かはつまりかみさまです。不特定の誰かなんてほんとはどこにもいなくって、いるのは特定の、別々に生きてる人たちだけなんよ。」そしてこの小説は、次の言葉で終わる。

「うーちゃんたちを産んだ子宮は、もうどこにもない」

　古い時代の通過儀礼は、共同体の神話や超越的な存在を身をもって理解して大人になる過程だった。でも、この旅で最終的にうーちゃんが身をもって理解したのは、「不特定の誰かなんてほんとはどこにもいない」という、超越性が消え去った現代の心の深い部分である。この作品を読んで、それが悲劇的にも挑戦的にも聞こえず、シンプルにそういうものだと響いてきたことが、私には印象的だった。

　うーちゃんの旅では、異界である山や滝、イザナミの力という超越的なものが用意される一方で、「否定」が強く働いている。これは現代の意識の特徴だ。否定は十九歳らしい周囲へのやや意地悪な観察に始まり、母の自己憐憫を見抜く。「嘘」をつくことに踏み切るのも否定の力であり、そのことが創造的な過程を開いていく。熊野という異界を求めながら、そこにも否定が伴走して、この旅の全体が嘘である可能性をコミカルな調子で付け加える。そして「母の死」という否定の究極のかたちが体現されそうになると、否定は一番重い力を振るって、現実を開くのである。

うーちゃんが最後にたどり着いた述懐で、かみさまは「不特定の誰か（ほんとはどこにもいない）」へと、実体から分離した対象へと変化している。実体的な超越的存在をどこかに見つけたり、そこから見張られたりすることなく、自分の内面と素朴に接し他者の内面にあるものも知ろうとできる、自由な大人のあり方にうーちゃんは入って行こうとしている。彼女は恐らく「かか弁」から解放されるだろう。

宇佐見は文藝賞受賞の言葉で「この先自分がどこまで視野を広げようが［…］『うーちゃん』の未熟な目に常に睨み付けられていることを忘れずに地道に書いていこうと思います」と述べた。「未熟な目」に一体化しているときは、その目の必死な不自由さを疑問に思うこともない。「未熟な目」はうーちゃんの物語として表現されて初めて自分自身からはがれ、宇佐見にとって対象化できるものになったのだ。戦後の家族を振り返りたいという私の試みも、結局のところ私自身の「未熟な目」を少しだけ対象化する試みだったようにも思う。

私が都市の冷たさを嘆いていたとき、「でも東京の夜は良いなあと思う。いろいろと昼間は出てこないものがあって……」と、話してくれたメンバーがいた。確かに、街灯やビルの薄明かりに照らされた道がどこまでも伸びている東京の夜は独特だ。心に痛みがあったり考えごとをしたいときには、夜明けまでずっと歩くことだってできる。一人で歩くのも私は好きだが、誰かと並んで歩く日があるのはまた格別に良いことだ。家族のかたちがどう変わっていくとしても、歩きながら、ふと湧いてくる言葉を捕まえる人間の営みは続いていってほしいと思った。

参考文献

宇佐見りん「かか」『文藝』二〇一九年冬季号、河出書房新社

宇佐見りん『推し、燃ゆ』河出書房新社、二〇二〇年

宇佐見りん『くるまの娘』河出書房新社、二〇二二年

内海健・大澤真幸［対談］「うつ病と現在性　「第三者の審級」なき主体化の行方」『現代思想』二〇一一年二月号、青土社

大澤真幸『不可能性の時代』岩波書店、二〇〇八年

大塚英志『「おたく」の精神史　一九八〇年代論』講談社現代新書、二〇〇四年

岡崎京子『リバーズ・エッジ』宝島社、一九九四年

小川公代『ケアの倫理とエンパワメント』講談社、二〇二一年

落合恵美子『21世紀家族へ』有斐閣、二〇一九年［第四版］（初版一九九四年）

落合恵美子『徳川日本のライフコース　歴史人口学との対話』ミネルヴァ書房、二〇〇六年

河合隼雄『家族関係を考える』講談社、一九八〇年

河合隼雄『ユング心理学と超越性』岩波書店、二〇〇二年

早乙女勝元『東京大空襲　昭和20年3月10日の記録』岩波新書、一九七一年

島薗進『新宗教を問う　近代日本人と救いの信仰』筑摩書房、二〇二〇年

中上健次『風景の向こうへ』冬樹社、一九八三年

中村政則『戦後史』岩波新書、二〇〇五年

宮下美砂子『いわさきちひろと戦後日本の母親像』世織書房、二〇二一年

柳田國男『新訂　先祖の話』石文社、二〇〇八年（原著一九四五年）

山崎哲『「事件」ブック』春秋社、一九八九年

山崎哲『骨の鳴るお空』思潮社、一九九一年

コラム　広島から　憎しみとその変容について

西山葉子

ウクライナでロシアの爆撃が続くさ中に、ヒロシマは原爆投下から七十七年目の八月六日を迎えた。私は、ふるさとの広島で、被爆者の一人、伊藤正雄さん（八十一歳）と初めてお会いした。このコラムでは、伊藤さんとの対話を通して、原爆とある家族について、そこから生まれた「たね」について心を馳せたい。

伊藤さんが爆心地から約三・五キロの自宅の前で被爆したのは、四歳のときのことだ。青白い閃光の後の爆風で三輪車ごと吹き飛ばされた伊藤さんは、一瞬気を失ったもののすぐに目を覚まし、泣きながら家に駆けこんだそうだ。「下駄は脱がんでええよ」と駆け寄った母の向こうに、壊れた窓ガラスの破片などが散乱しているのが見えた。母と一歳の妹と一番奥の部屋の畳の下の防空壕に隠れていたおかげで、その地域で最も降ったと言われる放射能を含む黒い雨に当たらずにすんだ。父は火の海となった市内に出かけて兄と姉を探し回ったが、十歳の姉はいまも遺骨すら見つかっていない。小学校で全身に大火傷を負って見つかった十二歳の兄は、苦しみながら八月の終わりに亡くなった。両親の配慮で幼い伊藤さんは会わせてもらえないままだった。

火災を免れたその地域には、市内から多くの傷ついた人が逃げて来られた。伊藤さんのお宅でも傷ついた人びとに場所をお貸ししていたが、休まれた人は一人、また一人と亡くなってゆく。そして空き地で積み重ねられ、焼かれていった。「その光景と匂いは幼かった私の目の奥に、鼻に、焼きついて、いまもはっきりと残っています。そして話すたびに思い出されるんです」と伊藤さんは辛そうに顔をゆがめた。

伊藤さんが中学生になると、元気だった父が原爆ぶらぶら病*となり、家業は傾いた。夜逃げ同然で家を失い、高校を中退して住み込みで働かねばならなくなった伊藤さんは、過労でとうとう肺結核を患い入院する。「悔しゅうて悔しゅうてね、友だちが青春を謳歌しとるのにわしは……と思うて……」病床の伊藤さんを支えたのは、アメリカの団体から寄贈された本をひたすら読むことだった。ある日、聖書を読み進めていた伊藤さんは、ある言葉が目に止まり、思わずそれを壁に投げつけた。〝汝の敵を愛せよ〟。「何を言いよるんなら。できるわけないじゃろうが！　にっくきアメリカを！」そう語る現在の伊藤さんは、そこで一息ついて、微笑んだ。「そう思った私が、キリスト者になるんだから神のなさることはすごいな」。その後、アメリカの団体が提供した薬がよく効き、一年で退院できた伊藤さんは、親戚に引き取られ、復学も果たせた。そしてなぜか近所の教会へ誘われるように通うようになり、洗礼までも受けたのだ。

定年退職を迎え、原爆資料館でピースボランティアを始めた伊藤さんは、慰霊碑に刻まれた『安らかに眠って下さい　過ちは繰返しませぬから』の言葉を前に、どうしても心がざわめいた。「悔しいね。かたき討ちをしてあげるけえね……」と思わずにいられなかったのだ。しかし、岩国基地から資料館を訪れ、「愛する祖国がこんな酷いことをしたのか」と涙を流す若いアメリカ兵に出会ったとき、平和の原点を見た気がしたと言う。「アメリカにもこんなに心優しい人がいる。憎しみでは平和は来ない。友だちになること、対話が必要なのかな」と。

二〇一一年三月、一緒に防空壕に隠れていた妹が甲状腺がんで亡くなった。「いまの医学では（被爆と）直接結びつけることはできないと医者に言われても納得のいくものじゃない」と伊藤さんは言う。被爆後七十七年を過ぎたいまも、黒い雨による放射線被爆の苦しみは続いている。二〇一七年に国連で採択された核兵器禁止条約は、批准国が五十カ国に達し、二〇二一年に発効したが、唯一の被爆国である日本はいまだ参加していない。現在、伊藤さんは核兵器廃絶を求める署名活動をされており、署名のお礼に「羽ばたく折り鶴」を手渡している。「生き残った人にとって多くは思い出したくもないこと。『なんであんたは生きてうちの子は死んだん？』と言われたり、助けてくれと言われて何もできなかったという負い目もある。でも『話してくれぇやぁ』と死者が言うけぇ話すことにしたという人が多い」そうだ。「七十七年平和があるのは、あの日の歴史を語り続けた被爆者がいるからでもある……微力であっても無力ではない」そう笑みを浮かべる。伊藤さんの怒り・憎しみは、出会いと信仰と死者の声に支えられ、七十七年かけて変容し、愛と祈りとして平和への「たね」をまき続けている。

＊　原爆症のことを当時、このように呼んでいた。

被爆者の語りと家族に関して

「原爆の図」丸木美術館（埼玉県）所蔵、一九五〇－八二年制作。

被爆直後の広島を歩いた丸木位里・俊夫妻が、耳から離れない被爆者たちの声をつぶさに聞き続けながらその答えとして描いていたのだろう。夫妻の生き残った者としての苦しみ、原爆という傷や怒りを描くことで祈りに変えた道のりが感じられるのだ。

『生きているヒロシマ』土門拳、築地書館、一九七八年

土門拳が被爆後十三年後に広島を訪れ、被爆者の心身の傷に触れて国際的に高く評価された写真集『ヒロシマ』と、その後を撮影した「憎悪と失意の日日」。二つの作品を、土門拳自身が新しく構成し直した写真集。

『被爆者の人生を支えたもの～臨床心理士によるインタビューから～』臨床心理士による被爆者の心の調査プロジェクト編、溪水社、二〇一八年

地獄のような体験から生き延びた被爆者は何を頼りにどう歩んできたのだろう。広島の六人の臨床心理士による被爆者の家族や健康、差別や偏見の体験や心の動きについて伺い、考察したもの。

『原爆被爆者三世代の証言　長崎・広島の悲劇を乗り越えて』澤田愛子、創元社、二〇一一年

被爆の記憶や心の傷は、子どもたちにどのように語られ、世代を越えて受け継がれていくのか。ホロコースト生還者の心理社会的三世代ナラティブ研究にならい、被爆者とその血縁を対象に行われた、日本で初めての被爆者三世代インタビューとその考察がなされている。

『いわたくんちのおばあちゃん』 天野夏美作／はまのゆか絵、主婦の友社、二〇〇六年

伊藤さんが小学校で証言に招かれたときにお土産に持参する本だそうです。実話に基づく一枚の家族写真をめぐる原爆のお話。

『はだしのゲン　わたしの遺書』 中沢啓治、朝日学生新聞社、二〇一二年

広島の原爆を生き抜く少年ゲンの物語を描いた漫画家の中沢啓治の、亡くなった直後に出版された自伝的ノンフィクション。

『チェルノブイリの祈り　未来の物語』 スベトラーナ・アレクシエービッチ（松本妙子訳）岩波現代文庫、二〇一一年

ノーベル文学賞受賞作家のチェルノブイリ原発事故のドキュメンタリー文学。個々の人間の記憶と事実のなかから、新しい世界観や新しい視点が生みだされている。放射能について実は私たちは何も知らないことがさまざまな意味で理解できるのだ。

コラム　ふるさとと祈り　高江洲義英先生のこと

西山葉子

沖縄のうるま市で三十七年間、いずみ病院の院長として心の癒しに取り組んで来られた高江洲義英先生[*1]は、みずから三線もたしなまれる芸術療法の先達です。民俗志向的音楽療法などその土地の文化を基盤とした芸術療法も考案され、「それぞれの土地にはそれぞれの歴史があり、風土があり、文化がある。その文化が癒しの力をもっている」とおっしゃっています。琉球漆器の漆や螺鈿の精神文化の研究もされています。

　病院の玄関より足をふみ入れると、つややかで落ち着いた風合いの木製の調度品や籐の椅子、やわらかい光が、訪れた私たちを迎えてくれます。そしてそこここに名画や患者さんの作品が飾られていました。「ここに入職するにはね、空間をわかること、それだけが必要なんだよ」と高江洲先生はにっこりされます。「治療的な環境、空間を作る必要があるとわかること。一つの空間でも均質じゃない、光と影があるでしょう?」、陽に当たることもできれば、暗闇に紛れることもできる。そこで患者はそれぞれ居心地のいい場所で安らぎ、みずからの存在が許されて在ることを感じ、癒しに向かう表現に開かれてゆくのです。そこに芸術療法の原点があると自然と感じられる病院です。

「ここに来さえすれば良くなるという場所があれば、人は生きていける。そういう環境を作りたいと思ったから自分で病院を作ったんだ」とおっしゃる先生は、「ここには死んだ人もやって来るし、祈りがある」と、外の線香を置くための石を指さされました。八十八か所もあるそうです。「石の底に海がある。御嶽もそう。石を通じて死者の魂が海に戻り、そこから天に昇る」死者の居場所があるからこそ、人と祈りがつながり得るのでしょう。

「沖縄には沖縄の治療文化がある。ユタやノロといった信仰世界もそう、神ダーリは祈りで治した。沖縄には祈りが生きている。芸術療法も祈り」。そういう高江洲先生にとって「医学は楽しいもの。病院は固有の文化にのっとって楽しく生きる場所」なのだそうです。「『入院したから個展を出せた』とか『脳梗塞になったから、絵が描けて自分が見えてきた』とか、ここに来たから病気になって良かったと思えるような場所じゃないとね。そのためには、まず職員が働きやすくないとね」と、医療者が健康と癒しに開かれるための表現活動も病院の活動として組み込まれ、職員も患者も分け隔てのない舞台発表会もあるそうです。

「平和の礎ができたのも祈り。広島の祈りの灯と長崎の誓いの火と沖縄の火[*2]を合わせた火でね、広島から長崎へ、長崎から沖縄へ、祈りの波が伝わり、沖縄の海に入って天に昇り、そして世界へと届いてゆく。それこそが沖縄の在り方なんだよ」「なんくるないさ、というのはね、戦争で苦しい目にあったからこそ、生き残った人は〝たいがいでいいよ、楽しく生きよう〟と恨みを祈りに変える言葉。それこそが沖縄の思想なんだよ」と語られる高江洲先生の深みが病院の礎となっているのでしょう。

病院が魂の癒しと関わる場所なのだと改めて感じ入るとともに、私たちが足元の文化に深く通じてゆくことが、その癒しの泉に触れる可能性があるといずみ病院の実践が教えてくれます。

写真は患者さんが育てたいずみ病院の琉球植物たち（フウリンブッソウゲ）。

＊1　治療文化の礎を築いてこられた長年の先達であられる敬意を込めて、先生とここでは書かせていただいた。

＊2　沖縄戦最初の米軍上陸地である阿嘉島で沖縄戦の象徴として火打ち石を使って採集した火。

沖縄・祈りの文化と治療についての関連書籍・資料

『芸術療法入門』ジャン＝ピエール・クライン（阿部惠一郎・高江洲義英訳）白水社文庫クセジュ、二〇〇四年

「芸術療法とは障害を持つ人びとの芸術的作品創作過程に寄り添うことである」と、自分自身の内なる他者との対話を支える芸術療法の技法がコンパクトにまとめられている

入門書。

『芸術療法　Ⅰ・Ⅱ』山中康裕・中井久夫・徳田良仁ら監修、岩崎学術出版社、一九九八年

日本の芸術療法の草分けの先生方の執筆された専門書。理論編から実践編まで。表現のもつ根源的治癒力への発見や考察は、現在の臨床家である私たちに教えてくれることは大きい。

『芸術療法』飯森眞喜雄編、日本評論社、二〇一一年

高江洲先生の『イメージ表現の心理学　芸術療法とそれを包む場』や中井久夫の『芸術療法の有益性と要注意点』も読める一通りの芸術療法が学べる入門書。

『生きられる癒しの風景　園芸療法からミリューセラピーへ』浅野房世・高江洲義英著、人文書院、二〇〇八年

いずみ病院の環境療法の実践も含めたさまざまな環境療法の実践も。

『身体・宗教・性　講座「宗教と科学」第八巻』岩波書店、一九九三年

高江洲義英著「呪術と精神医療　南島巫女を巡る現況」が収載されている。

『折口信夫芸能論集』（安藤礼二編）講談社文芸文庫、二〇一二年

折口による民俗学は芸能を根幹としており、その起原は、沖縄をはじめとした南の島々にあり、能や歌舞伎、詩歌へとつながっていくようだ。

「琉球・沖縄の漆芸」宮里正子、国立歴史民俗博物館研究報告、第二二五集、二〇二一年。

琉球王国は独特の「琉球文化」を育んだ。なかでも王朝文化の華と謳われた漆芸の歴史や技術について概要を述べた報告書。

『沖縄の歴史と文化』外間守善、中公新書、一九八六年

沖縄の歴史、特に文化史の分野で実相を描く作品。原始時代からの沖縄の歴史を振り返る。沖縄と本土では千年の歴史の差があるという点を筆者は何度も強調し、さらに八重島や宮古は日本ではなくてポリネシアからより大きな影響を受けていると指摘している点が興味深い。

『すぐわかる沖縄の美術』宮城篤正監修、東京美術、二〇〇七年

独自の伝統文化をもつ沖縄の美術の魅力を漆芸／染物／織物／焼物／絵画・デザイン／建築・彫刻・民具にわけて、総合的に紹介した本。工芸王国といわれる沖縄の歴史と風土に育まれ花開いた生活に根ざした美術品を豊富に掲載している。

『山内盛彬著作集第二巻　琉球王朝古謡秘曲の研究』沖縄タイムス社、一九九三年

沖縄の新民謡「ヒヤミカチ節」の作曲者で、戦禍で多くの文化・財産が失われながら、アメリカ占領下で生きた沖縄の人びとに音楽を通して勇気付けた音楽家の一人と言われる山内盛彬が、生涯をかけ琉球音楽を研究した著作集。祖父は琉球王府の宮廷音楽家であり、幼少期から祖父より三線を学び、祖父の命で沖縄各地の音楽を採譜した。

浦添市美術館

沖縄県浦添市にある日本初の漆工芸専門の美術館。琉球王朝文化が誇る琉球漆器が多く集められ、美しい螺鈿の文様などが見事である。カタログの『琉球漆芸』（浦添市美術館、一九九五）も必見である。

第三章　家族という幻想の終焉、心理学の可能態

猪股　剛

一　家族団らんのとき

ずいぶん昔に、河合隼雄の『家族関係を考える』という新書を読んだことがあり、家族について書くならば、それを読み直してみようと思った。だが、どこを探しても、その本が見つからない。河合の書物はすべて同じ棚に並べているのだが、なぜかその本は見当たらず、あちこち探し回っても見つけることができなかった。

職場においたままになっていたり、人に貸したままになっていたり、紛失して見つからなくなる本も多い。その類の本かと思ってあきらめていたら、ふとしたとき、まったく別の棚から現れてきた。本がしばらく自分から逃げていたのではないかと思うほど、あっさりと見つかった。

必要なときになってようやく顔を出したような気がして、何か重要な記載があるのかもしれないと期待した。だが、ぱらぱらとめくってみたものの、むしろ、ほとんど目に留まるものがなかった。自分の書き込みはなく、ところどころに少し下線が引かれているだけで、その箇所もそれほど心に響く内容ではなかった。いぶかしく感じながら、もう一度はじめから読み返してみることにした。必要なときに現れた本なのだという直観は裏切られたかたちになったわけだが、再読し終える頃には、やはり読むべきときに現れた気がしてきた。書き込みがなかった理由もわかってきた。それについては、のちほど立ち戻ることにして、まずこの書籍を読み直して、一つとても驚いた点を挙げてみたい。

　河合が家族のテーマを連載執筆していたのは一九七九年から一九八〇年のことであり、それはいまから四十年も前のことになる。家族の姿もこの四十年でずいぶん変わったに違いない。河合の論述がいまの私に響かない原因の一端はそこにあるだろう。そんなふうに思いながら読み進めていると、当時の「国民生活に関する世論調査」では「充実感を感じる時」の第一位に上げられるのが、「家族団らんの時」である、と河合が記載している一文が見つかった。これは、時代をよく反映しているもので、昔は家族団らんが充実感を感じる第一にあったのだと感慨深かった。「このような結果から見ても、家族がそろって楽しい時をすごすことが、日本人にとってどれほど大切なことであるかが感じとられるのである。しかしながら、現在の日本の家庭において、そのような団欒の時が、どれほどもたれているのだろうか、それは果たしてそれほどの価値をもつものだろうか、ということになると、疑問を感じざるを得ない」と河合は記している。つまり、一九八〇年の河合も、充実感と家族団らんとが結びつく時代はそろそろ終わりを迎えるだろう、と考察している。私も同様に感じていた。

充実感を感じるときは、その後十年ほどで、別の活動の時間に取って代わられていくのだろうと私は想像していた。その変化が、いったいいつ起きたのだろうと調べてみたくなり、「国民生活に関する世論調査」のその後の結果にあたってみることにした。そこで、私はさらに驚かされることになる。なんとその後も四十年にわたり、現代まで相も変わらず、「充実感を感じる時」の第一位は、「家族団らんの時」なのである。そんな馬鹿なことがあるのだろうか。これだけ、少子化問題が取り沙汰され、婚姻率は一九七〇年代から減少し続けているにもかかわらず、「充実感を感じる時」の第一位が「家族団らんの時」であり続けているとは、いったいどういうことなのだろうか。

たとえば、二〇一九年の調査における第二位は「ゆったりと休養している時」、第三位は「趣味やスポーツに熱中している時」、第四位は「友人や知人と会合、雑談している時」となっている。この二位から四位には時折の入れ替わりがあるものの、第一位には「家族団らんの時」が君臨し続けている。しかも基本的には二位以下に大きく差を付けて一位を守り続けている。

過去数十年を振り返って、唯一、二〇〇四年の調査において二位との差が大きく詰められ、あと数パーセントで「家族団らんの時」が二位に陥落するところまできていた。その年の第二位は「ゆったりと休養している時」である。前年の世相が影響しているのではないかと思い調べてみると、世界ではアメリカの主導でイラク戦争が始まり、後方支援とはいえ、はじめて自衛隊が戦地に派遣されている。国内では、労働者の医療費自己負担が一割から三割に引き上げられ、小泉内閣によって構造改革と呼ばれる新自由主義政策が国内の私たちの生活を極端に変化させていた。私たちの生活の何かが根底から変化し、確固たるものがなくなり、流動的になっていこうとしていた。そのような世相を背景にして、人びとは「ゆったりと休養している時」を「充実感を感じる時」に選んでいたのかもしれない。

　しかし、そもそも「ゆったりと休養している時」に「充実感」を味わう、ということ自体が少々矛盾している。本来充実感とは何らかのクリエイティブな活動のなかに現れてくるものである。充実とは何かによって満たされることである。みずからの活動に喜びを見いだし、その活動によって心が満たされ、充実感に至るはずである。しかし、どうやら先行きが不透明で不安定な時代には、「ゆったりと休養する」ような、何もしない時間が充実感を感じるときとなるらしい。それが先行き不透明な不安から遠ざかる方法であるのかもしれない。

　このような世相を背景として二〇〇四年に「ゆったりと休養する」が僅差まで迫ったとはいえ、その後も日本人の充実感を感じるときは、「家族団らんの時」であり続けていく。そして、それがはじめて逆転したのが、直近の二〇二一年である。そこでは、「ゆったりと休養している時」が五三・二％を獲得して第一位に輝き、第二位には四七・五％を獲得した「趣味やスポーツに熱中している時」が入っている。四十年以上にわたって一位を独走してきた「家族団らんの時」は四六・二％しか獲得できず、第三位に陥落している。これは驚くべき変化である。しかし同時に、私にはようやく実態に近い調査結果が示されたように感じられた。

二〇二一年の調査結果がこのような結果になった背景には、おそらくコロナ禍における生活の変化が要因として挙げられるだろう。一般に言われているように、二〇二〇年には家庭で過ごす時間が極端に増えた。そうして家庭に居る時間が増えたにもかかわらず、「家族団らんの時」は訪れなかった。そのことが、この調査結果に表れている。むしろ、家庭に長く居ることで、充実した家族団らんのときがないことが、明確になったのかもしれない。忙しく働いているときは、わずかな家族との時間が充実のときだと感じられたのかもしれない。だが、家族と居る時間が増えると、逆にそうではないことが判明してきたのかもしれない。いかなる家族であろうとも家族ならば、充実した団らんを備えている、というようなことはなくなった。いや、「古きよき日本」が備えていたかもしれない充実した家族団らんのときは、もしかするとながらく失われていたのであって、それがコロナ禍によって浮き彫りにされたと見るほうが正解なのかもしれない。

臨床心理士として多くのクライアントに会っていると、家族との交流がまったくない方や、家族に翻弄されている方や、家族というもの自体がよくわからないと言う方まで、さまざまな家族の話に出会う。しかし、それが充実したときになっている人にはほぼ出会ったことがない。もちろん、だからこそ精神的に苦しんでいるのだという家族原因論を取る方もおられるだろう。それは「家族団らんのときがないから、精神的な充実感を感じられず、結果として病に陥っているのだ」という考え方である。しかし、もし多くの家族でそのような精神的な充実の基盤として家族が機能しているのであれば、おそらくコロナ禍であっても、「家族団らんの時」は「充実感を感じる時」の第一位から陥落することはなかっただろう。クライアントの語りは、隠れていた時代の真実を伝えてくれていたのではないだろうか。時代精神は、いつも感受性の高い人たちの心を通じて表に現れてくる。

　家族を大切にして、家族との団らんのときを楽しむことは、私たちにとって、優しく温かく美しい理想かもしれない。しかし、それはどうしたら実現可能なのだろうか。その道筋がわからないまま、理想だけが掲げられると、人は道に迷う。実現しない理想は苦しみの温床にもなる。河合は、家族とはそれぞれの家族ごとに構成も習慣も異なるもので、しかも、変化し続ける世の中の社会状況に著しく影響を受けるものであるという。つまり、家族は個別性においても、集合性においても、変化を続けるものであり、理想の家族や理想の家族関係といった模範を作ることのできないものである。しかし、それにもかかわらず、暖かさがあり、豊かさがあり、包容力があり、対話力があり、自由があり、充実感を感じられる理想の家族は常に追い求められてきた。

　私には、この「家族団らんの時」への期待は、家族への信仰とも呼べるように思う。家族がいれば充実した人生を送れるという神話が作り出され、それを信じてきた。そうだとしたら、その信仰の希薄化が、コロナ禍にかかわらず、現代日本の実状なのかもしれない。本章では、この家族信仰について検討したい。そして、それが希薄な時代に私たちには何が残されており、ここから何が可能なのかを検討してみたいと思う。

二　家族幻想

江戸文学研究者である田中優子は、昨今の新興宗教と政治の癒着問題に触れて、東京新聞に次のような論考を掲載した（二〇二二年七月二十四日　時代を読む「国家・宗教・個人」）。

「新聞等で目にした世界平和統一家庭連合（旧統一教会）の信者たちの行動は理解できないものだ。働き疲れた母子家庭の女性が宗教団体に多額の寄進をする。そこにある心理は、倍する幸運が戻ってくるかもしれない、という期待であろう。これは賭博の心理だ。幸運が訪れなければさらに投資する。そこでひとつ分かる。宗教は「見返り」を求める信者にとっては賭け事と同じなのである。しかし全てを失う。別の事例も読んだ。母親が入信した。親への孝行だと思って自分も入信した。知らない男性と結婚させられ、暴力を受けて離婚した。それを繰り返した。この女性は二重の拘束を受けている。ひとつはその宗教によるものだが、もうひとつは家族幻想だ。母親と自分は異なる個人なので信仰が異なって当たり前だが、そう思えない。世界平和統一家庭連合は家族は一体である、という家族幻想を巧みに使った集金組織なのだ。自民党の考え方は、その家族イデオロギーに親和性がある」。

　ここには、「賭博の心理」と「家族幻想」の根深い結びつきが言明されている。そしてそれは、おそらく世界平和統一家庭連合が生み出したものではなく、もともと私たちの日本社会に根深く存在していたものである。それを、この新興宗教が利用しただけだろう。この宗教は「家庭」という言葉をその名称のなかに置いているが、超越的な神よりも、身近な家庭のほうが自分たちを支えて守ってくれると感じるのが、もともとの日本の精神性だろう。何しろ戦後数十年に渡って、充実感が家族との団らんのときだと感じられていたのがこの国の精神的な風土であり、失われかけていたとしてもそれを直視できないのが私たちである。それをこの新興宗教は上手に利用したのではないだろうか。そして、団らんのときはすでにないにもかかわらず、あるかないかと聞かれれば、あるほうに掛け金をつぎ込んできたのは、私たち自身ではないだろうか。

　本来、「宗教とは解決ではなく、自分の価値観が揺らぐ迷いと思考の始まり」であると、田中は同じ論考で語っている。そのとおりだと思う。そして、宗教を問題にしていなくとも、どのように生きたら良いかわからないときには、このような迷いと、その迷いから始まる思索によって、私たちは現在の課題に取り組んでいく。もちろん、そんなときに、一人で考え続けていくことはなかなか難しい。そして人は、迷いながらともに考えてくれる同行者を求める。その同行者とは、本来は、答えを与えてくれるものではなく、言葉どおりに、ともに歩むものであり、ともに悩み、ともに考えるものである。あるいは、常に傍らにあり続けるものである。そして、ユング心理学において重視される「同行者」という概念について言えば、それは内的な未知の他者であり、同行することに困難を覚えながら、衝突して対話をくり返しながらも、ともにいる者である。別々の人間でありながら、ともに歩むものであり、決して一体化することのない者である。

　しかし、新興宗教の指導者と、この同行者を同一視してしまう人もいるかもしれない。それは、答えを与えてくれて、迷いから救ってくれる。新興宗教の勧誘はこの迷いに入り込んだ人をターゲットにして、迷いに一つの答えを差し出すものだとも言える。迷っているときに最も必要とするものを相手が提供すると約束してくれるなら、それにすがりたくなるのは当然かもしれない。それは博打ではあるかもしれないが、そこで提供されるのが、幸運であり、同時に、失われることのない基盤としての家族であるならば、多くの日本人はなおさらそれに満足を覚えるのかもしれない。だが、それは同時に、大切な個人の揺らぎを奪い、思索を奪うものである。

　河合隼雄の『家族関係を考える』に私が書き込みをしていなかった最大の理由がおそらくここにある。河合は、現代の家族の変化を理解しながらも、なぜかその分析にくり返し家族を表す言葉を使っている。つまり、母性的・父性的、母性原理・父性原理という言葉である。飲み込み束縛するような母性と、守り育てるような母性。能力を測り選択し切り放す父性と、新しい次元を開き真実と自由へと解放する父性。過去の日本の母性と父性を心理学的に理解し、新たな母性と父性の展開を待つような論の展開が、河合の著作にはある。河合隼雄にはいまでも読むべき価値のある名著がたくさんあるが、家族に関するものは、この母性原理と父性原理で心を捉えようとするきらいが強く、その著作は家族神話に巻き込まれているように思われる。

　河合隼雄がこのような用語を採用した理由には、ユング心理学をわかりやすく伝えようとする隠れた意図があったようにも思う。だが、本来のユングの言葉づかいに沿っていれば、このような区別とその作用は、父性的・母性的という言葉に翻訳されるのではなく、前者は「個別的」と呼ばれ、後者は「集合的」という言葉になるはずである。ユングは、その心理学のなかで「母性」と「父性」を対立軸として重視してはおらず、「個別」と「集合」を大切な対立軸とした。それを知りながらも、河合は、エーリッヒ・ノイマンの影響を受けながら、心の根本的な対立項を、家族を想像させる言葉で置き換えていったのである。同じことは、「個人的無意識」と「集合的無意識」という対の片翼をなす「集合的無意識」を、河合が「普遍的無意識」と訳したことにも連なっている。本来は、individual と collective という対であったものの片方を、あえて「普遍」と訳したのは、おそらく河合の考える集合性が、より肯定的なものであったからであろう。そうして、「母性の普遍」は、河合によって、日本的家族を変化させながらも肯定するものとなり、「集合性」というテーマを分析する機会を奪ってしまったように思える。

三　イエと祖先信仰

河合は、次のようにも記している。「アイデンティティと言えば、われわれ日本人は『イエ』の永続性の中にそれを見いだそうとしてきた、ということができる。人間がこの世に生まれ、死んでいくということには、どう考えてみてもわからない非合理生が内在されている。〔…〕われわれは、自分自身を何とか『永遠の相』の中に定位したいと願うものである。われわれ日本人はそれを『イエ』の中に求め、永遠の同伴者としての祖霊を大切にしてきたのである」。

河合はこのように日本人のアイデンティティを定義する。それは、彼が「日本人」一人ひとりの幸せというものを考えていたからだとも言えるだろう。戦後の日本の思想家であり臨床心理学者である彼は、個別事例に向きあう臨床的取り組みを土台としながらも、日本人全般の心の幸せを考えていく使命を担っていた。そのためには、日本の家族を問い直し、そこに肯定的な展開を見いだす必要があったのだろう。そうして、ユング心理学にとって重要な概念である「魂の同行者」が日本では祖霊であったことを見抜き、できれば、それを別のかたちで再生させたかったのではないだろうか。

「現代人としての日本人は、古くからあるイエや祖霊を否定しようとした。〔…〕不安に気づきはじめた人々は、否定した古いものにもう一度頼ろうとする。〔…〕しかし、実際は物質的な豊かさに比例して、そこには精神の貧困が感じられ、増大された不安は人々をますます物の世界に駆りたててゆくようにも思われる」。

このように、河合は、イエや祖霊の否定と再生のあいだで揺れる現代の心を捉えている。このイエや祖霊の否定は、目的のない破壊ではなく、そうした集合的な束縛を否定することによって、人は生まれや身分や社会制度から自由になろうとしてきた。そのため、「不安に気づいて」、「古いものにもう一度頼ろうとする」ことは、そうした自由を手放すことでもある。河合は、イエと祖霊の否定の後に訪れた「精神の貧困」に注目するが、なぜかそこに訪れてきている肯定面である「自由」には言及していない。私たち日本人は、もう一度古いものに頼ろうとして、「精神の貧困」に直面し、しかも手に入れかけていた「自由」さえも手放してしまうのだが、精神の貧困は意識されても、自由のほうは意識に上らない。

二十一世紀の私たちは、河合の言う「物質的な」世界からさらに「メディア的な」世界に移行している。メディア機器を一つ手にしていれば、イメージが溢れる世界に耽溺することができて、それは物質よりも、よりはっきりと不安に駆られた私たちを救ってくれるように見える。だが、物質的な豊かさも、メディア的な豊かさも、精神の貧困を埋めることはできない。しかも、メディアは一見すると自由で平等な情報へのアクセスを可能にしたように見えて、メディアへの耽溺によって、精神的な自由は失われていく。

実質的なものが何もないメディア世界の自由は、私たちを依存に誘うことはあっても、河合の言う「永遠の相」のなかに自分を定位することはない。たとえば、現代のメディアのなかに数多く現れる「転生」や「生まれ変わり」や「時間のループ」という物語構造は、この永遠の相をメディア的世界に探したものの、それをそこに定位することができなかった結果のように思われる。「永遠のくり返し」とは、超越の不可能性の表現である。それはニーチェの永劫回帰を見てもすでに明らかである。イエや祖霊を否定し、もう一度それに頼ろうとし、道に迷いながら、私たちはイメージの乱立のなかに迷い込んでいるとも言える。

だが、イエや祖霊がこのようにくり返し戻ってくるのは、なぜなのだろう？　ここで時代を少し遡ると、河合と同じことを指摘した思想家が、民俗学の領域に発見できる。柳田國男である。終戦の年、一九四五年に彼は『先祖の話』を上梓して、一九八〇年の河合隼雄と酷似した家族崩壊の姿を憂いている。

「家の問題は自分の見るところ、死後の計画と関連し、また霊魂の観念とも深い交渉をもっていて、［…］家はどうなるか、またどうなっていくべきであるか。［…］故人はかくのごとく先祖というものを解していた。またかくのごとく家の未来というものを思念していた［…］長い歴史を振り返ってみても、人に現代のように予言力の乏しい時代は無かった。その不幸は戦後にもなお続くものと患《うれ》えられる。少しなりともこの力を恢復するためには、学者もまたすこぶる刻苦しなければならぬのはもちろんである」。

つまり、自分たちがどこから来てどこに向かうのかという問いは、いままで家によって支えられてきたというのである。家は霊魂の観念と結びついて、先祖とのつながりを生み出し、未来を想い描く力を与えてくれていた。そしてそれが失われようとしている現代において、「刻苦して」その力を回復しなければならない。戦争で多くの人びとが亡くなり、日本が占領され、未来がまったく思い描けないなかで、いままで私たちの過去と未来を担ってきた家の崩壊までが目の前に迫ってきた。そのとき柳田は、戦争で亡くなっていった人びとの祖霊を感じながら、古き日本の精神性を支えてきた家の力をもう一度回復しようとした。それは、至極当然のことだったのかもしれない。

さらに柳田が、「ご先祖様になる」という言葉を取り上げているのも興味深い。それは、ひとかどの家の創始者になることを指しており、そうして作られた家を長男直系で継続していくことによって成立する。分家を作らず、本家直系を守っていくことは、一見すると、家を大事にして、一人ひとりの家族を二の次にしているように見える。しかし柳田は、「ご先祖様になる」ことを別様に解説していく。遺産分割を防いで人よりも家を守ろうとしているのではなく、とにもかくにも家というものを存続させることで、その家に次男も三男もすべてを内抱していこうとしているという。つまり、すべての人びとを抱え込む社会的かつ霊的な基盤としての家が目指されている。これが昭和初期までの家の姿だったのである。そのような家のなかにいることは、家を建立した先祖とつながり続けることであり、その先祖によって守られ包み込まれ、それによって付き添われることを意味している。それが柳田の分析であり、河合が引き継いだものであり、両思想家が考えた日本人の幸福への道筋である。イエを基盤に据え、時代によって変化するものを先祖信仰によって補い、精神的な豊かささえも確保しようとしたのである。だが、そこにはおそらく「自由」と「個人」の居場所は見当たらず、「集合性」の危うさを問う声も響かない。

　地方にフィールドワークに行くと、男子直系を重視している家はいまでも多く、沖縄でユタに会ったときには、家が男子直系で継続されていくことが、異界との通路を開き、その通路に風を通していくことだと言われていて、とても印象深かった。沖縄に限らず、地方の多くの家には仏壇があり、その仏壇は大きく、仏前には常にお供え物がたくさん置かれている。線香のあげ方に決まりがあったり、お仏飯の盛り付けに違いがあったりするが、いつも感じる共通点は、地方に行けば行くほど、父母や祖父母といった身近な家族への思いとは別に、会ったことのないより遠くの先祖に対して祈りが捧げられている点である。目に見えない遠い先祖たちが確かに存在している。先祖信仰が明確に存続していて、その末裔として自分や家族があり、その家族がこれからも続いていくことが、仏壇の前で想い描かれる。目に見えないものへの信頼がとても篤い。そのような信心に触れると、都市部から来た私などはすぐに心を動かされて、目に見えない先祖たちに向かって、彼らとともに手を合わせて祈ってみたりする。だが、都市に帰ってくると、またすぐにそれを忘れてしまったりもする。

「春毎に来る我々の年の神を、〔…〕この神をねんごろに祀れば、家が安泰に富み栄え、ことに家督の田や畠が十分にその生産力を発揮するものと信じられ、かつその感応を各家が実験していたらしい〔…〕一つ一つの庇護支援を与え得る神といえば、先祖の霊をほかにしては、そう沢山はあり得なかったろうと思う」。

柳田がこのように付け加えているのを読むと、先祖信仰と家に対する信頼は、必ず巡ってくる季節の移り変わりと重ねられて、歳時記のように、多くの人に信じられていたように感じられる。四季が巡る日本において、家族信仰は必ず巡って還ってくる。それは自然と結びついて、簡単には失われることがない。

こうして見ると、物質とメディアの世界に立ち入ることでほぼ失われたはずの家族幻想は、御先祖に守護を願い、家族や自分の魂の死後の継続を願う私たちの思いに支えられて、季節の巡りとともに回帰してくるらしい。このような私たちの精神をさらにもう少し振り返ってみよう。

四　忠臣蔵と祖霊信仰

ここで、一つの歴史的な事件を振り返り、そこに現れる私たちの祖霊信仰の姿を明確にしてみたい。それは、毎年、年末から年始にかけてさまざまなメディアで上映される「忠臣蔵」という史実あるいは「仮名手本忠臣蔵」という劇作である。ここには、家族を考えるうえでヒントになる日本人の精神性が浮かび上がっている。まずは、簡単にその出来事のあらすじを振り返っておきたい。

忠臣蔵の物語は江戸時代中期、元禄十四年（一七〇一年）に起こった赤穂事件がもとになっている。この事件は、江戸城の松の廊下で、塩田技術で豊かに栄えていた赤穂藩の藩主・浅野内匠頭が、江戸幕府の高家家臣・吉良上野介に刃で斬りかかり、重症を負わせたことが発端となっている。その後、性急な調査により、加害者の浅野内匠頭が当日に即刻切腹となった一方で、吉良上野介に対しては何の処分も下されなかった。このような事件の場合、加害者と被害者にともに取り調べがあり、ともに何らかの処分が下されるのが通例であったのだが、吉良側に何の処分もなく、赤穂藩という六万石の大名の藩主が他の藩邸の庭先で切腹させられたことが、大きな禍根を残した。しかも、その後赤穂藩は改易となり、藩士たちは浪人となり路頭に迷うことになった。このため幕府が赤穂藩の塩田技術と富を奪おうとしたのではないかと噂されることになる。このような顚末を不服とする赤穂藩の家老・大石内蔵助をはじめとする赤穂浪士四十七名は、主君の無念を晴らす仇討ち（敵討）を志し、吉良上野介を討ち取る計画を立てていく。討ち入りまでのあいだに、勘平とお軽の物語や定九郎の物語などさまざまな人びととの個別のドラマがあったうえで、浅野内匠頭の月命日である元禄十五年十二月十四日の未明に、四十七士は吉良邸へと討ち入り、吉良上野介の首を打ち取る。その後、浪士たちは全員、切腹する。これが忠臣蔵という物語の大筋である。

ここからは、主として丸谷才一の『忠臣蔵とは何か』を参照しながら、日本人の精神性を露わにする忠臣蔵という物語を振り返ってみたい。もちろんいま見たように忠臣蔵は、家族そのものを中心テーマとしているわけではない。だが、藩主を中心とした赤穂の武士たちの行動は、武士道や朱子学に規定された倫理思想的なものではなく、古く日本に伝統的な行動様式である祖霊信仰から端を発していると考えられる。その点を丸谷はとてもていねいに読み解いている。

「非業の最期を遂げた者、殊に政治的敗者の怨魂がたたつて疫病その他の災厄をもたらすといふ日本の古代信仰」は、菅原道真、平将門、後鳥羽院などの例によって人びとの信ずるところであった。そして、死霊が怒って災いをもたらすならば、それをなだめようとするのは当然の行動であったらしい。忠臣蔵の場合も、死霊や祟りを未然に防ぐ意味で、討ち入りが行われなくてはならず、そもそも家を中心に祖先を信仰しているからこそ、この祖霊をなだめ、家を守る必要があったという。

たとえば丸谷は次のように解説している。「『浅野内匠頭家来口上書』に、「内匠頭末期残念の心底、家来共しのびがたき仕合せ（運命、めぐりあはせ）に御座候。（中略）ひとへに亡君の意趣（怨み）を継ぐの志に御座候」とあるのでも明らかだらう。主君の死霊がくやしい思ひでさまよつてゐるのをはふつて置くわけにはゆかない、それゆゑ彼の怨みを受けついで吉良を殺す、といふのである」。そして、「さういふ読み方で、〔…〕『口上書』を読んだとき、浮びあがつて来るものは、呪術的＝宗教的祭祀としての吉良邸討入りで、それ以外の何かではない。この御霊信仰こそは忠臣蔵の本質であった」という結論に達することになる。そして、「忠臣蔵の核心のところにあるのは武士道ではなく、土俗信仰であった」と言い、「その農民の宗教である御霊信仰をうんと殺伐に仕立てたとき、出現するものは敵討だったにちがいない」と結論づけられる。

つまり、日本人が長年愛してきた忠臣蔵という物語は、実は、祖先を崇拝する私たちが、その祖先からの祟りを恐れながら、現代の乱れた精神風土を正すために行う祖先に頼った改革だったのである。忠臣蔵は、権力の弱いものが支配層に刃向かった革命的な事例として読み解くこともできるが、そのように読んでしまうと、最終的には四十七士が切腹するという結末は、革命の失敗という理解にたどり着いてしまう。しかし、そもそもの物語の展開は、世の中を新しくしようという意志や発想に起因するものではなく、いままで脈々と続いてきた先祖に対して無礼を働いている現在の世の中の趨勢を正して、元の世のあり方に還ろうとするものなのである。つまり、基本方針は戦後の柳田國男とまったく変わりがない。世の中が悪い方向に進むと、先祖の霊が祟るが、その前に儀礼的な祭祀を催して、元の世に復興させようというわけである。このような立て直しの論理が、忠臣蔵が表す日本の精神性である。

ここから、もう少し詳しく忠臣蔵とそこに現れる日本の精神性の特徴を追ってみたい。丸谷は、仮名手本忠臣蔵に代表される当時の時代物に対して、次の七つの特徴を挙げている。

第一の特徴には「社会を縦断する書き方」が挙げられている。その物語には、上流階級から下層階級まで網羅的にあらゆる階層の人びとが登場し、子どもの世界さえも階層的に並び、宮殿・貴族の館・武家・寺子屋・遊郭・農民の家まで、社会全体を一つの芝居に封じ込めて鳥瞰している。「この事件には社会全体が見事に凝縮されてゐた」という。つまり、物語は自分たちの社会そのものを表していることが感じられることになる。心理学的に言えば、それは十全性とも呼ばれるもので、すべてが揃うことで、心が全体として稼働する条件が整えられているとも言える。

　第二に、「二つの時代の重ね合せ」が挙げられている。題材である古い時代と、いま自分たちが生きている現在とが入り交じって、描かれているという。もちろんその主たる原因は、徳川家やその武将たちを題材にすることが当時禁じられていたためであるが、ここには前時代への憧れや人生論的な古典主義があるとも言える。同時に、「江戸期の人々は、その日常生活のなかに英雄たちの時代を強引にはめこむことによって、あるいはその逆の操作によって、自分は由緒正しい者で自分の時代は末世ではないといふことを確認したかつたのであらう」とも言われている。つまり、ここにも過去を現代に呼び戻す作用があり、この呼び戻しによって、現代の苦境を乗り越えようとしているのである。だが、実際には、乗り越えるのではなく、苦境を忘れる作用の方が強かったとも言えるだろう。そして、「この想像力の領域においてならば、階級制度の枠をやすやすと破壊することができる」のである。本当の自由は手に入らないが、過去を参照した想像の世界ならば、自由が手に入ることになる。これも心理学的に見ると、「置き換え」という防衛機制による欲望の発露であるとも考えられる。別の時代や場所を使って、自分の時代や場所を表すことで、人はいわゆる自己責任を負うことなく、自分の思いを表現することができる。

　第三に、「実は——」という作劇術があるという。ごくありふれた詐術ではあるが、たとえば平家の一族が世を忍ぶ仮の姿として町人に身をやつしていたり、尊い血筋のものが流浪し艱難辛苦を味わっていたりする。ここには折口信夫のいう貴種流離譚の系譜がみられるとも言える。「貴人の落魄と苦難に同情を寄せて抒情的なもの思ひに耽つたり、あるいはその一方、先祖について途方もない空想に耽り、いま蔑まれてゐることの鬱を散じて、自分を慰めたり励ましたりした」とも考えられる。自分がいまこんな暮しをしているのは、芝居のなかで義士が町人に扮しているようなものだと、心の底で漠然と思って、ちょっといい気持ちになる。そして、遠い過去を夢みることによって、過去の時代に対して放恣なアイデンティティを獲得できる。そしてまた、そこには現状に対する寂しい肯定があり、未来の栄光に対するとりとめのない渇望がある。「武士が町人を装つて前垂をかけたり、もみ手で挨拶したり、米や小豆を計りながら愛想を言つたりする、やつし事（歌舞伎用語で身を落したふうに装ふこと）と、その米屋なり小豆屋なりが武士に戻つて吉良の邸を襲ふ見顕《みあらわ》し（歌舞伎用語で登場人物が本体をあらはすこと）とに感動して、まるで芝居のやうだと心の表面で嬉しがつたり、その社会秩序へのあらはな挑戦に深層心理において興奮したりしたのだらう」と丸谷は分析している。「すなはち彼らの『実は――』は、都市の住民の孤独と自由と匿名性を證明するものだつたと言つてもよからう。日本中の人々は、きつと、さういふ新しい都を恐れたり、その新しい都に憧れたりしながら、江戸の方角を見やつたにちがひない。赤穂の浪士のやつし事と見顕しは、江戸の市街に謎めいた翳りを贈つてこれを祝福し、その危険な魅惑を深めたのである」。とても興味深い指摘である。都市に住むものは、もはや自分の出自を確かめられず、現状では孤独や匿名性のなかにいるのだが、そのような匿名性のなかにいるからこそ、自分を過去の偉人や高貴な者と同一視することができるというのである。言い換えれば、脈々と受け継がれてきた家族制度が消えかけているからこそ、自由に過去の見知らぬ人と勝手な家族的縁を結び直せることになる。このような「実は――」という作劇術は現在でも頻繁に使用されているように思う。たとえば先ほど指摘した「転生」を主軸に据えた物語が、「実は――」前世で高貴であったと位置づけられたり、「実は――」今世の記憶をもって来世に行くと無敵であったり、逆に来世ではとても弱いキャラクターに生まれて苦労する姿となったりして、そこから逆説的に現世を肯定したりする。さらに視点を変えてみれば、現代の新興宗教が、文献的にたどることのできない勝手な家系図を作り、それに高額な値段を付けて売ることがあるのはよく知られた話であるが、それは、匿名性を生きている現代人の不安や孤独に対して、過去から長く続く家系という幻想的な安定を創作的に与えて、家族幻想を生み出そうとするものであろう。

　第四に「儀式性」という要素が挙げられる。冒頭の松の廊下の場面は、典礼破壊的で無礼講的でカーニヴァル的な要素をもつ。他にも、大名邸での切腹、城の明け渡し、墓前に備える高家の首など公的な性格の強い儀式の連続である。そもそも演劇は、儀式性をその起源にもっているものだが、それが洗練されて舞台に再提示されているとも言える。本来このような儀式性は、その儀式を通じた現状の転換や、異界との交わりを通じた時代の更新作業を担っているものだが、忠臣蔵ではそれが様式化されており、儀式の本性である一回性を失っている。だからこそ、三百年近くにわたってこの芝居は上演され続け、ある種の祭りとしてくり返されている。そして、第五要素の「地理への関心ないし国ほめ」と、第六要素の「歳時記性」は、この第四要素の「儀式性」とともに、第七要素として挙げられる「呪術性とりわけ御霊信仰」のヴァリエーションとして働いていると考えられる。国褒めという呪術性は観光的な要素と交わってその本性を隠し、歳時記性は季節の巡りを司る呪術性をもつが、これも自然探索や国立公園観光や季語を冠した俳諧などが一般的になることによって、呪術性や祖霊信仰は薄められている。そうして、一見すると、美しく様式化された浄瑠璃や歌舞伎のなかで、祖霊信仰的な家族幻想が高らかに歌われて、現世を生きる苦しさを先祖の力によって乗り越えようとする。それが忠臣蔵の特徴であり、それをながらく楽しんでいるのが、私たち現代人の特徴なのである。

もちろん、ここに挙げた七つの要素を活性化させるしかないほど、元禄年間は生活の苦しい時代であったとも言える。これも丸谷が詳細に調べ上げていることだが、徳川綱吉の治世は、その二十九年間に「改易としたもの、大名家三十余家、旗本百余家」に及ぶ苛政であった。没収額で言えば、ほぼ同じ治世年数である先代の家綱の倍額に及ぶ。綱吉の後代と比べると、それは五倍以上の額になる。しかも、いわゆる生類憐れみの令という稀代の悪法が施行されている。綱吉はただひとりの男子である徳松を喪った後、加持祈禱によっても新たな男子を得ることができず、嫡子に恵まれないのは前世の殺生の報いであるから、生類を大事にする必要があり、特に戌年生まれだから犬を大事にしなくてはならないとすすめられたという。ここにも呪術が幅をきかせているわけだが、これによって犬よりも多くの人が投獄されたり処刑されたりすることになり、犬を大事にするために人が飲まず食わずで生活をしなくてはならなかった。さらには、この治世には災厄も連続していた。大雨・洪水・飢饉・地震は何度もくり返しやって来ている。それに加えて、江戸には火事があり、綱吉の二十九年間の治世に、延べにして十八の芝居小屋が炎上したそうである。江戸では、そもそも七年に一度は家が焼けると言われていたそうだが、当時、中村座や市村座は五年に一度の割で焼失していたらしい。とにもかくにも、元禄年間はひどい時代だったのであり、華やかだと言われる元禄文化はむしろこの悲惨な治世に対するわずかながらの抵抗から生まれたものであるとも考えられる。そして、有名な義士たちの火事装束は、この綱吉の治世に生み出されるさまざまな悲惨な出来事が火事に喩えられて、その悲惨な火事を赤穂義士たちが消し止めてくれるという呪術的な期待をもったものでもあったことも指摘されている。

舞台の上には、あらゆる人がそろっていて、現代は別の時代に置きかえられて、自分は、いまは苦しい状況にあるけれども、季節ごとに旅行をしたり、パワースポットで霊的な力を身にあびて、家族を大事にしてさえいれば、古くから続く自然や土地の力によって、必ず守られて、家族も自分も幸せになるに違いない。忠臣蔵からは、そんな声が聞こえてくる。それはもしかすると、二〇二三年という現代に生きる私たちの姿にも重なり、家族団らんのときを呼び戻そうとする私たちは、三百年ものあいだ、この信仰を抱き続けているのかもしれない。

五　忠臣蔵から四谷怪談へ：個人の芽生え

さて、このように「江戸中期の人々は、自分の属してゐる社会が無事に存続するための儀式としてあの芝居を興行し、見物した。それときれいに照応するように、登場人物たちは、大星由良之助にしても、早野勘平にしても、寺岡平右衛門にしても、敵討といふ社会の約束事をまるごと受入れてゐた」のである。

しかし、この物語世界のなかにも仇討ちという制度を疑い、この大きな流れに逆らおうとする者が二人紛れ込んでいる。それが斧九太夫とその子、定九郎である。特に、定九郎は、このお芝居のなかでも、ひどく変わった風体をしている。旗本の次男坊が勘当されて、御紋服を着たままで垢まみれになって、さらににわか雨でずぶぬれになったような浪人姿で、舞台に登場する。ほとんど亡霊のようにも見えるし、人外の奇妙な生物にも見えてしまう。そして、孤独の影を感じさせ、あやしい目付きで、顔色を変えずに悪事を行う。「不義士」という裏切り者の汚名を受けながら、定九郎は悪事を続ける。最も有名な場面は、与市兵衛が娘のお軽を女郎屋に売ってまでして手に入れた仇討ちのための軍資金五十両を、定九郎が与市兵衛を殺して奪う場面である。なんとも明確に悪役をまっとうしている。そして、そこに、お軽と恋仲である勘平が猟師として通りかかり、イノシシを撃ったつもりで、意図せずして、流れ弾でその定九郎を殺してしまう。そして、暗闇のなかであったとはいえ、定九郎の所持していた金五十両を奪ってしまう。この二人のやったことは同じだが、「忠臣蔵」では勘平は義士であって、定九郎は不義士ということになる。

勘平も表舞台に立つ義士ではないが、「実は――」の設定のなかにあって、英雄にはなれず失敗ばかりの人生を生きる普通の人を表していて、その普通の人生が果たす役割を人びとに伝えている。そこには見るものの共感を呼び起こす役柄があり、結果として、その普通の人生が家を中心に据えた共同体の中核に存在することになる。

一方で、定九郎は「共同体の約束事を蹂躙して生きる個人の、思い切つた顕揚であつた。社会の強要する倫理に従ふことを〔定九郎に扮した役者である〕仲蔵は心のどこかで嫌ひつづけてゐたらうし、もつと根本的には、御霊信仰に対しても疑惑の念をいだいてゐたに相違ない」と丸谷は指摘している。この反乱の士である定九郎が喝采を浴びるように、仲蔵によって芝居が改作されていったのは、ちょうど『解体新書』の翻訳が始まる頃であるという。つまり、仲蔵と同じような懐疑が、その頃、江戸という街に潜在し始めていたのである。

そして、さらに半世紀ほど過ぎた一八二五年、「イギリス船がしきりに浦賀に来港するころ、四世鶴屋南北が『東海道四谷怪談』を書いた」。四谷怪談の主人公である民谷伊右衛門は、自身が赤穂の家中だったときに御用金を盗んで、それを結納金として、お岩と結ばれた。だが後に、その悪事を舅である左門が知り、身重であった妻お岩と離縁となる。当初はなぜ離縁させられたのかがわからずにいたが、藩の金に手を付けたことを左門が知ったためであると知り、今度は辻斬りに見せかけてその舅を殺す。そのうえ、その舅の敵を一緒に討とうと言って妻のお岩を偽り、お岩と再びともに暮らしはじめ、その一方で、そのお岩を裏切って重婚する色悪である。忠臣蔵という美談に対する悪意が、『四谷怪談』にはすこぶる露骨なかたちで現れている。そこでは忠義という徳が侮辱され、結婚や家が意味を為さないことが暗に示され、お岩の怨魂が活躍する。

　しかも、ここに表れる怨魂は、浅野内匠頭が喩えられた祟り神のようなものではなく、素朴に一人の女性が一人の男性に対して抱いた執念に近いものであった。それは、もはや祖霊信仰の筋には乗らない怨魂であり、お岩の祟りを恐れて呪術的な儀式を催そうとする者は誰もいない。ただ一人伊右衛門が悲惨な末路をたどるだけである。しかも、伊右衛門という色男は、舞台の上では拍手喝采を浴びる。それは、丸谷が言うように「実は十九世紀前半の江戸の幼い近代思想ないしは合理主義の、率直な表現だつた」のかもしれない。つまり、定九郎と伊右衛門とは、二人とも共同体への反逆者であり、伝統的なモラルを否認する個人の萌芽だと言えるのである。

　また、四谷怪談には、病を治すはずの薬が、毒にもなり薬にもなるものとして印象的なかたちで現れる。この芝居の冒頭第一場面で、藤八と直助という薬売りが、「藤八五文」、「奇妙」という呼声をあげて薬を売り歩いている。「藤八製薬の薬は五文だよ」「奇妙によく効くよ」と言いながら売り歩いているわけだが、この「奇妙」の掛け声が、芝居のあいだ、ずっと耳に残って鳴り響く。この薬は万病に効くだけでなく、精力剤にもなると言われているが、この芝居では色恋沙汰で人びとの運命が次々と翻弄されていく。しかも、女主人公であるお岩は、薬と言われて毎日毒を盛られ、顔が醜く腫れ上がる。さらに、忠臣蔵と異なり、この四谷怪談では、祖霊ではなく幽霊が実際に舞台に登場するわけだが、その幽霊には「薬は効かない」という台詞があえて語られもする。四谷怪談における薬は、まさしく「奇妙」に作用する。そして、薬はほとんど毒のような効能だけを示すように見えるのだが、芝居の最後には、お岩の四谷家も、伊右衛門の民谷家も、伊右衛門がお岩から離れて婿に入ろうとした伊藤家も、ことごとくすべての人が亡くなって滅んでいく。薬の奇妙な効能は、あらゆる家族の崩壊を導いて、逆に個人の解放をほのかに感じさせるようにも見える。

六　あかつきの村に行く

さて、祖霊信仰の表れとしての忠臣蔵も、このところあまり人気がなくなってきた。年末や年始にもメディアで取り沙汰されることは多くはない。そのせいなのか、その否定として作用していた四谷怪談もあまり人気があるとは言えない。いわゆるホラー映画は、ある程度の人気を博しているように見えるが、それも果たしてどれほど個人の萌芽として作用しているかは定かではない。そうしているうちに、四季が巡るように、家族幻想は日本の精神のなかに再び居場所を見つけはじめるのかもしれない。

ここでもう一つ、共同体の崩壊の後に現れるあらたな活動に注目してみたい。今度は、歴史的な出来事や芝居ではなく、私たちに身近な二十世紀の活動の一つである。それは河合隼雄が『家族関係を考える』を書いていた頃に、群馬県前橋市で始まっていた「あかつきの村」というキリスト教共同体の取り組みである。私は近年「あかつきの村」に足繁く通って、そこで暮らしてきた人びとの話を聴かせてもらっている。そうした訪問のなかで二〇二二年二月十五日、あかつきの村で一夜を過ごしてみた。立春を過ぎていたとはいえ、夜になると零下にまで気温の下がる寒い夜だった。

あかつきの村のグループホームには、精神的な病を抱えた四人のベトナム人がいまでも暮らしている。誰もがそうかもしれないが、夜になると心はざわざわするもので、そんなときに自分の心に向き合いはじめると、うまく収まりがつかなくなることがある。いわゆる精神病院ではそれが頻回になるものだが、あかつきの村でも夜にはいろいろなことが起きる、と事前に聞いていた。徘徊したり、パニックになったり、叫び声を上げたりする以外にどうしようもないときが人にはある。しかし、私が泊めてもらった夜は、いたって静かだった。もちろんそんな日もある。そこで、私は夜中に一人、あかつきの道を歩いてみた。

いつもどおり、なんとも風通しの良い道だと思う。あかつきの村の大きな魅力の一つは、村の中央を無造作に貫いている通りだと思うことがある。たとえば昼間に喫煙所となっているベンチに座っていると、いろいろ人がこの通りを行き交い、声をかけながら通り過ぎていく。隣に座って、話をしてくれる人もいる。片言の日本語を話すベトナムの人の言葉がわからず、意味を理解しないまま、なんとなくうなずいてみる。すると、何かがわかった気がしてくる。うなずいただけなのだが、相手はにっこりと嬉しそうに笑ってくれる。この通りにいると、そんなことがくり返される。

　もちろん、夜中に一人で通りを歩いているときに、そんな出会いが起きるわけではない。身体を深く刺す寒さを感じながら、私は一人で道を歩いてみるだけである。だが、そうしていると、いままでここを通ってきたたくさんの人たちの足音が聞こえてくるような気がする。石川能也神父、ニンさん、ウィンさん、ビィンさん、マリアさん、リーさん、吉川神父、塩田神父、佐藤さん、サンさん、櫻井さん、そしてもっともっとたくさんの人たちが、この通りを歩いてきた。いまは亡き人も、遠くにいる人も、目の前にいる人もいる。そのすべての人の足音が聞こえてくる。そんな気持ちになる。祖霊信仰を日本人が抱えている問題だと感じている自分が、亡くなった人びとの魂を感じて心を動かされるのだから不思議なものだ。

　次の日朝になって、スタッフの方に聞いてみると、「お客さんが泊まっていると、その気配を感じて、案

外みんな静かなものなんです。ですから泊まっていただけると私たちも嬉しいんです」と言ってもらった。そういうものかと納得しながら、病者の四人の方がゆっくりできたならば、それは何よりだと思う。そして同時に、もし四人の方が何らかの気配を感じて静かに眠れたのだとしたら、その気配は、私の気配なのだろうか、といぶかしくも思う。彼らが落ち着いていられたのだとしたら、その気配は私以外の別の何かだったのではないか。もしかすると、私が泊まっていることを知って、この通りを歩いて挨拶しに来てくれたたくさんの人たちの魂があったのではないか。いままでこの通りを歩いてきたたくさんの人たちが、新米の訪問者の様子を見るために集まってきてくれて、彼ら四人はその大切な人たちの気配を感じて、それに守られて一夜を落ち着いて過ごせたのではないか。そんなことを、私は一人で勝手に想像していた。

　群馬県前橋市にある「あかつきの村」に、私は通っているが、リサーチを行い、関係するさまざまな方の話を聴き、ここがどういう場所なのかを知りたいと思っている。そこは現在では、精神障碍者のグループホームやいわゆるB型作業所を運営する社会福祉法人であり、カトリックの「フランシスコの町」を母胎とする公益福祉事業体でもある。しかし、もともとは一九七九年に何の肩書きもないままに立ち上げられた一つの小さな共同体であった。神父の肩書きをもちながらも、教区に収まりきらず、独自に活動をしていた石川能也によって立ち上げられた新しい空間であった。彼は藪を切り開き、小さなお御堂を建て、丘を通り抜ける一本の道を踏み固めた。そして、風通しの良い不思議な場を生み出した。

　その頃石川は、次のような言葉を記している。「『あかつきの村』をつくろう。知恵もあり、体力もあり、お金もある人にとって、毎日の生活は、たとえ生きてゆくための苦労はあるとしても、楽しく生き甲斐のあるものでありましょう。しかし、知恵もなく、体力もなく、お金もない、ないないづくしの人間にとって、いくら真剣に生きようと努力しても、自分一人の力ではどうにもならない時だってあります。そんなとき、知恵のある人がない人を助け、体力ある人がない人を助け、お金のある人がない人を助けることができたら……そして、助け合うことにより、お互いに心に窓が開かれ、そこに、愛があることが見いだせたら……その人は人生に一つの確信を見いだすでしょう。[…]まず、愛するが故に、ひとりひとりを自由な人間として認め、更にその上で、助け合う喜びが発見できるような、小さな村をこの地上に、具体的につくろうではありませんか。それは、とても難しく困難であることは分かっております。しかし、どんな大きな障害があり、いくど失敗しても、希望を持って、やはり、つくろうではありませんか」（石川能也「創設

者の言葉」一九七八年『あかつきの村　ベトナム難民受入れ25周年記念誌』二〇〇七）。

現代の私たちが、石川の言う「ないないづくしの人間」であると言ってしまうと、少々語弊があるかもしれない。だが、コロナ禍があり、ウクライナでの戦争があり、戦火を逃れた難民を虐待する社会があって、DVや児童虐待は増え続け、自殺者の数は減らず、社会の貧困化は留まるところを知らない。その一つひとつに真剣に関わり始めると、私たちはどうしたら良いのかわからなくなる。仕方なく、そうしたものに目をつぶる。あるいは、少し考えたり関わってみたりするものの、それに対する有効な答えを出すことはできず、やはり何もできずに立ち尽くす。

「ないないづくしの人間」に対して、石川は「助ける」という言葉を使っている。私は、カトリックの信仰をもっていないせいか、この「助ける」という実践に携わることは極めてまれである。むしろ「ないないづくし」の自分が、どうやって人を助けられるのだろ

うかと途方に暮れてしまう。しかし「ともにある」ことはできるかもしれない。この「ないないづくし」とともにあることによって、もしかすると少しずつ答えのようなものが現れてくるかもしれない。そのような作業に携わりたいと、常々思っている。

「あかつきの村」を生み出した石川能也は「ともにある」ことだけに注力した人のように思う。彼は、まず生活そのものが困難な人びととともに暮らす生活共同体を作り、廃品を回収し、それを再利用するエマウス運動を始めた。人に対しても物に対しても、最も弱い存在にみずから関わり、たとえ廃品と呼ばれても、それは無駄なものではないことを、その活動によって明示していく。この廃品回収事業は、当時世界的に広がったフリー・マーケットの日本における草分け的存在となる。

そして、開村から三年を経た一九八二年、ベトナム難民定住センターが「あかつきの村」に作られる。当時、ベトナム難民を受け入れると発表した政府の決定とは裏腹に、難民の定住はうまくは進まなかった。そんななか、カリタス・ジャパンの要請を受けてあかつきの村がベトナム難民を受け入れ始めたのである。しかも、どの定住センターも対応できず、受け入れを拒絶してきた精神障碍を患った難民たちを、あかつきの村は受け入れた。それは、驚くべきことだったと思う。戦火のベトナムから逃れてくるなか、たくさんの人たちが精神的に追い込まれ、そのなかには、統合失調症やうつ病を発症する者も少なくなかった。しかし、ベトナム語の通訳ができる者はほとんどいない。そんななか、いずれの難民センターも、そして精神科病院も、彼らを受け入れることはできなかった。それを、無謀にも受け入れたのがあかつきの村なのである。そのときから、あかつきの村には、日本全国からたくさんのベトナム人の精神障碍者が集まってくることになる。しかも、石川は彼らをほとんど精神科病院に入院させることなく、ともに生活していく道を選んだ。あかつきの村には当時、百人以上のベトナム人が集まり、なかには両親と生き別れた小さな子どもたちさえいた。二十名近いベトナム人の精神障碍者がともに暮らし、日本人の精神障碍者もいた。さまざまな理由から社会に出られない者たちもともに暮らしていた。そこでは、排除されるものは誰もいなかった。「ひとりひとりを自由な人間として認め、更にその上で、助け合う喜びが発見できるような、小さな村をこの地上に、具体的につくろう」という創設時の思いは、言葉が通じなくても、精神障碍が治らなくても、覆されるようなことはなかった。

ここには、心の窓を開き、人とともにあるためのヒントがあるように思う。たとえば、生活が整わず日本の社会の風習にも慣れないベトナム人たちに対して、〈もっと教育をすべきだ、教え諭し、原始的な生活から抜け出させるべきだ〉という意見がさまざまなところから寄せられたとき、石川はそれに耳を貸さなかったという。教育すべきだ、治療すべきだと言われても、教育目標も治療目標も掲げなかった。なぜなら、あかつきの村は、学校でも病院でもなく、彼らの存在とともにある場所だからである。石川は、彼らの体験している事実をそのまま受け入れようとする。そして、「誰も叱らず、同時に、誰も褒めない」。それが石川の姿だったと言われている。もちろん、冷たく突き放して傍観しているということではない。常にともにいて話を聴きながら、それでいて、決して人を評価しなかったのである。どんな問題が起きても、仲裁することもなく、改善策を提案することもなく、ただ話を聴き、それを認めて、最も弱い者とともにあり続けたという。

たとえば、統合失調症のベトナム人男性が、近くの公園に女性が迎えに来ていると幻想を語って、冬の寒い夜中に出かけていっても、それを妄想だとか徘徊だとかいって騒ぐことはない。あかつきの村のスタッフや石川がそれに付き添うだけである。ふらふらと散歩に出ていく病者に付き添って、ときには何時間も歩いて帰ってこない。夜中に調子の悪くなる人たちとともに、寝ずに過ごすことも、多々あったらしい。そうして精神障碍者たちがさまざまな状態を示しても、病院を受診して投薬は受けるものの、入院はさせずにともに暮らし続けたという。これは驚くべき実践である。

昔、精神科病院は、ルナティック・アサイラムと呼ばれていたことがある。月の病と呼ばれていた精神病に冒され、どこにも行き場のない人たちのための避難所という意味がこの言葉には込められている。アサイラムは、ドイツ語ではアジールという言葉にかわり、そうすると、それは「自由な避難所」という意味をもつことになる。しかし、実際の精神科病院の歴史を見ると、この言葉の本質を表すようなものにはならなかった。だが、あかつきの村は、ベトナム難民の避難所であり、社会に適応できない人たちの生活共同体であり、精神病を患う人たちのアジールであり、親のいない子どもたちの新しい家として成立していった。

私は、ここで育った子どもたちの何人かと会って話をする機会に恵まれたが、非常に苦しく混乱していたはずの子どもの頃の生活を、だれもがとても楽しそうに語る姿が印象的だった。この笑顔を生み出す土台は、やはり教育や医療ではなく、単純な物資や資金でもないようである。弱さとともにあることのできる空間は、子どもにも病者にも開かれ、弱さへと心の窓が開かれているからこそ、この笑顔の幼年期は始まることができたのだろう。しかし、弱さに心が開かれ、弱さとともにあるとは、一体どういったことなのだろうか。

そもそも心は、徹底して個別のもので、個別の事象である。理想化や規律化によってそれを統制せずにその人に関わることが、私の実践する心理療法の一つの使命でもある。ユングも、それを明確に言葉にしている。「六十年にわたって蓄積してきた人間の本質に関する実際的な知識が、私に教えてくれたことがある。つまり、すべての事例をまったく新しいものであると考え、何よりもまずそれに対する個別のアプローチを探し出すべきである」。そして、十年にわたって会い続けてきたクライアントが語った次の言葉を、これと同じ思いからユングは紹介している。「この十年にわたって私はあなたを信頼することを学んできました。そしてその信頼感が増すにつれて、私の状況はよくなってきました。この過程のなかで私自身を信ずることが回復されて来たからだと思います。いま私は、私を破壊してしまうような問題についてでも、あなたと話し合うための十分な力を備えています」(Jung, CW18)。十年にわたって行われてきたのは病の直接的な治療ではなく、その人が自分を信じられる状態の準備であったという。そこに至ってはじめて、人は自分の課題に取り組むことができるようになる。このような長い時間をかけた作業は、現代の教育や医療の枠内では認めがたいものだろう。それは、より大きな枠内においてようやく可能になるものなのかもしれない。そのような実践に携わっているのが、おそらくあかつきの村であり、それは弱さとともにある懐の深さがなせる技なのだろうと思う。

しかしもちろん、これは極めて難しい実践である。特に、日本という社会がもつ特殊な閉鎖性と祖霊信仰的な家族幻想のなかで、それがどうやったら可能なのか、私にはまだわからない。たとえば、つい先日トーマス・アッシュ監督のドキュメンタリー映画『牛久』を観た。そのなかには、極端な日本の閉鎖性が明るみに出されていた。日本の入国管理局は、二〇一九年時点で難民の申請をわずか〇・四%しか認めず、それはドイツの二五・九%やアメリカの二九・六%に比べてあまりに少ない数である。そして、審査のプロセスも明かされないまま、彼らを収容施設に収監し続け、交流の扉を開こうとしない。さらには、入国を強く求める者たちに、暴力的に関わることさえあり、映画のなかで難民として収監されているデニズさんやピーターさんに対して「制圧」という名でなされている虐待行為には、ただ目を覆いたくなった。名古屋入管でスリランカ人女性ウィシュマさんが死亡した事件も私たちの記憶には新しく、それは多くの日本人に衝撃を与えた。それを改善したいと思う人は少なからずいるのだと思う。しかし、この難民に対する極度の閉鎖性は、入管施設とその職員の問題と言うよりも、おそらく私たち一人ひとりの日本人の心が抱えた閉鎖性である。しかも、制圧行為を行っている入管職員たちは、家族のようなまとまりをもっていて、互いに支え合いながら、いまある自分の共同体を守ろうとしているようにも見えた。コロナ禍の国際交流において、「日本はまた鎖国をしている」と諸外国でささやかれていたが、それは日本を揶揄する言葉というよりも、一つの事実を指し示しているもののように私には感じられる。扉や窓を閉じ続けている日本の精神風土のなかで、私はどうやって弱さと「ともにある」というあかつきの村の実践を、自分のものとすることができるのだろうか。いったいどうすれば、閉鎖的な家族制度に立ち返ることなく、一人と一人が心の窓を開いて、長きにわたって出会い続けることができるのだろうか。

あるとき、あかつきの村のスタッフの一人が、ここにいると「私自身が裸にされるんですよ」と語っていた。自分が剝き出しにされてくる感覚があるらしい。あかつきの村にいると、さまざまな肩書きや、さまざまな所有物は意味をもたなくなり、知識や思想や教養さえ意味をなさなくなるらしい。「ないないづくしの人たち」とともにいることによって、自分自身が持たざる者になっていくらしい。裸になって剝き出しになったときにこそ、人は人と真っ直ぐに関わり合えるのかもしれない。少しずつ裸に剝き出しにされながら、それを苦しくも心地良いものと感じながら、人はまだ見ぬ人びととの共同の可能性を探しているのだろう。

あかつきの村は、小高い丘の上にある。お御堂の前の小さな広場に立って、南を眺めると、左手には長く広く関東平野が続いている。その向こうには、あかつきの村のスタッフがいまでも廃品回収に向かう東京の街が広がっている。そしてまた、うしろを振り向けば、赤城山が裾の広くその身を横たえ、私たちの背中を支え、見守ってくれている。入所者たちがどんな精神状態になろうとも、スタッフとともにふらふらと散歩に出かけられる場所がそこにある。さらに、もう一度翻って、真っ直ぐに正面を見晴るかせば、そこには秩父連山がそびえ立つ。おそらくその秩父連山を越えてひたすら突き進んでいけば、ちょうどベトナムの国がその向こうに見えてくる。もちろん、東京の街や赤城山や秩父連山と違って、どんなに空気が澄んでいても、ベトナムの姿が実際に目に見えることはない。だが、この正面に遠く遙かに思いをはせれば、そこには難民たちの故郷であるベトナムが必ずある。あかつきの村に立ち、朝焼けのなかで、遠くを見渡していると、私にもその故郷の姿が感じられるような気がしてくる。それは、希望というような淡いもので、あまりにも力のないものかもしれないが、それを未来に向けて携えていく力を、この場所はもっているように思う。潰えることのない実践への思いがここにはあるように感じられる。そんなことを思いながら、私は朝のあかつきの村を歩き始め、スタッフの方と挨拶を交わし、今日もまたあかつきの村との出会いを続けていこうと心に決めていた。

七　個と集への相矛盾した道

あかつきの村は、おそらく家族幻想を破壊するところから始まっている。それは、家族の再生ではなく、家族的共同体を祖霊信仰の元に成立させようとする「イエ」の機能をもたないことを決めた場所である。教育や治療や道徳を掲げないとは、そういうことだろう。しかし、そこが理想的な人間の交流の場として永続的に存在しているかと言えば、おそらくそうではない。石川能也神父が病に倒れ永眠して以降、そこは少しずつ開放性を失いつつある。そうすると、ここ日本という風土ゆえか、再び家と呼ばれるようなものが再生してくるようにも思われる。

C・G・ユングには、家族の無意識、スピリタス・ファミリアリス spiritus familiaris という概念がある。つまり、人にはみずからが属する家族に特徴的なスピリチュアルなつながりがあるというのである。

「家族心理学はきわめて重要です。私たちは皆家族から生まれますし、誰でもかつては無意識のまま、家族の胸に抱かれ安らいでいたのですから。家族とは、雰囲気のようなもので、母親の胸のようなものです。誰もが皆かつては幼い子どもとして、家族の中で安全に守られており、したがって、無意識的状態にありました。私たちが未だ比較的無意識の状態にあるときには、精神も原始的状態にあります。未開の人びとの場合、この状態が生涯続きます。彼らは半意識的で、非常に限られた程度にしか意識しないばかりか、この意識の欠如によって結局物事の識別も不十分なままとなります。けれども、他の人と私が違うのだと気がついて初めて、私は私自身を意識するのです」(Jung, 2022)。

　つまり、家族のスピリチュアリティのなかにいると、安らいではいられるものの、それは個人の意識の欠如となり、物事の識別も不十分になり、私というものが自由を携えて成立することがないのである。さらにユングは続けて次のように語る。

「人間が無意識的に生きているということは、区別のない環境で生きているということです。彼らは、レヴィ＝ブリュールのいう神秘的融即 participation mystique という奇妙な状態で生きているのです。言い換えれば、他者の生命に感応して生きており、そしてまさしく他者の生命から分化せずに生きています。私たちがこれを「神秘的 mystique」、秘儀的と呼ぶのは、それを理解しそこなっているからです。結局、私たちは自分が理解していないものをすべて秘儀的と呼んでいます。そして、私たちがそれを理解できない理由は、私たちがいまだそのなかに包まれているからです。無意識的である限り、私たちは神秘的融即に陥っています。無意識を共有するあらゆる事態において、私たちはまだお互いを区別していません。最も印象的な例としては、他の人が自分と同じように考え感じている、と当然のように決めてかかることが挙げられるでしょう。『私が好きなものは、他の人も好き』。実際のところ、私たちには他者のなかに自分と似たような状態を想定する傾向があります。人びとは無駄話をしながら、他の人の頭のなかを説明した気になって、そして互いに理解しあったと考えるのです」。

つまり、家族のなかに生きていることは、この神秘的融即状態だと言えるのだろう。自分と他者を区別せず、同じものとして扱っていながら、それでいてお互いを理解し合ったと勘違いしている。長くなるが、ユングの言葉をもう少し追ってみたい。

「このような思考は非常に痛ましいものです。他の人を理解できる人などいない、と考えた方がはるかに誠実でしょう！　『みんな同じ』という主張は、他者に対する途方もなく暴力的な振舞いを導きます。たとえば人びとを区別しない文化は、信頼に足る文化ではありません。それどころか、それは文化的ではないことの証です。他者と違うということは、決して卑屈なことではありません。私たちは、区別することによって初めてフェアな精神を得ることができます。私にとって良いことが、他の人にとっては悪いことがあるのです。私たちが互いに異なっていることに気づいてはじめて、他者に対して公平に接することができます。両親や祖父母、兄弟、犬猫に至るまで、無意識的に区別しないでおくと、私たちは家族そのものに感応して、長期にわたってそこから深く影響を受け続けます。私たちがそのことに無意識的なままでいると、この状態は継続するでしょう。無意識的なものが是正されないからです。意識だけがそれを修正するのです。何かを変えられるとしたら、それを意識化するしかありません。意識のなかには、闘争と衝突があります。意識とは、規則が緩和され、誤りが正される場なのです」。

日本的精神風土の課題が的確に言い当てられている。みんな同じで、互いが空気を読み合うことは、人びとを区別しないことであり、人を尊重しないことであり、そのまま家族のなかに包まれ続けることである。

そんなことを考えていると思い出す一人のクライアントがいる。彼女は家族に翻弄された人生を歩んで来た人である。当時五十代半ばに差し掛かり、二十代半ばの一人息子がいた。その息子は高校二年時からずっと自室に引きこもっていた。病院にもかからない未治療の方だったが、クライアントの話を聞く限り、おそらく統合失調症だったと思う。クライアントは、子どもの頃に実父母から引き離され、祖父の家に養子に迎えられ、祖父と祖父の二人目の妻とともに暮らし育ってきた。そして小さい頃から家業を継ぐように運命付けられていた。しかも、祖父の二人目の妻は、もともとその家に養子に迎えられようとしていた親戚の女性であり、祖父は一人目の妻が亡くなった後に、養子に迎える約束をしていた女性を妻として迎えて娶っていた。つまり、クライアントと同じ立場であった女性が、祖父の妻となり、クライアントの継母となっていた。クライアントはただ家業を継ぐことだけを求められながら、継母と同様に、祖父から女性としてみられたらどうしようかとおののき、そしてくり返し、このはじめから壊れているような家族を気味悪く感じていた。それでも、成人して婿にもらった夫とのあいだに息子ができたときは嬉しかったという。だが、家業で忙しいなか、息子は実質的に祖父母に育てられ、祖父母に盗られてしまったように感じていた。そんなとき、祖父が他界し、息子は引きこもりになっていった。

私が四年間お会いしていたあいだ、終始語られていたのは息子をどうにか救いたいという思いであった。その思いを口にしながら次第に、自分の感じている家族の気味の悪さを少しずつ語れるようになっていった。だが、「子どものことを相談に来て自分のことを話すのがどうにもダメで、でも夢なら少しは話せる。いや、夢でもダメか」とくり返し言われていた。「あのね、夢では抗議しているんですよ、私。お祖父さんとお祖母さんに抗議しているんです。私が子どもを叱っているとお祖父さんが入ってきて、そんな青い顔をして怒るなとか言うんですよ。そんなこと言ったって、自分が子どもを叱っているときに、親が入ってきたら、あなたはどう思うんだって言ったんです。お祖母さんなんて、食い道楽で、着道楽で、男道楽で、自分がそんなだから、孫にはそうなって欲しくないなんて、そんなこと言ったってダメですよ。結局自分が良く見られたいだけじゃないかって抗議したんです。現実には、一度も抗議なんてできませんでしたけど」と言っておられた。そんなクライアントのもつ家族という形態への不信感は、最後まで消えることはなかった。それでも、三年半ほどした頃、クライアントが見た次の夢は、いまでも私にとって忘れることのできないものである。

三面鏡をうしろにして、手鏡を持って、自分の背中を見ている。髪型とか、服装とか、おかしくないだろうかと全体を見ている。すると、鏡のなかに一才くらいのよちよち歩きのT

（息子）がいて、はっとして振り返る。小さい頃のT。おいでおいでとすると、こっちに歩いてきてくれる。鏡から出てきて、抱っこすると、どっしりと重い。乳臭い匂いがする。涙が溢れて止まらない。

夢とは不思議なものである。このクライアントは、夢のなかでていねいに鏡を見て、自分の背中を見ていた。現実の世界で、彼女は自分の家族の歴史をていねいに振り返っていた。そしてそれはおそらく、家族を区別して解体することに役立ってきた。そうやって、彼女は自分を一人の人としてなり立たせてきたと思う。そういう意味で言えば、ここに表れている鏡は、心理学的に反省という機能を果たす鏡だということもできるだろう。ユングは次のように言っている。

「反省は、単に思考の活動として理解されるべきではなく、むしろ態度として理解されるべきである。それは、自然法則の強制に反して、人間の自由から生み出された特権である。（「反省reflection」には文字どおり「後ろにかがむ」という意味があり）、この言葉が物語っているように、反省とは、自然のプロセスに逆らう精神の（スピリチュアルな）活動であり、立ち止まり、何かを心に思い、図像を思い描き、見たものとの関係を築き、それと折り合いをつけていく活動である。したがって、それは意識的になる行為として理解されるべきである」（Jung, CW11）。

みずから意識的になる反省という行為は極めて重要である。しかし同時に、ユングは元型論を唱えた心理学者である。つまり、鏡のなかに意識に向かう反省の作用を見ているだけではない。このクライアントの夢での意識的な反省は、おそらく三面鏡と手鏡を使って、自分の背中や自分の姿を見る行為であり、そして、その鏡のなかに息子を発見することである。そこまで、それはしっかりと作用している。しかし、そのあと、振り返り、おいでおいでをして、鏡から出てきた息子を抱っこする行為は、いわゆる反省の領域にあるものではない。ユングは、家族という集合性から自立するうえで、おそらく矛盾した二つの道を同時に進むように促している。つまり、意識的な自立へと向かい「個」となる方向と、意図してより広く深い方へ向かい「集」に入り込む方向である。意識化とコンステレーションの同時的成立と言っても良いかもしれない。私が成立するほうに向かうと同時に、その私が死を迎え、星空のなかの星の一つになるとともに、その星空の星座の構成が見えてくるあり方である。あるいは、このクライアントの夢に即して言えば、私を理解する方向に向かうと同時に、他者を迎え入れる方向に向かうのである。

ユング派の分析家であるギーゲリッヒは、『ファウスト』第二部の後半のフィレモンとバウキスの殺害の場面を解釈して、「齢七十から八十になるゲーテが、このファウスト的な理想主義的努力の世界を詩的に創造し、その解離的で自滅的な構造と、「大地」と神々に対する自己中心的な敵意を認め、そのことに対して曇りない誠実さと従順さをもって取り組んでいることは、非常に感動的である。この告白は、ゲーテが多大な努力によって獲得し、長年にわたって時代の逆流や近代という時代の真理に対抗して守ろうとした一つの世界観を、彼自身の古典的な「象徴的世界観」を、明示的ではないにしても、決定的に放棄することも意味していた」（本書第六章二八一ページ）という。

自然な象徴的な世界観がもはや成り立たないことを自覚したうえで、世界の新たな創出に鋭意努力しながら関わろうとすることは、おそらく、みずからの弱さの自覚からしか始まらないだろう。家族の再生は、祖霊信仰の再生になり、崩壊した家族に固着することにしかならない。それを認めることは裸にされることだろう。ないないづくしからはじめて、弱さを迎え入れて、剥き出しにされていく道を進みたい。自分の背後からよちよち歩きでやってくるものを迎え入れたい。幻想の世界に立ち戻るのではなく、現実を見据えて、そこに留まる作業に臨もうと思う。

『共同幻想論』の作者、吉本隆明はその文庫版のための序に次のような言葉を残している。

「この本のなかに、わたし個人のひそかな嗜好が含まれてないことはないだろう。子供のころ深夜にたまたまひとりだけ眼がさめたおり、冬の木枯の音にききいった恐怖。遠くの街へ遊びに出かけ、迷い込んで帰れなかったときの心細さ。手の平をながめながら感じた運命の予感の暗さといったものが、対象を扱う手さばきのなかに潜んでいるかもしれない。その意味ではこの本は子供たちが感受する異空間の世界についての大人の論理の書であるかもしれない」。

そう思う。子どもに戻って異世界に入っていくのではなく、大人になることを引き受けながら、矛盾を抱えたうえで、子どもの異世界を歩いてみる。それが、「個」と「集」に対する心理学がもつ可能態の歩みである。家族という主題に関わる際に心理学が目指すのは、家族の再生ではなく、子どもに還ることでもない。先祖崇拝という神秘的融即をしっかりと鏡に映して振り返り、悪辣に見える崩壊や破壊を矯正せずに引き受けて、暗闇にしか見えないなかを歩きながら、鏡のなかから立ち上がってくるものに扉を開き続ける。私は、そう思い定めている。

文献

C.G.Jung, *CW11*, 1970, *CW18*, 1977, Princeton University Press, Princeton.

C.G.Jung, *Consciousness and the Unconscious: Lectures Delivered at ETH Zurich, Volume 2: 1934*, Princeton University Press, 2022.

河合隼雄『家族関係を考える』講談社現代新書、一九八〇年

真山青果『元禄忠臣蔵　上・下』岩波書店、一九八二年

丸谷才一『忠臣藏とは何か』講談社、一九八四年

四世鶴屋南北（郡司正勝校注）『東海道四谷怪談』新潮社、一九八一年

石川能也「創設者の言葉（1978）」『あかつきの村ベトナム難民受入れ25周年記念誌』所収、あかつきの村・ベトナム難民受入れ25周年記念誌発行委員会編、二〇〇七年

映画「牛久」パンフレット、太秦株式会社、二〇二二年

吉本隆明『改訂新版　共同幻想論』角川文庫、一九八二年

コラム

白バラ抵抗運動とショル兄妹

ミュンヘンを訪ねて

北山 純

白バラ抵抗運動とは、第三帝国が席巻し、軍事のみならず生活や思想を統制する第二次世界大戦中のドイツにおいて、大学生を中心としたメンバーによって行われたナチスに抗う活動です。彼らは、自らの思想や信念にもとづいて、何百通ものナチスを批判するビラを作成・配布しましたが、政権批判など認められない戦時の世相の下では、そのような行為は命懸けでした。活動の中心人物であったハンス・ショルとゾフィー・ショルの兄妹は、ミュンヘン大学構内でビラを撒いているところを見つかり、逮捕され、一方的で非道な裁判にかけられて斬首刑になり、二十数年の短い生涯を終えました。

二〇二二年夏、ミュンヘンを初めて訪れた私は、白バラ抵抗運動ゆかりの地を巡り歩きました。ミュンヘン大学（ルートヴィヒ・マクシミリアン大学ミュンヘン）の正面は、「ショル兄妹広場」と名付けられており、路面にはビラを模したレプリカが埋め込まれています。大学構内に入ると、建物内はビラが撒かれた当時と変わらない趣があります。ホールの一角は白バラ記念館（White Rose Memorial）になっており、白バラ抵抗運動の全体像が把握できるような詳細な展示や、運動に参画していたメンバーの資料が残されています。

一九四三年二月、市街の中心部から少し外れたシュターデルハイム刑務所で死刑に処された兄妹は、その隣地にある緑豊かな公園墓地に埋葬されています。墓苑は静謐で人影も少なく、二つの十字架が連なる形をした墓標は、二人が肩を寄せ合っているかのようでした。

　二人の父ローベルトは、ナチスに批判的なリベラリストであり、母マグダレーナは敬虔なプロテスタントでした。兄と妹がともに関わった抵抗運動ではありましたが、その物語は家族背景だけでは説明しきれないようにも思われます。父の思想は家族に影響を及ぼしていたでしょうし、ゾフィーが書いた手紙や日記からは彼女の信仰の深さが伺われます。しかし、親の教えに従順に育ったことだけが二人の行動の端緒では必ずしもなくて、むしろ親元を離れてミュンヘンに出て、大学に属し、授業に出て、友と集う学生生活を送り、青年期を生きる一人として「個」を育んだことが大きかったのではないかと思うのです。

　私はミュンヘンを訪ねる前、映画や書籍から得る彼らの印象として、高邁で並外れた精神性を持ち合わせている特別な人という幻想を抱いていました。しかし実際に感じられたことは、彼らが普通の大学生としてこの街に生きていたのではないかということでした。何が正しいことなのか、真に大切にすべきことは何かといった問いに対して、他ならぬ自分としての模索が

あったうえでの抵抗運動だったのではないかと思うのです（さらに言えば、そのような自由な思考を醸成する土壌がこの家族にあった、という円環が成立しうるのかもしれません）。すなわち、親から受け継いだ思想や価値観と、親とは別個の責任ある一人の個人であることとが同時に成立していたということでもあり、彼らが真の意味の大人だったのではないかと考えられるのです。心理臨床に携わる自分にとって、青年期において当たり前に大人になること、「個」として自分の人生を引き受けることの重みを感じずにはいられませんでした。

写真はミュンヘン大学の構内。ここでビラを撒いた兄妹はゲシュタポに捕えられた。

読書案内

映画「白バラの祈り　ゾフィー・ショル、最期の日々」（原題 Sophie Scholl—Die letzten Tage）マルク・ローテムント監督、二〇〇五年制作

ゾフィー・ショルを中心としながら、白バラメンバーのナチス抵抗運動のドラマを史実に沿って描いた作品。

『白バラは散らず　ドイツの良心ショル兄妹』［改訳版］インゲ・ショル（内垣啓一訳）未來社、一九六四年

ショル兄妹の姉であるインゲによる回想録。家族の立場から、幼少期から短い生涯を終

えるまでの姿を描く。

『「白バラ」尋問調書　『白バラの祈り』資料集』フレート・ブライナースドルファー編（石田勇治・田中美由紀訳）未來社、二〇〇七年

ゾフィーをはじめとする白バラメンバーたちの事情聴取の記録は生々しく、迫力がある。

『ヒトラーに抵抗した人々　反ナチ市民の勇気とは何か』對馬達雄、中公新書、二〇一五年

白バラだけでなく、ドイツ各地で展開されたナチスに対する抵抗運動の全体像について知ることができる。

映画「ジョジョ・ラビット」（原題 Jojo Rabbit）タイカ・ワイティティ監督、二〇一九年制作

ヒトラーをイマジナリー・フレンドにもつ少年を主人公としたコメディ映画。軽い作風のなかに、自由な精神をもって生きることをめぐる厳しさ、尊さ、哀しさ、温かさが散りばめられている。愛らしいエンディングは秀逸で、エンドロールのリルケの詩は勇気をくれる。

第四章　母と私の「忘れた歌」

植田　静

第一節　近代と内閉される家

日常はポップソングで溢れかえる。気にもとめないほどそれが当たり前な私たちである。現代まで続く洋楽風音楽文化のはじまりは、黒船の上陸と一緒だったという。七月十四日の米大統領親書受渡し式には、大小のラッパや木管楽器、シンバルなどの編成の鼓笛隊がアメリカ独立戦争時の曲、ヤンキー・ドゥードゥルを奏でた。かの「アルプス一万尺」のメロディである。日本の人たちはこの音楽に感動したらしい。翌年の日米和親条約合意のパーティでは弦楽グループによるミンストレル・ショウが行われ、数々のスティーヴン・コリンズ・フォスター（一八二六―六四）の曲を演奏していた。「おおスザンナ」や「草競馬」など、昭和の教科書の歌にあった「フォスター」のクレジットに見覚えはないだろうか。私の子どもの頃にはよく聞かれ、日本語の歌詞で歌われていた。音楽家の武満徹は、西洋近代音楽を「持ち運ぶことができる音楽」といい、日本の伝統音楽のように風土や古い文化の拘束が強いものとは違い、その音楽の生まれた土地から離れても成立する特徴を指摘している。西洋音楽は論理的に構成されていることで優れた記譜法も発明され、いつでもどこでもみんなで楽しめるという、機能的音楽となりえたのだ。このときの黒船の音楽も、日本の人たちに「同じうたを一人ひとりがいつでもどこでも楽しめる」という、新たな心の位相の扉をこじ開けたのだろう。

1　二十世紀後半と私の家

子どもの頃、私の母は「おおスザンナ」を英語のまま歌っていた。「子どもたちに西洋の教育を」と望んだのは英語学者の曽祖父だった。母は小学校からずっとカトリック系ミッション・スクールに通い、大学では英文学を専攻し、オーケストラでバイオリンを弾いていた。当時出会った父はラグビー部員だったのだが、クラシック好きで時折母のバイオリンを借りて弾くこともあったらしい。実家のレコードコレクションは、クラシック音楽やジャズがほとんどであった。父の仕事は海外の取引が多く、出張となると一ヶ月は出かけ、年の半分はいなかった。そのかわり家にはアフリカのダチョウの卵やインドネシアの人形など海外からの土産物がそこここに飾られていた。私の家族は自治体の集まりなどは好まず、地域より外側に向いたバタくさい家であった。時代が違えば「西洋かぶれ」などと言われたかもしれないが、そのことは幼かった私には微かな自慢でもあった。しかし地域の連帯に入れない分、かえって日常は母とふたりの世界に私は閉じ込められてしまっていた。

母は、かつては中学校で英語教員をしていたものの私が生まれてからは専業主婦となり、私の情操教育を重んじ、よく文学や音楽の話をしていた。私の文学観も美意識も、最初は母親からの受け売りだった。ときどき私は母が「歌を忘れたカナリヤ」という童謡について話していたことを思い出す。彼女はその詩にとても感銘を受けていた。

うたを忘れた　カナリヤは
後の山に棄てましょか
いえ　いえ　それは　なりませぬ

うたを忘れた　カナリヤは
背戸の小薮に埋けましょか
いえ　いえ　それはなりませぬ

うたを忘れた　カナリヤは
柳の鞭でぶちましょか
いえ　いえ　それはかわいそう

うたを忘れた　カナリヤは
象牙の船に、銀の櫂
月夜の海に　浮かべれば
忘れたうたをおもいだす

一九四七年に小学校唱歌に採用されたこの曲は、一九一九年に西條八十に書かれた詩「かなりや」に、成田為三がメロディをつけた古い童謡である。母はカナリヤの「うた」を、私たちの心とも受け取っていたようだった。失われた心は、自然の美に包まれることで取り戻されてくる、と彼女は解釈をしていたように思う。体が弱く、悩み多きひとで、抑うつ的になることもあった母はこの歌の世界に憧憬を抱いていた。

母は一九四二年生まれである。彼女の父親は母の幼児期に、戦時下のマレーシアで、車に乗っているところを後ろから撃たれて亡くなっている。私の祖母は夫を失ったことを嘆くよりも、米軍基地のタイピストとしてバリバリ働くことを貫き、娘たちを支えた。大空襲に焼け残った東中野に曽祖父の家があり、そこに何家族もの親族が一緒に暮らしたり、子どもは親戚の家に預けられたりしながら戦後の混乱期を過ごした。母は当時について「寂しかった」と、父親の不在、働きに出た母親の不在が、その後も続く彼女の心の不全感に結びついているかのように語っていた。戦後、学童期の彼女らを支えたであろうカトリック教会の信仰にも心の空白が埋まらないようだった。そのことに罪悪感を抱きながら、母はいつでも空虚さを埋めることに必死だった。

私の幼少期はテレビで「モーレツ社員」「企業戦士」などという言葉が勇ましい音楽を伴って聞かれ、もてはやされた時代だった。夫の業績は母の自慢であったが、彼が仕事が忙しくて不在がちなことに、彼女は自分の両親の不在を彷彿とさせてしまっていたようだった。母はそのことで父とよく口論していたが、彼も同じように戦争で自分の父親を亡くしていた。むしろ父にすれば、家に親がいないことは普通のことであるようだった。

華やかな出世街道を爆進する超外向的な父の生活と、抑うつや身体の不調に悩まされながら専業主婦を引き受ける母の生活との、双方を見ながら私は生活していた。物心ついた頃からそんな家族像は固定されており、私は母の心身の状態に気を配る必要があった。彼女はあまり食事がとれなかったし、彼女の不調のために、家族で出かける計画を断念することは多かった。ときにヒステリックにときに弱々しく、母の不安定な様子は私と兄に不安を与えたが、思春期には私たちは彼女のもの真似をして、笑い飛ばしたりもしていた。一番楽しかった家族旅行はと訊かれると、幼稚園の頃に父と兄と三人だけで行った箱根旅行のときのこと、と答えてしまう。いまだにホテルのプールで彼らとはしゃいだ記憶が鮮やかなのは、家の中で背負っていた役割から外れた解放感があったからだろうか。

それでも母と二人で話す文学や絵画の話は、私には大切なことだった。父はあまりいなかったし、情緒に富むひとでもなかったので、私にはつまらなかった。母の芸術性や闇は、私の生活に不可欠だった。だからといって、もちろんそんなに整理して両親に関われていたわけではない。私と母は、よくいう密着型母子であっただろう。私は多くの場面で母の味方をしつつ、依存や閉塞感に苛立ち、関係性は混沌としていた。

2　青年期と家族の過渡期

私の思春期、世はバブルの崩壊に騒然としていた。その頃母は更年期を迎え、さまざまな心身の不調のつらさに、「人生の意味」というようなものを問うようになっていた。あるとき、彼女が文学友達たちと「天上と自分と地球とを繋ぐ一本の線を見出したい」と話していたことを思い出す。これには生きる方向性や意味の喪失への彼女たちの危機感がうかがわれた。さらに母は、自分でも見出せない「意味」を、なんとか子どもには示さなければとの思いが強かったようだった。しかし、いま思えば機能が重んじられ、歌も個々人のものとなった時代に、天上と自分を結ぶ線など見出しようもなかったということなのだろう。むしろ母は子どもの人生に介入することでその不安を解消しようとしていた。成人後も私を手元に置いておこうと彼女は必死だった。「時代の混乱から子どもを守る」という名目で子どもの成長を望みながらも阻んで固定しようとする二重拘束的な母の振る舞いに、私は気づいていった。

青年期の私はF・スコット・フィッツジェラルドなどを好んで読み、近代米文学作品に影響を受け、アメリカンドリームの崩壊と共に上昇的意識が花火のように散った焼け野原感がリアリティをもって感じられるようになっていた。そのうち自分が、母のあつらえた走馬灯の流れる劇場のような、母の文法の世界のなかにいるように感じ始め、私はその外に出なければと考え始めた。その頃私は母からすれば裏切りのような行動をたくさんしていたと思う。父同様に家にあまりいなかったりもした。

私はどうやら母の不幸な幻想を破り去りたいと格闘してもいたようだ。戦後の米文学のテーマには、過酷な競争社会のなかで挫折し崩壊していく家族の姿を描く話も多かった。私はアーサー・ミラーの、「セールスマンの死」の舞台に感動したことをレポートに書き、母と話した。米近代演劇の金字塔と呼ばれた、都市化と合理的・効率主義の時代における、夢追い人と家族の物語である。異常なものとしてではなく、二十世紀半ばの平凡なひとの、頭のなかの混乱を舞台化したものだ。初老のウィリーの精神構造の根幹は、彼の父が自分で発明したフルートを作りながら馬車で旅し、先々の街で売りながら大陸を横断したようなロマンティックなアメリカンドリームにあり、人情や魅力が夢を成し得るという古いイメージに甘く包まれていた。そんな彼の意識は現行の効率主義の世界への転換に沿えず、現在が過去と混濁して歪んでいく。事実と虚構が折りまざる彼の心をそのまま展開するように、舞台上では回想が現在の流れに随時差し込まれ、いかにひとの心に過去が折り重なっているかが示される。彼の「現在」とは、過去が反応している過程に過ぎず、矛盾に混沌とする。劇の進行と共に、さまざまな現実がウィリーの夢見がちな体にひびを入れていく。ウィリーの虚構的教育の被害者であった息子のビフも、彼自身が現実に生きるために、自分たちは「平々凡々の人間だ」と父親に現実を突きつけ、幻想の世界を打ち破り、離れていく。この家族関係の変遷がストーリー全体に重っている[1]。

論稿を書いた私は、内閉した心の世界と現実との歪みを表したかったし、劇の観客に生じる複雑な感情や認識と、家族のなかで私が感じていることの重なりを、母と自分に示しかったのだろう。母はそんな私の成長を喜んでもいたが、それ以上に苦しそうであった。それは彼女の世界の喪失を迫るものでもあったのかもしれない。

3　心のなかの死と実際の死と

それから間もなく、母の不安が別のかたちをもって表れ出てしまった。癌が発覚したのだ。末期だった。彼女はあたかもそれを予期していたかのように、始めから告知と治療の選択権を強く望んだ。母の主治医は彼女の古くからの友人だった。家族への告知の場面で、私は彼に母の希望を伝えてみた。しかし医師は「告知をすればいいという話ではないのです」とだけ優しく伝えてきた。私は喉がつかえ「で、でも」と吃ることすらできず、口をパクパクとしただけだった。確かにまだ告知なしの治療が当たり前の時代だったが、その流れのなかで、結局母も口をつぐんでしまった。母の思いは埋められてしまった。不思議なほどに白々しく医師も家族も本人も、皆で沈黙を守り、抗癌剤治療は行われた。当時は社会の個を尊重する心の持ちようが洗練されていなかった時代だったのか、医療者も私たちも「告知」という欧米直輸入の医療倫理を扱いきれなかったということでもあったのだろう。

また、現実の母の病死は、私の青年期課題としての母との心理的な分離の問題とオーバーラップしてしまった。そこに現実的な因果関係は見出せなくとも、子どもであった私の視点からは、家族の世界の変容の過程に生じた出来事だった。表面的には不慮のことのようでありながら、多分家族みんなが罪悪感を抱えただろう、と思っている。

その後私たち家族は、皆別々に暮らし、まれにしか会わないが、なんとかあのときほどの悲劇に出会うことなく暮らせている。母を失ったことを機に「家族らしさ」というものが明確に不要となった。それでも良いのだとは思う。しかし私は心の職業に就き、多くの家族に悩む心に寄り添う日々をおくっている。また音楽を実践する傍ら「うた」というものを考えると決めている。いつからか私は母が惹かれつづけたカナリヤの「うた」の示唆するものに一度でも取り組んでみないと、と思うようになった。

第二節　子どもの「うた」が生まれるとき

1　「うた」とは

端的に「うた」が何であるか、を示すことはできないが、私は普段から心の真実が聞こえて来れば、それが何よりもの「うた」であると思っているようなところがある。臨床のなかでも、私はクライアントの「うた」を聴くことに自分を費やす。「うた」は、振動が伝わるようにある種の訴える力をもち、このひとにとっての深い真実を話している、とどこか確信をもって聴かれるようなものである。そのひと自身の心の琴線に触れている言葉には、部屋の光や空気を変えるほどの振動がある。

臨床のなかでも心の「うた」は簡単には顕れず、聴く側にも深く聴こうとする構えがなければ摑み損ねかねない。さらにもっと歌を引き出すために自分も一緒にうたうこともある。心理療法家として、自分の治療概念をぼんやりと喩えるなら、クライアントの「うた」を待ち・摑み・共鳴し、彼らが「うたえない」状態から「うたえる」ようになること、である。実際クライアントが「うたう」ことをきっかけに、心の自律的躍動が展開し出すと感じることは多い。自分自身のなかの真実を自分の声で語るということは、自分の心を震わせ動かす究極の自律的運動なのだ。

私が子どもの心理療法に携わって二十五年は経過するのだが、ほぼすべてのケースに「心の自立」のテーマがあると報告できる。大人のセラピーをしていても結局同様に生まれ育った家の話になり、家族との生活のなかで身についてしまった生き方や無意識の対人関係のセオリーを見直すことになる。これは心理療法の仕事のなかでも一つの定型であるが、くり返し似たテーマをもつクライアントに出会っていたり、いつも似たテーマを炙り出してしまったりするのは、心理療法家本人の抱えるテーマと重なっているからであり、クライアントと治療者とのあいだの共鳴がプロセスを拾い押し進める刺激になるからである。なぜ私が小児科領域に居るのか、居つづけられているのかというと、子どもの心の自立のプロセスに興味が尽きないからだ。「うた」を求めて、自分の青年期の場に幾度となく帰っていくことを、みずから選んでいるのかもしれない。

2　ずるい、ずるずる――プレイセラピーの話

私の働く病院でも、「うた」を失っている子どもたちと出会う。難病の子どもたちの多くは、突然の長期入院や注射や点滴や手術や大量の飲み薬などの過酷な状況を、あたかも受け入れたかのように大人しくなってしまう。状況に埋没してしまうかのように、疑問を問うたり嘆いたりすることも止めてしまう。それを見て「治療環境に適応した」などと思ってしまうかもしれないが、平気そうに見えるほどに、私らしさや「うた」は忘れられてしまっているかもしれないのだ。

血液の難病で長期入院をした小学生のぴいちゃんも治療前からおとなしい子だった。緊張と不安の表情がずっと取れなかったので、週に一度は病棟の個室でセラピーとして一緒に遊ぶことにした。箱庭や絵画を交えた遊びのなかでは、途端に意味深な象徴が次々と顕れた。以降、彼女との遊びのなかの話である。

ぴいちゃんの絵のなかには外国へも伸びていきそうな「道」があった。この道とは、前から用意された道であった。しかし「交通事故」や「大災害」のような事件により、唐突に堰き止められ、どうにもならない状況がくり返される。混乱の遊びに登場した彼女の分身は、家族と別れさせられ大きな喪失がくり返された。こういった遊びは、一度では終わらず、何度も何度もくり返され、簡単にはその先のプロセスに進めなかった。そのうちぴいちゃんの分身は箱庭の砂に埋められ、化石のようになった。そこには死が表現されていた。喪失や死自体をセラピーでは目指すわけではないが、このようにあくまで本人たちのあそぶ意志と前進をめざす構造の行きつくこと、

として、おのずと象徴的な死が生じてくることがある。心の死は決して楽観できるものではないが、守られた遊びのなかではしっかりそれを体験し抜くことが重んじられる。そうすることで、その先のプロセスは起きてくれたのだ。

治療の半ばで、遊びに異変が生じた。あるとき、砂を無言で触っているぴいちゃんがおもむろに「ママー！」と叫んだ。続いて大胆に「おっぱい」「おしり」「おしっこ」「うんち」の話をしだし、突然エネルギーがほとばしり出たのだ。

ペンで画用紙に殴り書きをしたら止まらぬ線になり、「ぐにゃぐにゃー」と二人で歌い出した。そのうち線は円や弧を描き、「虹の門」という境界線ができ、美しい世界が登場し、ぴいちゃんは「あっちの世界」と「こっちの世界」を行き来しだした。あるときは境界線で葬式を催し、神仏を並べ、弔うひとたちが祈っていた。一人が「神様、すみません退いてください」と祈り、ぴいちゃんが「道にするのに神様には退いてもらったほうがいい」と、神仏をどんどんどかしていき、そこに垂直に線路を埋めたのだ。さらにその上の砂を均し、地上にも道を作った。なんと、かつて堰き止められた「道」は新しく彼女の手で境界を突き抜け、上にも下にも揺るがぬかたちで作られたのだった。

ぴいちゃんが神仏を退け、境界を通過する道を作るとは、なんとも現代的な気もしている。かつて世界を示してくれていた存在を退け、自分の道を作るのである。それも単線の一次元から、交差する平面の二次元へ、さらに道は「高さ」も得て、一気に三次元へと膨らみ、空間ができたのだ。また、「地下の道」とは「見えない」道、つまり心というさらなる次元をも表す。そこに車を走らせ、新たな前進を表現したぴいちゃんなのだった。

　すると、力強い言葉が顕れてきた。「ねえ、入院してないみんなは好きなときに漫画とかお菓子とか買ってるんでしょ。ずるい！　遠足も調理実習もできるんでしょ。映画も観られるんでしょ。ずるい！　映画館行ったことない。ずるい！」と文句を力強く言い出した。「ずるい」という声明は空間を突き抜けこちらに刺さってきた。私はしめたと思いこちらも「ずるい」とうなづいた。「ずるい！」「ずるい！」とコール・アンド・レスポンスし、「ずるい」、「ずるい」、「ずるい」、「ずるい」とワーッとテンションが高まった。良い声には、部屋中の空気をビリビリさせるような振動がある。くり返すうちに私たちは「ずるずるぴいとずるずる静」の「ずるずる探検隊の二人」と名付けられた。その言葉の裏側には、「自分はやれなかった」ということを認めた心の動きがある。一つの喪失を認め、それに対しての落胆と怒りをきちんと引き受けて声にしたのである。

「ずるい」などと言われて「そんなことを言ってもみんなも大変なんだよ」などと返してしまうような親たちも病棟で見かける。しかし、そんな社会的意識の獲得は、彼らにはもっと先で良いのだと思う。まずは本当の気持ちの声で空気を貫かせるのだ。

　その後、ずるずる探検隊のぴいちゃんは文字どおり「ずる」もたくさんするようになる。「ずるしちゃったね」と悪びれながらも、ずるをすることでどんどん枠を壊して自分の道を作っていった。もちろんそれは、このときの遊びのなかだけではない。「ぴぃは昔はおとなしい泣き虫だったけど、いまはうるさい泣き虫になったよ！」と言い、彼女は現実の世界でも生き生きとしてきていたようだった。閉ざされた世界を超え、彼女自身の新たな次元への道を通し、ぴいちゃんはうるさいほどにうたえるようになったのだ。

第三節　言葉の獲得のダイナミズム

「ずる」という言葉は、「ずるずる」とくり返すと、滑ったり、引きずったりする音のオノマトペにもなる。多義的でなんとも楽しい音である。私は、その音に這い出たり引っ張り出されたりする、母体からの誕生の瞬間のことなども想像したのだった。オノマトペは子どもが共同体の言語を身につけ始める狭間に多発する。言葉の獲得の過渡期にいる子どもと一緒にオノマトペの発声をくり返すとき、よく私はもやもやとした未生のエネルギーの渦巻きを感じる。「うた」の生まれるプロセスを看過できない私は、発語というものに深く興味をもつ。それは家族とのあいだに召喚されるものである。

1　喃語の獲得まで

出産後初めての母と子のやりとりは自然音のようだという。河合隼雄の講演のなかに、早産児誕生の瞬間の映像についての話がある。母親の胸の上に乗せられた生まれたての赤ちゃんに母親がかける声は「うーうー、フーフー」などの唸り声のような、風の音のような「一種のリズム」

「息遣い」で、それに対し赤ちゃんは同調して応えているという。それまで泣いていた子も、母の胸の上に乗せると泣き止むのだという。[2]

ひとは胎齢二十六週程から母体の心音や動脈、消化管の音、さらに母親の声の体内への反響音などに気がついており、母体の外の家族間で交わされる声も聞こえ始める。河合は、家族関係というものが、すでにこのときから根本のリズムを提供しているのではないかと話す。音とも言葉とも、あなたとも私とも区別されない、混沌とした身体的で直接的なコミュニケーションの時期に、家族みんなの心身で生成される言葉のリズムが聞かれるため、出生直後にもすでに家族の息のリズムは調和するのだろうという。そのリズムは根本に流れ続け、その後のやり取りにも継続され、発語まで繋がれていくのだ。

出生後も、哺乳行動と共に母子は視線をあわせて優しく語りかけ合う。このやりとりのなかから、喃語がかたち作られていく。子どもはまだ意味の世界におらず、自然音のなかの反復を見出しリズムを感じ取る。その子どもの体験を母親が感じ取り「あわわ」などの擬音語の声で乳児に語りかければ、さらに乳児が笑顔や笑いの音で応じる。吉本隆明はこの声の言葉を「あわわ語」と呼ぶ。この母子の表情と腕のコミュニケーションのなか、自然と出てくる声は母音である。母音は後に話しはじめる日本語の音においては、最も重要な骨組みである。言語学者ロマーン・オシポヴィチ・ヤコブソンは、この喃語が発達しきった時期の子どもの音声能力には限界がないことを指摘する。母国語の型を身につける前の子どもは、どんな文化圏の発音でも発することができるという。それぞれの共同体の言語の世界に入る前の人類共通の声の世界があるという。

2　共同体の言語の獲得——音の無限性の喪失

しかし、初めの共同体言語を獲得するときに、この無限の発音能力は忘却されるという。[3]それまでの自然で無限な発音の世界を失わないと、家族と同じ母音と子音のシステム、言葉の音の筋を身につけることができないという。家族の声を頼りに、ひとは一つの万能だった世界を後にするというのだ。この過程は明確に一つの世界から別の世界への移行を表している。そのときはそれがすべてであると感じていた慣れ親しんだ世界からは想像もできないような世界への移行である。そのために、それまでの在り方が否定され捨て去られ、二度と元へは戻れない忘却が起きている。水平性を超え垂直的に上昇する、「死」という象徴をもって表されるに値するほどの超越的プロセスである。

私たちはかつて、家族の声を頼りに、無限性を手放し、意識と概念のある共同体の世界を目指して移行していた。「自然」から「人間」へ、身体的な音の世界から精神的な概念の世界へ飛び立っていた。

ぴいちゃんが一時こだわったような「おっぱい」「おしり」「うんち」「おしっこ」などの、母親との五感で味わうコミュニケーションで培われる感受性が、概念の成り立ちを助ける。イメージと、実在のものと、言葉が、同じ概念として同定できるようになるには、そんな身体の言葉に寄りかかる時期があり、そこからジャンプすることで概念が生じる。言葉の産声、概念の発生の喩えは、上昇と「うたう」ことの象徴的存在である鳥のイメージで表されることも多い。ぴいちゃんの遊びのなかにも、火山の頂上に、母鳥と卵が置かれていたことがあった。彼女は箱庭の砂やママのイメージなどを母体に、「うた」のようにオーセンティックな言葉の獲得のプロセスを歩んでいった。

3　移行とオノマトペ

このイニシエーション的移行の発達の直前からオノマトペは多発する。確かに、自然音の模倣を彷彿させるオノマトペの音には、忘却前の無限の発音の世界と、共同体的な言葉の音との中間的な性質が感じ取れる。母国語の母音と子音のルールにかぶれながらも、どこか自然音的でありつづけるオノマトペのどっちつかずさである。

個の言語獲得に限らず集団の文化的言語の発生自体も、同様の経過を辿っている。その昔の分化されない音の世界のなかで、自然音に反復性を見出し、それがリズムになり、さらに反復され、音が文節化されていく。この文節化された音が言葉になったといわれる。自然音を言葉の音に結びつけ、その対象を表すようになっていったものがオノマトペで、それは日本語の原初的段階でもある[4]。私たちの心の古層では、自然音と人間の音声の区別をせず、自然音を言語音として受け入れていた。私たちの意識は自然を母にもち、その断片を歌いながら生まれてきたのだ。自然音、喃語、オノマトペを経る概念のプロセスは、個人の言語獲得のプロセスであると同時に、文化が一様に通り過ぎた特性、言語の成り立ちでもある。このように集団においても個体においても私たちはいくつもの水平的水準と垂直的水準の双方を、通過してきている。

家族間の身体性と精神性の分かち難い営みのなかで、声が生まれ、消え、また新たに生まれるという運動が経験される。家族という場は、時間の経過と肉体の変化と共に言葉が新陳代謝される、動的な枠組みなのだろう。

第四節　失われる空白と「うた」

声に出す言葉は、いなくなった対象を響きで伝え、概念すなわち心の過程のものとなる。乳幼児の言葉の獲得はこのスリリングな「ある」「ない」の循環のなかで生まれてくる。ぴいちゃんのプロセスの後半、また別の興味深い言葉が聞かれた。「神様、どこにいるの？　見えないよ、神様ー」とかつて彼女自身が退けた神を探すかのような言葉が聞かれたのだ。このとき私は希望的なスタンスに立ち、「見守ってくれているよ」などと言ってしまった。すると彼女は鈍く黙ってしまった。これは私が彼女の言葉を間違って捉えている証拠の反応である。彼女の言葉は、かつて道を示してくれていたものの不在を嘆きながら、かつ不在であることをさらに明確にするためのものだったのだ。ぴいちゃんのほうがよっぽど、プレイセラピストの私より「ない」ことのリアリティをわかっていたのだ。神様も宗教の実践の場だった「家」も総崩れとなった現代において、「きっと見守ってくれている」は欺瞞的である。「ない」現実を感じるその先にこそ、「こと」としての「うた」は生まれうるのではないか。

1　童謡メディア論

かつてのわらべうたというものは、与えられた歌ではなく、子どもが自然に作ったものであったときく。そういった自律的なうた遊びは文化としてはすでにかたちを潜めてしまっている。童謡のカナリヤが始まりから「うた」を忘れてしまっているのは、そんな歌の心がもう失われていることも表している。実際、「歌を忘れたカナリヤ」が作曲される頃に、そういった子どもの声の文化の消滅を危惧して童謡運動が起きている。一九一八年創刊の童謡雑誌『赤い鳥』は、最初は敢えて詩にメロディを定めていなかったという。詩が刺激となって、子どもが自分の感性のとおりにうたうよう目ざされた。かつてのわらべうたに倣い、インプロヴァイズする心を広めて、子どもたちの「声」と「うた」を回復する目的があった。

しかし社会学者、周東美材の童謡メディア論[5]に倣っていえば、雑誌に載せた童謡では、「文字」を介している時点で、文字から音を想像して歌うプロセスを含むため、すでに言葉の響きそのものは侵食される。また広く広めようとすればするほどに、複製の需要が高まる。さらに空白よりも複製の機能性を重んじる近代化の流れは、テキストを丁寧に読み込むような心の余裕をもたせなかったのだろう。童謡運動は結局既成の歌の楽譜の需要に押し流されてしまう。楽譜は詩より高密度な情報化の力をもち、歌の保存と伝達を容易にするので、効率を考えればその複製に価値が置かれていくのも止むを得ない。そのうち『赤い鳥』も詩人と音楽家が分業で童謡を作るようになり、西洋音楽家の成田為三が起用された。彼の技術で歌謡は見事に〝見るもの〟としての存在感を強める。こうして自分の「うた」をうたうことの実践は、当たり前のように作曲された楽曲の再現へととって代わられ、インプロヴァイズする感覚は弱められ放棄されていったのだ。ルソーがいうように、記譜されることで言葉と音楽の生き生きとした部分は失われ、音楽の「もの」化が促進される。保存の需要は、生き生きとした出来事だったものを、「こと」から「もの」に変換していく。[6] 技術革新とグローバル化が進めば進むほど、このプロセスは加速し、いまもどんどん歌は記号化していっているだろう。

　最近の低年齢層の流行りの音遊びがＡＩによるカラオケの採点機能や音楽ゲームである様子からも、私の懸念は強まる。これらはあからさまに私たちの声や指の動きをテキストに同期させる。差異はどんどん排除され、自分の心の「うた」などというものはなくなっていってしまう。メディアはその代わりに簡単に空腹を満たしてくれ、家族葛藤や孤独など日々のストレスに対しても、一時しのぎをその都度確実にもたらす救世主のように普及している。いつでもアクセスできるウェブ環境というデータバンクのおかげで、みずから何かを生み出す必要はない。創造に必要な空白は奪われがちである。

2　臨床のなかで感じること、子どもたちの家族の「うた」

　最近では、心理療法を受けにくる子どもが大人のような語彙で人間関係のセオリーについて語ったりする。親から不当な扱いを受けていたとしても、インターネット上で共有される同様のストーリーと比較し、「自分は別にいい。気にしない」と、不遇を受け入れているかのようなことを言ったりする。人気の歌の歌詞にも、ゲームのストーリーにも、家族、特に毒親のストーリーのサンプルがたくさんある。キャラクターの生い立ちの考察は興味の的で、それらが自分たちと重なる部分を見つけると、コメント欄には共感と応援が力一杯寄せられる。周東がいうように、現代の文化は不特定多数の他者が同じテキストを共有しているという確信を生み出すような、「共同性」の新しい感覚やリアリティがある。ダイバーシティが受け入れられ、細分化された共同性サンプルがたくさんある。記号的にセオリーが普及し、あたかもいつでもあらかじめ答えを与えられているかのようだ。しかし「みんなもそうだ」の理屈は、タイミングが良ければ救いにもなるが、タイミングが早すぎれば、それ以上深く考えることや、議論の機会を奪い、自分を感じる力を奪い、繋がっているようでむしろコミュニケーションの源となるべき生きたダイナミズムを失っている。育児も家族関係も情報はいらないとは言わないが、うっかりそこに依存してしまうと、知識より体験のなかで重要なことが生まれることを忘れ去りがちになる。

多くの人びとの意識は記号の共有にばかり向いているようだ。情報化社会では、心の声を聴きとることを忘れ、空白は嫌われ、ひたすら新しい情報を追い求める。私たち心理療法家は、〝こと〟を求めて人びとの話の声を聞くが、現代のウェブ社会の緻密な情報化文化のなかでは、子どもたちの話のなかも〝もの〟の言葉で溢れかえってしまっている。分類の増加と共に〝もの〟化は拡大し、自分についてすら自分の言葉で語ることなく、通過されてしまうことも多いように感じる。サンプルの一つに置き換えられ、深化せず、陳列して終わる危険性もある。

手塚治虫の作品だったか、家庭用ロボットが赤ん坊に子守唄を歌うシーンを、昔ＳＦ作品でみたように思う。とっくにスマートフォンが同じ状況を作っているのが現代だ。面会が難しくなったコロナ禍、家族と会えない入院児たちのおもちゃの定番は電子ゲームと配信動画である。二歳にもなるとタブレットの扱いはできるようになる。家族が一緒にいられないことの埋め合わせにＡＩは本当に家族となった。そんな子どもたちの好きなボーカロイドの曲の歌詞には、絶望や狂気や残虐さを伴うものも多い。また、ある思春期のクライアントは「ＡＩなのに恋の歌を歌うのがグッとくる」と言う。これらを科学の挑戦への共感の意ととるべきか、ＡＩへの親和性の言葉ととるべきか、または、もの化され過ぎたことへの自嘲ととるべきか、あるいはそのすべてなのかもしれない。ボーカロイドの歌が魅力的なのは、「声」の命が風前の灯であるリアリティをもっているからだと思う。その昔フォークシンガーが歌っていたような風刺的な歌よりも、いまはボーカロイドがうたう方がリアルになってきており、それに視聴者からは「全人類のキャラソンをうたってくれている」などの称賛のコメントが寄せられる。リアルに私たちの機械化が進んでいる。

第五節　音楽家、武満徹の家族と喪失

冒頭で少しふれた武満徹は、沈黙や空白を創造の源としていた音楽家である。彼は日本の声の喪失を意識し、生きた言葉と「うた」を追求し続けたひとだ。私は昔から彼の子ども時代の話が

好きだったので、久しぶりに読み返してみた。私にとって最も印象的な「喪失から始まる音楽」のエピソードがそこにあるのだ。ここでも紹介しながら、空白と「うた」について考えたい。

1　実父母――ボーンと放り出され

私の母は幼かったし疎開していたため、東京大空襲の直後のことしか知らなかったが、彼女の十二年前に生まれた武満は東京が焼けていくさまを見ていた。私が武満の生い立ちのことを知ったのは、河合隼雄の『あなたが子どもだったころ』[7]にあったインタビューを読んでからだ。「…子どもが親から離れて暮らすとき」という章は、そのタイトルのとおり、彼が六歳から両親と離れて暮らす話から始まる。生まれてまもなく父親の仕事の関係で大連に移り住むが、小学校入学のため一人日本に帰され、伯母の家で暮らす。そのあいだに父親が病死し、働く母親とはその後も一緒に住むことはできなかった。

彼の両親はもともと自由なひとだった。父親はダンス上手の遊び人で、「徹は絶対に会社員にしてくれるな」が遺言であった。母親も、パーマをかけ、軍部批判を大声で喋り、フランス映画に息子を連れていった。武満が母親に会いにいくエピソードがいくつか出てくるのだが、その一つひとつが、日本的でない。ある日母親といるときに空襲が始まり、武満少年が「一番大切なものを持って出なければ」と咄嗟に父親の位牌を手にしたとき、「そんなものを持って出ても今更しょうがないでしょう」と母親がそれを「ボーンと外に放った」という。ドラマのシーンさながらに目に浮かぶその光景は、日本の「家」の喪失という意味でも、河合がいうようにまさしく

「象徴的」である。この母親は武満の娯楽作品以外の音楽は聴こうとしなかったという。親子とはいえ〝別の人間である〟ということが明確で、いろんな意味で武満自身も放り出されている。彼自身も「もしぼくの母親が…音楽家になったぼくを後ろからステージママのように一生懸命やれなんていわれたら、ぼくはとてもできなかったと思いますね」という。何もないことのほうが自己を立ち上がらせている。真の垂直の運動の生起に、「後押し」はない、と感じる。

2　伯母の話――こつこつ、ぼーんぼーん

彼の実の両親についての語りは、随分とサバサバとしている。しかし武満の「家」のもう半面を担う人物がいた。預けられた家にいた伯母である。生田流の琴の師範であった伯母と武満少年はよく一緒におり、彼は彼女の話を聴きながら眠りにつくのが好きだったという。しかし伯母は夫との関係に問題を抱えていた。伯父は伯母の神秘性や芸術性を嫌っていたようで、家にいつかず、帰ってきても彼女に辛く当たっていた。武満少年は伯母への愛着から伯父を「憎んでいた」とすらいう。さらに実の息子が自殺をするという不幸も重なり、伯母は統合失調症を発症して食べることを拒み続けて亡くなる。武満は対談のなかでは伯母について少ししか触れず、トラウマ的な理由で琴の作曲すら避けていると言及する。しかし実はこの河合との対談のずっと前の一九七三年に当時私家版で擦られた短い随筆に、伯母のことは書かれていた。どこまでがフィクションでどこからがノンフィクションなのかわからない書かれ方だが、蘭学者の家系の彼女が「骨」について語る不思議な話が印象的だ。そうそうつかみ切れる話ではないが少し紹介したい。

武満の母方、伯母の家系に原養澤という、蘭学者の前野吉澤に師事した人物がいた。前野は『解体新書』の翻訳を行なった中心人物なのだが、その完成時に彼は自分の名を掲載することを断る。伯母はその理由を彼が人体の真実を追えば追うほどに、それが解き得ぬものと知り、虚しくなったためである、と武満少年に話していた。伯母の話では、前野は人体のことが明らかになってもひとの業は解きえず心の闇は濃くなるばかりだと嘆き、東京の現場を去ったのだという。そのとき前野は「骨は心の闇に懸かる月、闇深い夜に皓く冴える」という内容の歌を添え、解剖に使われた罪人の骨片を原に託す。彼は骨の輝きのなかにひとの業と神秘性を見てとっていたようだ。伯母自身も「ほんとの肉体《からだ》は骨のなかにはいっているのです［…］月を流れているのとおんなじ白いすきとおった水が流れているのです」と不思議なことばを武満少年に遺し、私たちの根源のようなものが、見ることも触れることもできないところに歴史を超えて運動を続けていることを伝えようとしていた。

　随筆のなかで武満自身も魅入られたかのように骨に言及していく。病院に入り間もなく亡くなってしまう伯母なのだが、入院前夜に「死者たちのために」と闇のなかで琴を弾く彼女を武満少年は見ていた。すると闇のなか琴柱が光りだし、彼には伯母が浮かぶように見えたという。そして、彼はその琴柱が、前野がおいていった骨片でできていると想像する。武満は伯母の骨を拾うときも、彼の涙で骨が透き通るのを見る。骨壷を持って歩くときは、骨がコツコツと音を立てるのを聴く。そして伯母の死の二日後は東京大空襲の日で、そこで彼は伯父も家も骨もすべて失うのだった。

放り出すような実の両親のあり方もリアリティがあるが、伯母の話は碇のようにひとの生を根源的なところまで引き下ろしてくれる。このような深い繋がりとの別れは、深い喪失を生じさせる。そして真の喪失によりひらかれた空白こそが、心が生まれる場《トポス》となりえるのではないか。「骨月」という随筆は、最後にオノマトペを響せ、終えられている。すべてを無くした闇のなかに、「骨《こつ》・骨《こつ》・bone《ぼーん》・bone《ぼーん》」と。武満の言葉のなかには、骨のなかのそれが「精神」というものであるような微かな示唆もある。

3　空白から始まること——他者との出会い

家を失ったその後、彼は中学生の身で基地建設の工事現場で働いた。それは兵隊と同じように労役につき、暴力に耐えながらの辛いものだった。そんなある日、一人の見習士官が彼らに半地下壕のような宿舎で、こっそり「敵国の」レコードを手回しの蓄音機で聴かせてくれた。このときのリュシエンヌ・ボワイエが歌うフランスのシャンソン曲「パルレ・モア・ダムール」の美しさが、彼に音楽家になることを決意させたという。

> 私の心は他の学生たちとおなじように、おおうことのできない空洞であり、ただその歌が染みこむにまかせていた。…決してその歌を意志的に聞こうとしていたのではなかった〔…〕ただ静かに大きな流れのように私たちの肉体へそそがれたのだ〔…〕私はそれと出会ったことで、もう昨日の私ではなかったし、その歌もすがたを変えてしまったのだ。[8]

彼が音楽という一生向き合う「他者」と出逢った瞬間である。そこから武満は徹底的に独学で音楽を突き詰めていく。独学だったのは貧しかったせいもあるが、のちに音楽学校に入れたときすらすぐに辞めてしまったので、受動的な理由からではなく、彼の空白への信頼と、空白におのずと立ち上がってくるものごとへの信頼によるものなのだ。特に彼のピアノの習得のエピソードには、私は一つの空白からの超越的運動のイメージを抱いた。結核などの病を抱え、身一つで音楽家を目指し、生きていた彼がピアノなど持っているはずもなかった。彼はあるときから紙に書いたピアノを持ち歩き、音のしない鍵盤で心に聞こえる音を確かめ続けていたという。さらに、以下、武満本人の説明である。

> 外を歩いていて、ピアノの音が聞こえれば、必ず「ごめんください」って行きましたね。［…］「申し訳ないんですけれど、五分でいいですからピアノに触らせていただけないでしょうか」って頼んだんです。それも十軒や二十軒てもんじゃなかった［…］でも、［…］一度も断られたことがないんです[9]

この言葉に、流石の河合隼雄も「は………？」と驚きを隠せず、その声がそのまま活字にされていた。私はこのエピソードに、喪失と「他者」との出会いを経て一つの主体が生まれ落ちたことで、「家」という枠組みも単なる背景に過ぎない存在に変わっていったのだというイメージを抱いた。生まれ落ちた主体、つまり生き始めた心が、魂のように自由に人の家の壁をも越えていく姿を、私は思い浮かべるのだ。

第六節　どもりながら生まれる言葉

　武満はしばらくは西洋音楽に没頭し、日本の音楽は嫌いだったというが、偶然聴いた文楽に衝撃を受け探究の幅を広げる。西洋音楽を学んだ後でなければ、真の意味で日本の音楽が聴き取られることはありえなかったのだと彼はいう。己を知るには、一旦外の言語を身につけなければ、言葉で自分を捉えることは難しい。つまり自身を「他者性」まで押し出さなければ、私たちの姿を捉えることはできない。この「反省」のくり返しのみが、「自己」の感覚を作ることを可能にする。武満の音楽と向き合う行為の多大な努力のなかでなされる「反省」は、強烈な自己を隆起させたのだと思う。

　彼の創作の始まりには常に言葉の存在があるという。それは伝達機能しかないような言葉のことではなく、生まれたての言葉ほどに、生き生きとしてかつ曖昧な言葉であるという。[10]考えるにつれ自分自身のなかにある「他」への自覚を生れさせ、自分をも「他」として客観視できるようになるほどにまで突き詰められた言葉でなくてはならないという。

　冒頭でふれた、持ち運びのできる音楽と持ち運びのできない音楽という違いもその一つだが、武満は西と東両者が収まり悪く併存する私たちの問題に果敢に取り組んでいた。二つの文化の併存が難しい状況を作り出している現状を彼はスルーせず表そうとした。彼の初期の代表曲ともいえる「ノヴェンバー・ステップス」（一九六七）は、ニューヨーク・フィルの百二十五周年記念委嘱作品として、当時の音楽監督レナード・バーンスタインから依頼を受け作曲された、琵琶と尺八とオーケストラのための楽曲である。大胆に和楽器がオーケストレーションに組み込まれたこの曲には西洋音楽と日本音楽の調和ではなく、両者のあいだの緊張関係が体現される。論理上成立し得ない両個性の共存は激しい矛盾の運動を起こす。その運動的体験のなかにこそ私たちのあり方を聴くことができるのではないか。

1　どもりのうた

武満はこの矛盾の運動を「どもり」の声のなかに聴く。「どもりのマニフェスト」という随筆では、伝達機能に終止しその命が枯れていく言葉や「うた」の現状を打破すべく、「どもり」の一回性に倣って、〝あえてどもってみよ〟と彼は推奨する。「ああああのね」のように、音を繰り返してみることで、己の言葉をよく嚙み締めてみてはどうかという。

「どもり」「吃音」とは、話し言葉が滑らかに出ない「発話障害の一つ」などと説明される。「あああああのね」などのような最初の音や音節を繰り返す連発型は、二―五歳頃に頻発する。身体・認知・言語・情緒が爆発的に発達する時期ゆえ、発達状況のもつれが起きてくるように連発型吃音が起こるというような話もある。[11] 意味が言葉の容量を超えるとき、言い切れないほどに多くのことを言いたいときに吃音が生じるとも言われる。

言葉を構成する各要素のずれが、結果としてこの偶然の音を作っている。そこには聞き古された伝達の言葉を超え、新たな言葉の音が生まれている。伝えようとした言葉は失われているが、そこには意図を超えた音を発見できる。伝えたいという気持ちに押し出され出てくる新たな概念の音である。武満は、「どもり」に真の言葉を聴く、という。どもる人は、発声のたびに初めてすることのように精神的にも身体的にも格闘しており、出される音は一つとして同じになり得ない。それゆえにまさに言葉の創始のような現象である。自ずと生じてくるリズムの言葉はそれ自体の肉体を持ち音としての生命を持つ。意識のコントロールを超え、身体から押し出され、生まれたての丸腰の言葉のように響き、共有されると思われてきた表面的な意味を壊すほどの力がある。「どもりはあともどりではない」という回文とも韻ともつかない武満の表現のように、実践をすることでしか「どもり」は成り立たず、かつ、保存を許さないことで次の実践を要請する。それは前に進むことしかできない。その一回性に私のすべてがかかることを引き受け、私が出す音が私を変容させ「わたし」そのものになるような真の言葉を希求する行為なのである。

2　「混乱やってていいんじゃない」——村田和樹の話

どもりが意識されてくると、多くのひとは、どもりやすい音で始まる言葉を避け、どもらない音から始まる言葉にすり替えて話すという。しかし、心の言葉は取り替えられた言葉では補い切れない。「どもりそうな言葉になると知らぬ間に〝ひゅっ〟と、こうやって替えるんですよね。替えることで自分のなかで違和感がずっと生じているわけです」と教えてくれたのは、村田和樹、能登のお寺の住職で、道元の仏教思想書の『正法眼蔵・現成公案』の現代語訳として、「高校生にもわかるように」と平易で温かい言葉で綴られた『わたしを生きる』（二〇一九）の著者である。村田は京都の安泰寺で修行した後、一九八〇年にたった一人で石川県輪島市の山中にチェーンソーを片手に入山し龍昌寺を開いた。「どもり」さながら、みずからを混乱の場に投げ込み、前進を辞さない実践者でもある彼が「いま」をどのように感じ、どもりと共にある自分をどう捉えているのかを聴きたくて、私は彼に会いにいった。彼は、三歳頃からどもり始めたと、聞かされたという。

いい換えた言葉と、言葉の在り方そのものに感じる違和感と、「ひとから自分がどう見られているのかという意識」とのあいだで、さまざまな葛藤が起きたと村田は言う。そこでは共有されている感覚と違和感が交錯され、境界がいつでも生物のように動き続け、曖昧さと不確定感が自己から離れることはなかったという。どもりは、常にもやもやのなかに彼を投げ込んでいた。思春期のエネルギーの高まる時期には家族や社会ともたくさんの軋轢を生み、相当の格闘を要したようだ。大分、反抗的だったという。

しかし、彼はその格闘のなかでこそ多くのことを学んでいったという。おかげで論理や概念に対し強い客観性をもつようになり、結果的にこのことが彼が仏教に深く入る道を示してくれたという。彼はいまのような思いには至れなかった思春期の自分に「教えてやりたかった」という。

それほど当時は苦しかったということであろう。しかしその孤独な格闘がなければ、いまの考えにたどり着くことはなかったと確信していた。「どもり」のおかげで自分のなかの「他者」と出会えたと村田はいう。[12] 私が発しながら、私を離れる声、とはそういうものなのではないか。

龍昌寺開墾後の数年後には村田に共感した人たちが自然と入ってきて農地「よろみ村」ができ、いまも五家族が自給自足と坐禅を中心とした山暮らしを営む。村田の雰囲気と声は、彼が荒神とやり合う様子が夢想されてしまうほど、強いエネルギーを放っていた。彼のどもる音の連なりに、私は過去にない音楽と出逢うときに抱く戸惑いの感覚と共に聴き入った。そこには古代人の姿を見出しそうでもあるが、私は強烈な現在を感じていた。七十二歳になる村田は今年、この村を出て七尾市の廃墟と化した寺を引き取り、再び一人で格闘中である。夏の終わり、まだ改装途中の本堂につながる座敷で、私たちは虫の声を聞きながら、現代の「八月」の話をしていた。メディアが率先して戦争を思い起こさせ、さまざまな行事が定例化されている。しかし、この一連のメニューの遂行が、意味を保ち続けているのだろうか、と。

「もっと混乱して矛盾していいのに。もっともやもやな感じですよ。決まりきった仕事のなかで配役があって、ルーティンだけやっていればそれでいいっていうんだと。それはそれでいいんですけど、ここにあるもやもやを、見えなくさせてしまう。なんかぼやけさせてしまうと思って」という。吃音の格闘も、人類の問題も、自由も平和も現在進行中であるという彼の言葉に、先の「現在」の感覚の理由がわかった。もやもや、なのである。皆、「こうすれば解決する」とか、「人間とはこうだよ」という話が好きである。しかし、必要なのはそういう完結を求める方向の意識ではなく、「抱える」発想や力なのだ。「混乱やってていいんじゃない」と思うのだと彼はいう。[13] 彼自身が、現代の混乱のなかにみずからを投げ込んでいたのだ。逃れられないことを知っており、逃れようともしていない。ばちばちと戦火をつれたままそこにいるかのようだ。

あの日、話の後で村田はよろみ村を案内してくれた。コミューンにいた彼の妻や仲間と話すと、村田という中心人物が離れ、大変そうなことが感じ取れた。さらに地球環境の変化が影響して、いつも採れる農作物が採れなくなったりして、試行錯誤している話もしてくれた。地球規模の見通しを探りながら淡々と、個々が生活を営んでいた。それぞれの課題やしんどさを抱えながら、皆同じように完結することのない生活を受け入れているようにみえた。一人ひとりが現代の変化を捉え、そのなかでいかにして暮らすかを考え、悩みながら暮らしている。それぞれが互いの孤独を容認している、と私は感じた。小さな共同体は常に再編され続けているようだった。「混乱やってていいんじゃない」という村田の言葉が、私の耳の奥でこだましていた。

夕食は村田の娘家族や、血縁でないコミューンの仲間とも、席を共にした。食卓はたくさんの料理が並べられ、繊細に刻まれ調理された色とりどりの野菜は、女性らしい華やかさを感じさせた。食卓を囲んだ会話も弾んだ。私たちはいまの自分たちのことを話していた。村田の家族は私にも興味をもってくれ、現代の臨床の仕事のことや、音楽活動のことなどを訊かれ、その瞬間は、私もたくさんの課題を抱えた一員かのように実情を話していた。私はまたこの食卓に来たいと思った。

第七節　葛藤のなかに居続ける

1　私が失った「うた」を

一節で述べたように私たちの家族は、母が死んで間もなく、自然と離れて暮らし始め、互いが孤独であることが当たり前になった。バラバラになることを止める理由は特になかった。それぞれが孤独な格闘を続け、必要なときには助け合いながら、平和な関係にある。ただ、私の背後に「うた」がうっすらと流れつづけていた。母の死後、私はむしろ友人たちとよく家族の話をしていた。二十代はほぼみんな何かしら家族の問題を抱えていたものだった。それゆえ、友人には私の心の言葉もそのまま聴いてもらえた。「母親のことは多分わたしが殺したんだと思っているんだよね。ひとからどう違うと言われても、いろんな意味でわたしが殺したんだと思う」という私の言葉も、友人は訂正もせず聴いてくれた。その言葉を誰かにそのまま受け取ってもらえた体験は私には大きかった。

私には二つの「殺害」の意識が引っかかっていた。一つは、当時私が母からの自立の戦いの最中で、母を切り離すこと自体が私の課題であったという文脈の、いわゆる青年期の「母殺し」のことである。もう一つは、私が沈黙することで加担した、個として終末期の自由を望んだ母の声に対する、悪意のない殺害である。

かつて私の母の告知の「譜面」は置き去られ、心の「うた」はまったくスルーされた。医師と家族のあいだで取り決められた沈黙の選択は、母という個人の声よりも、家族の事情、医療の事情などが優先された結果採られ、空白ではなく「含み」で充満していた。私たちは個と家族と社会の問題が分けられず、がんじがらめのなか声を放棄してしまった。個人と家族、社会の身体をそれぞれがもち共にいることで激しい矛盾が常に生まれながらも、混沌と結合したままであった。

　確かに当時は、母の願いが現実的なものではなかったかもしれない。みんなの意識も未熟であったし、医療設備もいまほど十分でなかったため、告知がなされても希望と事情と倫理がぶつかり苦しいことになっていただろう。本当のことを言おうとすればするほど、言葉はもつれていっただろう。しかしもつれた関係はもつれた言葉で表されてこそ、ありのままの「うた」、真の言葉となりえるかもしれない。伝達のための記号的な言葉など手放してみる意識をもってみたらいい。あのとき医師の含みばかりの曖昧な言葉に対し、権威に畏れ震えどもりながらでも声を振り絞っても良かったのだ。せめて「ずるい」とでも。

　告知は重要なプロセスをスタートさせる起爆装置でもある。家族や重要な人どうしが病や死、残された時間というものをしっかりと見据え、取り組むきっかけを与える。先延ばしにされがちな、生への真摯な眼差しをそれぞれに促すものだ。そこには個々を大きく動かしていく可能性が秘められている。家族だけではなく医療者も含め、皆が動かされる事態でもある。「告知」する、目の前の人間に語り伝える、という行為は、石を投げ、その場を揺るがし、それまでの自分を後にするほどに私自身を揺るがす行為でもある。告知する側にも変容が起こることを受け入れ、その自由な躍動や展開を解放しなければならない。

告知は平等にみんなを動かし、バラバラにできたかもしれなかった、と私は夢想するようになった。私が、告知をしないのが当たり前だった「時代の子ども」の枠を超え、ひとりのひととして自分の考えを練り、声を上げることができていたなら、と思う。家族のなかの役割の枠を飛び出し、自分自身の死をも見据えるほどにひとりの人間として真実を追求し、私の声で私の真実を表明することができたなら、と。私は、自分がちゃんと巣立たなかったから、家族の決別が完遂されず、実際の死でしか母と私は分たれなかったのだ、とすら思うのだ。

2　私のカナリヤの歌——忘却の海と旅立ち

カナリヤの歌に鮮烈な別れのメタファーがあることに気づいたのは、ごく最近で、もう一つのフィールドワークとして山形の萬霊供養の儀式を体験したときのことだ。柴燈祭《しとうさい》と呼ばれるその儀式は、山形の霊山、出羽三山の一つ、月山の山頂でお盆に先祖などの精霊を招く、迎え火の祭りである。伝統的にもひとがどう死者と関わるのかを感じ取りたくて、私は月山を登ることにした。

悪天候の山に慣れない私には、少しきつい登山だった。霧の幻想的な風景と、レインウェアの中で反響する自分の息づかいが、私を内面へ内面へと連れていき、現実から離れ、家族の過去を思い出したりもしていた。夕方に差し掛かり雷雨になり、私たちはほうほうのていで山頂にたどり着いたが、その一時間後には陽がさしていた。午後七時、山の空の青のグラデーションが徐々に漆黒へと移り変わっていく夕暮れに、柴燈祭ははじまった。雲のあいだから頭を出す山に、海洋の世界に浮かぶ島に神々の名を与える古事記の国産みの歌を想ったとき、同行者の一人が迎え火の前方遠くの山を指し、「鳥海山が見えている」と教えてくれた。ここでも鳥は海と出会っていた。パチパチと塔婆の燃え落ちる音のなか、月山山頂の景観を少しずつ視界から失い、ついに闇にすべては消え失せ、私たちと炎だけが概念のように浮かび上がった。

昔から、鳥であるカナリヤに「象牙の舟と銀の櫂」とは不思議に思っていた。しかし山形で私が気づいたのは、櫂を漕いで進む「舟」とは明らかに「舟出」の文字どおりの意味、「旅立ち」の象徴であることだった。海に浮かぶ舟は「死」の象徴レベルの超越的「移行」を意味する。それが櫂を漕いで進む水平運動であると同時に、鳥である以上垂直運動である、双方の移行を意味することになる。つまりこの歌はかつて身を委ねていたものや、それまでの自分自身との訣別を要するほどの、「移行」を意味するのだ。「忘れたうたをおもいだす」とは「うたうこと」をとりもどし、「まったく新たなうたをうたう」ことを仄めかしている。

本シリーズ第一作『ホロコーストから届く声』の第七章、ウォルフガング・ギーゲリッヒによる、ホロコーストなど恐怖の記憶と私たちがどう関わるのかについての論考のなかでは、「忘却」が豊かに語られている。[14]「抑圧された忘却　アウシュヴィッツと、いわゆる〈記憶の文化〉」と名付けられたこの論でギーゲリッヒは、実証主義的な現代の「記憶の文化」においてはその価値が見過ごされてきた「忘却」を賛美する深層の動きについて論じている。これは「抑圧」とは完全に区別され、むしろ自由な議論を許すほどに事象を世に放ち、その真実の在り方へと解放するための前提条件となる「忘却」の話である。それはあたかも、夜の眠りに「自分自身を差し出し」「自分自身を忘れる」ような忘却で、そのおかげで次の朝には新たに身軽になって、昼へと出かけていかれるかのように新たな次元への扉を開くことを可能にすることである。忘却がなければ、垂直性は生じ得ない。忘却という水平的なものの犠牲ないしは否定を通じてしか、真に記憶すべきものと出会えない。その偉大な目的において水平性と垂直性は共にあるのである。

従って、私のカナリヤの歌は、〝忘れられていること〟が重要なのである。歌の冒頭からすでに忘れられているということで、それは失っていることに「開かれている」ということを表す。自我意識ではなんとしても思い出そうとするかもしれないが、真の歌の生成において、かつての私の成り立ちの忘却は必然である。喪失の空白から新たな探求や言葉の生成が始まる様子を私たちは目撃してきた。

カナリヤの歌は、三番の終わりから、最後の「月夜の晩」の四番にかけ、四拍子だったリズムが三拍子に変化し、メロディもテンポも変容する。「飛躍」するのである。母なる海洋の語りかけを吸収した「きわみ」において、これからその場を後にすることを示唆するかのようだ。

3　うたう、耳を澄ます —— 家族の旅立ち

私たちは私たちを旅立たせることが必要なのだ。家族とは個の旅立ちのテーマと同時に存在するもう片方の場所である。それぞれの誕生や死を含みこみ、身体的側面をもつゆえに私から簡単に取り去られものではないにもかかわらず、精神的な運動として越えていく前提をもつ枠組みで

ある。それは社会的な基本ユニット、私たちのスタート地点として存在するが、世界の動きのなかではいつでも不完全な枠組みだ。ひとりのひととしてあろうとするなら、家族は「他者」として、常に激しい矛盾や軋轢を生じさせる。心理学はこれにマニュアルを捨てて取り組む。家族という身体とその喪失との心のダイナミズムに響き渡るものがひとつの「うた」となるのだと、私は感じている。

うたうとは、ひとりの私が私の声を震わせることである。ここまで書き上げて気づいたのだが、私はときどき「うた」という言葉を敢えて思い出し、自分を立ち止まらせているようだ。それがわが身を置くべき「空白」と自律的運動を思い出させるからだ。人びとの生活を楽にするはずだった機械化の情報合戦に、私たちは止まることを許されない日々を送る。そんななか「わたしのうた」を思うことは言葉の曖昧さやあらゆる余白のなかで耳を澄ますことを思い出させてくれる。かつ、それは言葉の身体性を思い出させる。そもそも言葉というものが、自然や家族との弁証法的めぐりに生まれた意味の「うた」であったことを、ときどき思い出して話したりうたったりしてみたい。自分という身体、家族という身体、社会という身体の、複数の身体と空間から、言葉がうみだされていることを思い出して。

そして「うた」は私の肉体で押し出した風のような余剰過分にもかかわらず、「わたし」を顕わす。それはむなしく響くときもあれば、呪文のように他を動かし状況を変えるときもある。葛藤のなかに躍動しだす魂を捉えるかのように、その「うた」が生きるさまを聴き届けていきたいと思う。

あのとき、もし母の希望どおり抗癌剤に〝待った〟をかけ、そのことに始まるさまざまな困難を引き受けていたなら、と思うものの、どう想像しても、それはとても大変なことだ。私は自分が病の不安を抱えながら医師の前に座るとき、いまだに身体の芯がぐにゃぐにゃと崩れ落ちそうなほどに無力感を覚える。そんな私では、到底何もできなかった気もする。仕事で医療の現場にいながらも、治療選択をめぐる対話にまったく容易さは感じられない。いまだ個人が声を発することの価値が、それとなく埋没することは多い。先に触れた赤い鳥や音楽ゲームに聴く現代のうた同様に、医療ではどうしても心よりも目に見えるデータのほうが優先されてしまう。その現状に、閉口してしまっている自分がいまだにいるのだ。良質なガイドラインは年々増えてはいるものの、どうしてもそれと共にひとの意識のマニュアルへの依存度も強まっている。「わたしの心」は手放されていく流れにおちいりやすい。いまだ私は医療のなかの対話をもやもやと不器用に進めることしかできていない。

「垂直性が人間の環境世界から消え去った」とギーゲリッヒがいうようにいまの私たちは、生命の安全と便利さと立身出世を望む、水平意識の世界しか知らない。さまざまな歴史的なカタストロフィの音を遠くにも近くにも聞き、水準の「きわみ」にきている、とじわじわ感じながらも私たちは日常を手放すことができないまま、もやもやと言葉を失う日々を過ごしている。あまりに既成のものを与えられすぎてきた現代の私たちは、踏み外す不安や恐怖を簡単には乗り越えられてはいないのが現状である。

治療後、母はときおり思い立ったように手紙を書いては、それをコピーして大事な人たちに送っていた。そこには治療にやせ細った自分について語りながら、変わっていく時代への受容と問いかけの言葉があった。不器用に広められた彼女の赤裸々な言葉に「気が狂ったのか」と噂するひともいた。しかしいま思えば、それは狂気すら思わせるほどに、母の言葉がそのひとを揺さぶりかけたということなのだろう。二十五年以上経過したいまになり余計に、その不器用な言葉の熱き思いが私に届いてきている。

ときに言葉を崩して、心の「うた」を解放してみてもよいのだ。私がなんとか「うた」を解放してはじめて「わたし」は開かれうるのだろう。声は私の体を離れ、それ自身の生命を生きて展開する。だから私はあらゆるリスクを負うことになる。しかし、そうすることで「わたし」が実際に何者であり、どういった者であるのかが生起してくるのだ。それが時間のかかることだとしても、起きてくる具体的な状況に、澄んだ耳と目で、真価を問うて、大事なものをいつも新しく摑んでいきたい。

正直にいうと、家族について書くという作業は、不安にどもり続けるような、水の中を歩くような重く進まない作業であった。おかげで、他の執筆者や編集者や、同僚や夫にも迷惑をかけながら、ようやく書き上げたが、いまだうたいきれてはいない、と感じる。この作業がこれからの「わたし／うた」の走り出しとなるように、と思う。

このたびの論にあたり、多くの得難いイメージや言葉を提供してくれたぴいちゃんをはじめとしたクライアントのみなさまに深謝の意を表します。

註

[1] 佐多真徳『悲劇の宿命　現代アメリカ演劇』研究社、一九九二年

[2] 河合隼雄「人と人とを結ぶ声と語り」河合隼雄、谷川俊太郎、池田直樹、阪田寛夫『声の力　歌・語り・子ども』岩波現代文庫、二〇一九年

[3] ダニエル・ヘラー＝ローゼン（関口涼子訳）『エコラリアス』みすず書房、二〇一八年

[4] 吉本隆明『母型論』思潮社、二〇〇四年

[5] 周東美材『童謡の近代　メディアの変容と子ども文化』岩波現代全書、二〇一五年

[6] ジャン＝ジャック・ルソー（増田真訳）『言語起源論　旋律と音楽的模倣について』岩波文庫、二〇一六年

[7] 河合隼雄『あなたが子どもだったころ』講談社プラスアルファ文庫、一九九五年

[8] 武満徹『音、沈黙と測りあえるほどに』新潮社、一九七一年

[9] 河合隼雄『あなたが子どもだったころ』講談社プラスアルファ文庫、一九九五年

[10] 武満徹「「音」と「言葉」」『武満徹エッセイ選』ちくま学芸文庫、二〇〇八年

[11] 日本吃音臨床研究会（二〇二〇）。日本吃音臨床研究会 https://kituonkenkyu.org

[12] 村田和樹（二〇二二年八月二十六―二十七日）。「和樹さんに聴く、「もやもや」の言葉」（インタビュー質問者植田静）

[13] 村田和樹、二〇二二年

[14] ウォルフガング・ギーゲリッヒ（猪股剛訳）「抑圧された忘却　アウシュヴィッツと、いわゆる〈記憶の文化〉」猪股剛編著『ホロコーストから届く声』左右社、二〇二〇年

コラム　月山本宮紫燈祭

相樂加奈

山形県にある出羽三山は霊山として広く知られており、羽黒山は現世の幸せを祈る山、月山は死後の安楽と往生を祈る山、湯殿山は生まれ変わりを祈る山と見立てられています。この三つの山を巡ることを羽黒修験道では「三関三度の行」と、江戸時代の庶民のなかでは「生まれ変わりの旅」として知れ渡りました。現在では、山伏が生きたまま悟りを開く即身成仏の修行の「秋の峰入り」にて擬死再生の儀礼として残されています。

過去の世を表す月山は、「祖霊が鎮まる山」として亡くなった方の魂が集まるところでもあります。亡くなった方たちの魂は、まずその方が暮らしていた地域の端山に留まります。そして、三十三回忌になると月山に登られるそうです。毎年八月十三日のお盆の夜に、月山頂上にある月山神社では、「月山本宮紫燈祭」が執り行われています。紫燈祭では、日が沈む頃に月山の頂上に高く積まれた護摩壇に火を付けられ、祖霊供養が行われます。この火は、無縁の御霊の供養と祖霊が山から里へ降りるための送り火にもなり、かつては、この浄火を合図に山麓の家々では祖霊を迎え入れるための迎え火が焚かれていたそうです。

私たち研究グループでは、死者儀礼のフィールドワークとして、出羽三山を巡り擬死再生の体験と紫燈祭への参列をさせていただきました。フィールドワークとして組まれた日程はあいにくの悪天候で、足場の悪いなかの山岳巡礼となりました。登山道は厳しい道のりで、ときにゴツゴツとした岩場を四つん這いになりながら進みます。濃い霧のために視界不良も重なり周囲を見渡す余裕もなく、満身創痍の状態で月山頂上小屋へ到着しました。メンバー全員の無事を確認し、月山で採集された山菜がふんだんに使われた夕食をいただいたのちに、紫燈祭へ参列します。

　月山神社本宮の奥、塔婆で埋め尽くされた護摩壇に火がともされます。その火は生木で作られた塔婆を伝って勢いのよい炎となり燃え上がります。変わらぬ暴風雨と真夏に4℃という寒さのなかでも、魅入られるほどの力のある炎です。その巨大な炎を前に、宮司によって亡くなった人の魂を慰める祝詞があげられます。例年では、どんなに悪天候でも紫燈祭が始まると雨風が落ち着くといわれているそうですが、この年の悪天候に宮司は「神様がお怒りなのでしょう」とお話しされていました。お焚きあげが終わると、参拝者には御神酒が配られます。これは、「ほいほい酒」といわれる御神酒で、里で帰る家のない無縁の御霊に酒を手向け供養するためのものだそうです。参加者は、「ホイホーイ」と声を上げながらそのお酒をいただきました。

戸川安章『修験道と民俗宗教』岩田書院、二〇〇五年
ＮＨＫ「祈りの山　出羽三山」動画で見るニッポンみちしる新日本風土記アーカイブス、
　二〇一四年 https://www2.nhk.or.jp/archives/michi/cgi/detail.cgi?dasID=D0004990481_00000
芳賀竹志『月山　山菜の記』崙書房出版、二〇一二年
岩鼻通明『出羽三山　山岳信仰の歴史を歩く』岩波新書、二〇一七年
稲田美織（写真）・出羽三山神社著『出羽三山』小学館、二〇一九年
藤田庄市『現代山岳信仰曼荼羅』天夢人、二〇二〇年
宮家準『修験道　日本の諸宗教との習合』春秋社、二〇二一年

コラム　知憩軒　長南光さんの暮らし

相樂加奈

山形県は、山の国であり、川の国です。米どころとしてはもちろんのこと、果物や山菜、畑作物、鳥獣、魚介など多彩な食の素材に恵まれています。県内を南から北へ還流する最上川は、農業用の水源、内陸と庄内地方を結ぶ水運として、地域の生活や文化と深く関わっています。

長南光さんは、庄内の鶴岡市にて知憩軒という農家レストランと民宿を営んでおられます。もともとは光さんがお住まいだった民家を改装されたそうで、趣のあるお食事処でした。私たちは宿泊を兼ねて、光さんのお話しを伺いに行きました。お食事は、すべて光さんが手塩にかけて育てたものや地元で採れた食材が使われており、季節の食材や保存食など、手の込んだ郷土料理がいただけます。多彩な品目で、どれも繊細で味わい深いお食事でした。夕食をいただいた後、人懐こく気ままに過ごす猫たちを傍らに、光さんからお話しを伺いました。知憩軒を営む光さんの生活を始めとして、庄内地方でのお盆や先祖の話、特徴的な神仏信仰、伝統芸能で国の重要無形民俗文化財に指定されている黒川能など、たくさんのお話しをしてくださいました。先祖のお話しの最中に、「先祖がいないと自分はいないはず。大人になったら自分の責任なの。だから知らないじゃ許されないし、これは文化。現代の人は先祖を拝む習慣がない。

先祖は見えないから、見る習慣がない」とお話しされます。この「見えないものを見る」ということは織物から深思されたそうです。

鶴岡市出身で綴織の世界的な名匠の遠藤虚籟は、戦争で亡くなった人を供養するために曼荼羅を織りました。虚籟の生き方に魂を揺さぶられた光さんも綴織を始めます。綴織とは、一般の織物とは違い、無地の部分を除いて織り幅いっぱいに緯糸を通さず、無地部分と文様部分との緯糸が別々に織り進められます。筬を用いず、経糸の下に図柄の向きを逆にした下絵を置き、それを見ながら経糸に対して斜めに緯糸を一色ずつ杼で挿入し、爪でかき寄せながら模様を織り出していくのだそうです。作業中は裏面を見ながら織るため、裏にどれだけの糸が使われ、切り捨てられるかということを得心されたそうです。織作業は、ごくたまに手鏡で表面を確認しながら進めるそうで、細やかな模様や煩雑な作業ほど爪先の手数が必要となるため、三〇センチメートル幅を織るのに、一日わずか二～三センチメートルしか織り進めることができない気が遠くなるような手間がかかるといいます。光さんは、虚籟が生前に作成した『阿弥陀如来』『観世音菩薩』『勢至菩薩』の仏画三部作を二分の一のサイズに復元したものを、当初は十年かけて作成する予定だったそうですが「虚籟さんが下りてきた」といい、知憩軒を一人で切り盛りしているにもかかわらず、わずか三年で完成させたそ

うです。

令和元年には、虚籟を偲んで建てられた糸塚のある天澤寺にて開眼供養式が行われ、現在は光さんの元に戻ってきています。知憩軒の離れには、光さんの作品で埋め尽くされるほどにたくさんの作品が飾られており、どれも目を奪われるものでした。

館山市立博物館編『遠藤虚籟と和田秋野　平和を祈る綴錦織の美　図録（安房の人物シリーズ９）』館山市立博物館、二〇〇五年

長南光「農村女性の声　農村・農業での暮らしを楽しむ」『圃場と土壌』三十七巻七号、日本土壌協会、二〇〇五年

大石芳野・馬場あき子『黒川能の里　庄内にいだかれて』清流出版、二〇〇八年

和田修二・倉澤行洋『敵味方をこえて平和を織る　久松真一と遠藤虚籟に学ぶ「現代日本」の忘れもの』燈影舎、二〇一〇年

ＮＨＫ『黒川能　生活に根ざした貴重な民俗芸能』動画で見るニッポンみちしる新日本風土記アーカイブス、二〇一一年 https://www2.nhk.or.jp/archives/movies/?id=D0004500193_00000

澤野久美「農業・農村の現場から　農村から衣食住を発信：山形県鶴岡市　農家民宿・農家レストラン知憩軒　長南光さん」『農業』一六〇五号、大日本農会、二〇一五年

船曳由美『黒川能　1964年、黒川村の記憶』集英社、二〇二〇年

第五章

火との対話

火がもたらすもの、もう一つのかたち

村田知久

1．はじめに

皆が集まって楽しくおしゃべりしたり、食事をしたりすることを団らんと言い、家族であれば一家団らんという。そして、時代が変わっても、その中心にはあたたかい火と料理があった。またたとえ料理が出なくても、火があると自然と人が集まってくる。だんだんと人の輪が起き始め、野外だと知らない人もお隣さんに座り、なんだか打ち解けてくる。不思議と火には、人を繋げ、お呼ばれさせてしまう魅力がある。

しかし、現代の家族は集まる時間や空間をもつこと自体なかなか難しい。各々がとても忙しく、なにより集まる必要性も低くなっている。各部屋は、暖房器具であたたかく、相手がどこに

いてもスマホなどで伝えることは、一見すると不便なくできてしまう。また野外で火を炊く広い場所を見つけるのもなかなか大変で、火の姿を見つけるのも難しい。生活のなかでは段々と、人が集まる必要性も、惹きよせられる火の姿もなくなっている。そして、火の存在は影を潜め、安全な製品や器具に姿を変えられてしまっている。もう、火は人間に必要とされなくなったようにも、コントロールされてしまったようにも、見えてしまう。

ただ火には、もっと多くの力や何かを感じずにはいられない。野外の焚火や、登山小屋でのストーブ、護摩炊き、灯篭流しなど、火は、人を惹き寄せる。暖を取るだけでも、燃やすだけでもない何かが動いている。それは、火が私たちの心にも通じているからかもしれない。相手の熱が伝わると、心があたたまることや恋に落ちることもある。心の火が強すぎると、暴力や癇癪にもなり、熱が入り過ぎると虐待にもなる。反対に、熱がないと冷めた白けた言葉になり、なかなか相手に伝わらない。また心に火が点くような、生きがいとなる物を探し求めていることさえあるだろう。目には見えないが、心のなかにはいつも火が動いているように思う。さらにはちょっとした風向きで、その性質は姿を変え、実に多面的な顔を見せていく。そして本物の火が物を燃やし変化を促すように、心の火もさまざまな変化を促していく。それは何かを繋げることや、ときに何かを壊すことさえ、起こさせる。

一方、私たちは、人と思うように繋がれず、家族とさえ団らんがもち辛くなっている。私は心理相談の仕事をしているが、相談に来られた方々は、周囲の人や家族や、社会と繋がれないことで悩み、面接室に訪れている。また自分の心や気持ちの高ぶりをどうしたら良いのかわからない方もいるし、どんなことにも気持ちが動かずに本気になれない方など、さまざまだ。どの方も、自分の心にも、相手の心にも上手く繋がれずに悩んでいる。それは自分の心や、心のなかで動いている火のことを知らず、心の火の輝かせ方に困っているようにも見える。

そう思うと、私たちは、火を手に入れたかのような便利な生活を送っているが、心の火の豊かさのことはよくわかっていないのかもしれない。そしてときに、よくわからないまま破壊や暴力だけが暴走しているようにも思えてしまう。私たちは、本当の意味では、火のことや、火がもっている力や本質を知ることが、できていないのではないだろうか。あたかも生活のなかでは、火を使いこなせているようでも、体や心では、十分には火を扱えていないのではないか、と考えさせられる。

それぞれが、火のもつ豊かさや魅力、怖さや暴力性を知ること、そして自分の心の火も知ることが、いま、とても大切なのではないだろうか。それは、自分の心を輝かせ、そして人や家族、ひいては社会との繋がりを捉え直すヒントになるようにも思う。

もう一度、火を知ること、そして火がもたらすものの問いとともに、火の歴史や心の火についての体験や事例の一場面を振り返ってみたい。

2．私の心の火について

私は、普段、心理士として働き、相談に来られた方の悩みを一緒に考えているので、私の個人的なことを話すことはほとんどない。しかし、心の火、人や家族との繋がり、これらを考えるとき、心理士である前に、私自身はどうなのだろうか、と問いかけたくなる。それぐらい私にとっても身近なことであり、大切なことでもある。

そして、私にとっては、父とのことが頭をよぎる。当然、私にも父や母が居て、この世に私が誕生することになった。私の父は、五十代半ば、いまから二十数年前にすでに亡くなっている。当時、私は大学生だった。

父は、田舎の農家に産まれ、上には多くの兄弟がいた。戦後まもなくで裕福な家は少なく、父の家も贅沢に暮らせてはいなかった。ましてや父の家は、私の祖父、父の父を病気で亡くし、兄弟で家計を支えており、末っ子である父もお腹いっぱい食べた記憶は乏しかったようだった。以前、父が「子どもの頃、卵かけご飯をお腹いっぱい食べたかったんだよな」としみじみ語っていたのが私の記憶の片隅に残っている。そうした苦しい家計状況があり、父は早くに就職を考え、田舎を出てがむしゃらに働き始めた。父の仕事は、いわゆるサラリーマンで、各家庭に電気を届ける仕事をしており、父自身が家庭をもつとますます仕事へ邁進するようになっていった。父は、残業をすることは当たり前で、お酒のつき合いも含めて仕事としていた。昭和という時代もあったのか、そういう働き方のサラリーマンは珍しくはなかったように思う。男性は仕事をして、女性は家事や家庭のことをする家が多く、私も学校や生活のことは母に話していた。そして私のほうも成長するにつれ、土日は友だちと遊ぶことや、習いごとや部活など、私個人の時間が増えていった。父は土日には家に居たのだが、特段、父と話すことや一緒に遊ぶことなどはなく、父との交流はどちらかというと乏しかった。また私からすると、父は、短気で厳しく、几帳面で、物事の筋を通すとも言えるが、かなり頑なでワンマンな面があった。そのため、気安く話しかけられる存在でもなかった。ただ仕事は有能だったようで、また職場からも信頼され、人間関係も良かったようだった。確かに葬儀のとき、多くの仕事関係の方が弔問に訪れ、私は内心びっくりした。

しかし、いまだから思うが、父はストレス解消の仕方は下手だったと思う。家族を含めて誰かに、自分の思いを伝えることや、自分を崩すことや気を抜くことが苦手だったように思う。もしかしたら、いつも強く厳しい父親を見せようと思い過ぎたのかもしれない。

いずれにせよ父はあまり本心や本音を語らず、また私も高校や大学などの思春期になると、ますます話すこともなくなっていった。お互いの思いのズレや燻ぶりがあり、多少のぶつかり合いはあっても、お互いの火花が激しく衝突するまでには至らなかった。そのため、何がお互いにとって大切なことで、何が譲れないことで、お互いにどんな考えをしているかなど、きちんと言葉をかわして、じっくりと納得のいくまで話し合ったとは言い難かった。

ただ父の家族への思いは人一倍強かったとも思う。それは父自身がこの世を去った後に、家族がどうなるのかを案じていた形跡が所々に見て取れる。目の前にいる相手には伝えていなかったが、家族それぞれの先々を心配して頭を悩ましていたようだ。いま思えば、直接言えばいいのにとも思うが、父のほうも伝え方に戸惑っただろうし、私も素直に父の言葉を受け取る準備ができていなかったと思う。そうして、父が生きている間は、あまり言葉が交わせてはいなかった。ただあるとき、ふと私の夢に父が出るようになってきた。こんな夢だ。

　私の耳の下から、二～三cmの短い毛が出ていた。私が何気なくその毛を引っ張ると、毛は何cmも、何十cmも引っ張れる。私は不思議に思って、耳の下の毛を引っ張り続けると、二～三mも引っ張っても、まだまだ毛は抜けない。だんだん自分のなかにどれだけの毛が繋がっているんだと寒気がして怖くなる。

　場面変わって、私は鏡の前で、あご髭を抜いていた。鏡越しになぜか父の姿があって、私と目が合う。私があご髭を抜くと、なぜか父が顔をしかめて痛がっている。私はよくわからないまま、あご髭を抜いていると、父は「痛いからやめてくれ」と言う。私は、なんで？と不思議に思う。

　昔から、毛は人の魂が宿るともいう。夜な夜な毛が伸びるお人形が祀られている逸話も、いろいろな地方にたくさんある。そんなことを考えると、もしかしたら人間の毛はあの世とも繋がっているのかもと思わせる。だから体には、何メートル、何十メートルもの毛が入っていて、そしてあの世の父とも繋がっているのかもしれない。私が毛を引っ張ると父も動き、あの世で父が毛を引っ張ると私も動く。あんまり父に引っ張られてしまうと、この世で暮らしている私も困ってしまうが、もしかしたら私と父もあご髭か、何かで繋がっているのかもと思えてしまう。

そして、少しずつ絡まったものが解けたのか、繋がったのか、何かがゆっくりと変化したように思う。思い起こせば、父は仕事の際、一見、コミュニケーションが取り辛い人と信頼関係をもつことができる人だった。前後の文脈はわからないが、お互いに「特別に今回だけな」や「まぁ、あんたに言われたら仕方ないか」と、そんなやり取りをしているのを聞いたことがあった。なぜか不思議な関係が成立してしまうらしい。私は父のように頑なななワンマンにはなりたくないとさえ思っていたので、私と父は似ていないと思っていた。でも、ふと気がつくと、父も私も人との関係を大切にしているのは同じだった。父と私は意外と似ていた。

また私は、たまに自画像を描くが、自分の顔を描きながら、私の顔か、父の顔か、家族の顔か、親族の顔か、途中でわからなくなるときがある。少しずつちょっとした面影が入り混じってしまうことがあるのだ。私から少しズレたかもなと思いながらも描いていると、ふと誰かの一部が入っている。なんとも不思議だが、遺伝子や顔のパーツが似ているのだから、まぁ仕方ないとも思っていた。でも、もしかしたら表面的な顔の造りではない、根底に流れる何かが似ているのかもしれなかった。

その父は、五十代の頃、大病を患い、大きな手術をして、いろいろと手を尽くしたが亡くなった。かなり大きな手術で何人もの先生の手助けをいただいた。手術も成功し、一時回復もしたが、やはり病の進行は早く、現実は厳しかった。そして亡くなる寸前、父はなぜかワインレッドの４ＷＤの車を買っていた。結果的には納車されて数日後に息を引き取ったので、父が乗ることはなかった。そして、当時、学生だった私はこの車に関わろうともしなかった。

しかし、どうもこの車がふとした拍子に思い出される。あのワインレッドの４ＷＤには、何が入り、何が宿っていたんだろうか。いま、思うと、このワインレッドの車は、父の心の火のようにも思う。生きる激しさであり、熱であり、灯であるようにも思う。当時、私がこの車に関われなかったのは、父の心の火が、五十数年の一人の男性の命の重みが苦しく、怖かったからだと思う。このワインレッドは、どこかくすみがあり、私にはどうしても重苦しい血や、死の影を感じてしまう。だが同時に、激しく４ＷＤのエンジンが回転するような、生きたいと思う願いであり、エネルギーでもあり、命そのもののように感じてしまう。だからこそ、生への願いと、死への影と重みを感じる。私は、そんな父の心の火に耐え切れず、また私自身にも何か危険を及ぼすと怖がり、見ないふりをしていた。

ただ最近、いまならワインレッドの４ＷＤに座っても良いかな、父の心の火にお邪魔させてもらっても良いかなと思える。私も父の年齢に近づき、心の火の色も、父と繋がっているのかな、似ているのかなと思う。そして、重苦しい血も死の影も、実は私の心の火に、もともとあるものだったのかもしれない。もしかしたら心の火は、生も死も抱え、命の重みをもち、ずっと前から動き続けているのではないだろうか。私が遅まきながら、自分のなかに、我が家が親子でもっている、くすんだワインレッド色の心の火に気がついただけかもしれない。そして、それは、以前よりも、私の心に、父の居場所ができたということなのかなとも思う。

ただこれは、私と父との心の火であり、個別的とも言える。しかし昔々から、火と人間との繋がりはとても深く、そしてさまざまに語り継がれている。ここで、火と人間との歴史や繋がりを少し見ていきたい。

3．火の歴史とさまざまな物語

はじまり

火は、人や家や社会に多くの影響を与えている。諸説あるが、約八十万～百五十万年前、落雷や噴火などの自然現象から、人類は火を初めて獲得したとされている。そして人間は火を使うことで、動物から身を守り、体をあたためため、明かりやあたたかな食事など、さまざまな場面で活用し、進化し発展していった。人間が火とともに暮らしたのは、人類が生き残るための必然と言えるだろう。火と言葉の使用こそが、動物と人間の大きな違いであるとも言われている。

物語

火と人間の物語は数々あるが、ゼウスから火を盗み人間にもたらしたプロメテウスが有名である。人間は火のおかげで、あたたかいお肉や食べ物にもありつけるようになっていく。ただゼウスが心配したとおり、人間はその火によって武器を得て、戦争も引き起こしていく。そうしてプロメテウスは、ゼウスの怒りをかってしまい、不死であるプロメテウスはハゲタカから肝臓をついばまれ続けることになる。

またインディアンの昔話では、天からウサギや動物たちがバトンリレーのように受け渡して、火を盗み出す。しかし、火を運ぶ代償として、動物たちは火傷を負ってしまう。リスの尾は丸くなり、カラスやアライグマは黒く、七面鳥の首から上は羽がなく、鹿の尾も短くなってしまう。でも、そのおかげで地上には火が訪れ、あたたかく、明るく暮らせるようになっていく。

日本の古事記では、火の神のカグツチは、生まれるときに母親であるイザナミの陰部に火傷を負わせてしまい、イザナミは死んでしまう。父親のイザナギは怒り、カグツチを殺したが、そのときのカグツチの血や死体から、多くの豊かな神々も生まれている。

他にも、昔から地獄では、盗みをした者は火炙り地獄にされ、嘘をつく者はかまゆで地獄でくり返し煮られていく。さらに自分勝手な者は、火の車で地獄中を引き回されていく。他にも多くの地獄絵図で、さまざまな罰として火は燃えあがり、火の海のようにも描かれている。まだまだ世界各国、火を与えられた話や盗んだ話などさまざまな神話や昔話など無数にある。ただ人間が、天からの落雷や地下の噴火から火を獲得したように、火の始まりが地上界ではないのが興味深い。もともと火は、天界やあの世のものなのかもしれない。だからこそ、火は人知を越えた豊かさを生み、同時に人間が扱うにはときに大きな犠牲や代償を払うことにもなる。

神様

そしてカグツチのように、火を神様そのものとして崇拝することも多い。世界最古の宗教ともされる拝火教のゾロアスター教では、信者は炎に向かって礼拝する。日本の仏教でも比叡山延暦寺では不滅の法灯として、千二百年以上もの間、火を絶やさずに守り続けている。またかまどの神や沖縄のヒヌカンは、台所や香炉の火を守っている。神様でもある火を考えると、火を消さずに絶やさずに、皆で受け継いでいくことは昔々から重要とされてきたようだ。確かに私たち現代人にとって、物理的には火を点けるのは容易くなった。だが、改めて火の何を引き継ぎ、何を次世代に引き渡せばいいのだろうか、とも考えてしまう。

暮らし

生活や暮らしでも、火の存在感は大きい。柳田國男も、囲炉裏は光と温度と食べ物を一手に引き受け、暮らしの中心になっているという。ほっこりとしたあたたかみがあり、火の扱いは家長が行うなどのしきたりが含まれ、囲炉裏の存在が家や家族を形作っていったとも述べている。また菊池照雄は、囲炉裏は宇宙を体現しているという。すなわち四角い炉縁に敷き詰められた灰を地上界、鉄瓶を乗せる丸い五徳を天界、鉄瓶を支える自在鉤を宇宙への心棒というのだ。そう聞くと、宇宙の摂理にも立体曼荼羅にも見えてくる。まるで火は、上方の宇宙とも天とも、下方の地中とも繋がって、垂直の方向から訪れる。そして人間界である地上に降り立ち、人と人とを繋ぎ、水平の方向へと広がっていく。まさに縦横無尽の動きである。

破壊

しかし火は、油断をすると圧倒的な死や破壊、区切りをも生み出していく。災害で言えば、日本は山が多く、噴火も多い。私が初めてニュースで見た噴火は、約三十年前の長崎県の雲仙普賢岳だ。時速百キロ、温度は七百度とも言われる火砕流がすべてを飲み込んでいった。灰に包まれた人や動植物などの生命体は、あたかも時が止まったように固まってしまい、確実に死へと追いやられていく。また火事も、風の助けも借り、人や町を包み込み、炙り殺し、破壊していく。約百年前になるが関東大震災では、震度六とも言われる地震により火災も発生し、三日間火の海になり、東京は文字どおり焼野原になっている。関東大震災を体験した方の話では、家屋は地震の揺れになんとか耐えてくれたが、戸を開けたと同時に流れ込む熱風の勢いと周囲からの火に、声を出す間もなくすべてが飲まれていったという。その火の凄まじい勢いと、恐ろしさに消火をすることもできず、ただただ自分の身を守り、崩れていく家屋を見ているしかできなかったそうだ。

さらには人間自身が、火を活用し兵器を生み出し、戦争をも起こしている。火薬の発明で急激な燃焼エネルギーを得ることになり、銃や爆弾へと開発されていく。日本では、最初の鉄砲が種子島に伝来されたのは有名だが、銃の登場により人と人の戦い方や被害は一変していく。そしてこれまでの歴史のなかで、またいまなお現在も、数多くの銃が撃たれ、数多くの死も起きている。さらに重大で深刻な人的被害をもたらしたのは原子爆弾と言えるだろう。原子爆弾は、核分裂の連鎖反応が起き、零秒から百万分の一秒の間、放射線が放出される。この時点で、爆心地付近の方には致死量である。そして百万分の一秒から三秒の間、火球が現れ、熱線が地表を襲う。このときの地表の温度は三千~四千度とも言われ、すべてを溶かし、黒焦げにしていく。さらに三秒から十秒の間、衝撃波の爆風とともに人や動植物、建物、あらゆるものを木っ端微塵に粉々にしていく。その後の火災、放射能を含む黒い雨により、何年も何十年も死の影を落としていく。原子爆弾は、まさに地獄絵図を体現したかのような光景を作り出す恐ろしい殺戮兵器と言える。正確な死者は把握しきれないとされてはいるが、二〇二二年の原爆死没者名簿は、広島三十三万人、長崎十九万人にも及び、合わせて五十万人以上の命が失われ、いまも原爆の後遺症に苦しみ続け、亡くなっていく方が後を絶たない。

芸術

芸術作品にも、火が登場することは多い。数々あるが、岡本太郎の作品は、太陽やエネルギー、そして火の塊のような激しさをもっているように思う。特に渋谷にある「明日の神話」を見ると、私は心なのか存在そのものなのか、すべてを刺激され掻きむしられる。空間を突き抜け、迫りくるようなまがまがしさの空気や火の動きの中心には、首を傾けた何かがこちらを見ている。気づけば同じポーズになり、私にも火がつき、漠然とだがこのままじゃダメだと何かが奮い立たせられる。これが岡本太郎のいう「対極」が立ち上がってくるということなのか。確かに心の炎のような、生きる糧のような、明日に繋がる私に開かれていく気さえしてしまう。

火は、人間を守り、あたたかさをもたらすとともに、苦しさや痛みももたらす。豊かな生を作り出す反面、破壊と死も生み出す。しかしだからこそ、さまざまな物語が生み出され、神聖な神様にもなり、深刻な被害や破壊も起こし、数々の芸術作品の源にもなっている。火は真反対とも言える、矛盾した面、二つの面をもっている。それは火の大きな特徴であり、火のもつ矛盾の魅力とも言えよう。

そう考えると、見える火が存在しているのだから、真反対の見えない火も存在していて、その見えない火は、きっと私たちの心にも通じている。見える火と見えない火、もしくは本物の火と心の火、両方を知ってこそ、火を深く知ることができるのではないだろうか。

次は、目には見えない火、心の火の動きをもう一度、捉えてみたいと思う。

4．火を感じる事例

心理面接で、心の火が動いたように感じた場面を言葉にしてみたいと思う。三人の方々には私の独断で仮名をつけさせていただいたが、それぞれの場面、場面で、私は三人の方々との火や熱を感じずにはいられなかった。

ポンくん

ポンくんは、幼稚園に通っていたが、友だちとあまり仲良くなれず、一人で過ごすことが多い男の子だった。両親とのコミュニケーションも上手くいかず、目が合うこともあまりなかった。そして自分の世界に入り込んでしまうことや、急に走り出してしまうことがあった。なにより電卓で遊ぶことが好きで、0＋0＝0、1＋0＝1、2＋0＝2、3＋0＝3……と、順々に数字に0を足していく遊びをくり返していた。ご両親は、ポンくんとどう接したらいいのか迷い、またポンくんに友だちが作れるようにと考え、一緒に相談室に来室された。

ポンくんは、とても小さく、利発そうな子だった。でも、少し人との距離感が遠いような印象があった。私が自己紹介をしても、ポンくんの興味関心は、私よりも別の所へと向いていたようにも思われた。私は、ポンくんにプレイルームという玩具もたくさんある相談室へと案内した。ポンくんは、すぐに砂が入った箱、箱庭に惹かれたようだった。そして、ポンくんは砂の上に×と大きく描き、「お兄さん、バツ」と言った。私は、なんだ私のことをよく見てるんじゃんと面白くなりながら、「お兄さん、バツか」と返した。そして、ポンくんは小さい手に砂をとり、手から少しずつ零れ落ちる砂をジーッと見ていた。零れ落ちる砂は、箱庭の砂の上に落ち、ほんの小さな山ができた。再び、ポンくんは、小さな手に砂をつかみ、自分の手から零れ落ちる砂の行方をジーッと見ていた。私も、ポンくんの横で一緒にジーッと手から零れ落ちる砂を見ていた。何回目かのとき、私は両手で手の器を作った。すると、ポンくんは私の手の器のなかに砂を落とし始めた。私の手の器に砂がたまると、ポンくんは「たまった」「たまった」と大喜びし、箱庭の横にある人形の棚へと走っていった。そして、ポンくんは、人間や動物や魚、車や建物などさまざまな人形があるなかで、片足が欠けたラマを見つけ、手の器の砂の上にそっと置いた。ポンくんはにっこりし、私は足の欠けたラマが愛おしくて、「うん、かわいいね」と返した。帰り際、ポンくんは「最後に、さのつくものはなんーだ？」とクイズを出し、「ともひさ」と私の名前を言い笑っていた。

　この最初の出会いで、私はポンくんとほんの少し何かが通じあえたように思われた。その後も「お兄さん、バツ」などもあったが、二人で箱庭や粘土をし、だんだんと赤ちゃんのお世話やお医者さんごっこなどと、遊びに広がりをもちはじめ、多くの時間を過ごした。

　どの遊びも面白いのだが、ポンくんとのおままごとは本当に印象的だった。ポンくんが、「お料理して」と言い、私はおもちゃのキッチンセットや食材を並べて準備した。そして、ポンくんの注文に合わせて、たくさんの料理を作り、皿に盛りつけた。部屋にある皿や器になりそうな物はすべて使い、何十皿と料理を作った。もちろんプレイルームでは本当の火は使わない。でも、私はキッチンセットの火を点け、玩具のフライパンを振り、食材を炒め、塩コショウをふり、数々の料理を皿に盛り付け、「へい、お待ち」と出していく。熱いはずはないのだが、ポンくんも、ハフハフと言いながら、何十皿もの料理を食べていく。ポンくんは、まるでわんこ蕎麦のように、次々と料理を食べながら、「これを食べると力がつくよ」、「これを食べると背が伸びるよ」、「これを食べると頭が良くなるよ」、「これを食べると心が強くなるよ」と言った。そして食べながら、ポンくんはだんだんと勇ましく立ち上がり、二の腕を見せ、仁王立ちでなんとも得意げな表情でお腹を叩いた。このお料理を食べる遊びは、何度も何度も、何十回もくり返されていった。

現実の場面では、ポンくんは食が細く、偏食で決まったものしか食べなかった。またポンくんの電卓の0の足し算を見ると、始まりとお終いが変わらない世界のようにも思う。変化がなく、常に積み重ならない世界は、もしかしたらポンくん自身の変化への戸惑いや怖さがあったのかもしれない。そんなポンくんが、遊びとはいえ、たくさんの料理を食べ、大きく成長したのは爽快だった。なによりポンくんと私が遊んでいてとっても楽しく、成長や変化をすることに戸惑いや怖さなんて感じられなかった。違った食材同士を炒めて新しい料理を作り、もっともっと世界に広がりをもっていくことへの楽しみのほうが大きかった。

この料理の遊びだけが、ポンくんの心や体の成長を促したわけでもないと思う。同時期にご両親の関わりや声かけもポンくんと嚙み合うようになっていった。またプレイルームでも赤ちゃん人形のお世話や手当をするのと重なるように、徐々に友だちができたりと、ちょうど良いタイミングで、さまざまなことが重なり、ポンくんの世界は広がり、心と体も呼応するように成長していった気がする。

でも、私は料理がアツアツで美味しかったから、ポンくんが大きくなり、力がつき、強くなれたのかなと、つい思ってしまう。もちろん、本当には熱くないのだが、ポンくんと私にとっては、あたたかいご馳走だった。あの料理を食べたら、元気になりそうだ。

あの料理には何が入り、何が宿っていたのだろうか。もしかしたら料理がアツアツのように感じたのは、お互いの心の火が動き始めたからなのではないだろうか。お互いの心の火が動いたから、あれだけおままごとが楽しくて、何度も何度もくり返して遊んだのかなと考えてしまう。心の火は、玩具もあたためることができ、あの場所と時間にも熱を与えられるのかもしれない。心の火が動き出すと、いろいろな物が熱を帯び、物にも命が入り込み、場所や時間にも命が宿って動き出す。お互いに次はこうしよう、次はあれにしようと、何かを考えるというよりも、自然に新たな遊びが飛び出てくる。自分たちで遊んでいるのだが、なんだか物や場も息づいて、みんなで遊びに参加しているようだ。そんなとき、すべてが楽しくて、場所と時間や、すべての世界からも応援してもらっているかのようなあたたかい感覚にもなり、次の新しい世界へと開かれたように思う。

ツヨくん

ツヨくんは、幼稚園に通っていたが、椅子に座ること、座席におさまることが難しい男の子だった。低いテーブルのような広いスペースであれば、その上になんとか居続けることができた。それでも気になることや自分の興味や関心があると、誰が話していても飛び出してしまった。また気性が荒く、癇癪も強く、負けず嫌いだった。ツヨくんは、友だちと仲良く遊びたいと思うが、気持ちを上手く伝えられずに怒鳴ってしまうことや、手が出てしまうこともあった。両親に対しても、自分の思い通りにいかないと、摑みかかることや感情が爆発してどうにもおさまらなくなってしまうことがあった。ただ一方で、ツヨくんには、小さい頃からずっと片時も手放せないタオルがあった。そのタオルだけは洗うこともできず、いつも肌身離さず身に着けていた。ツヨくんは、一見すると暴れん坊だが、反面とても幼く脆い部分を抱えていた。ご両親は、ツヨくんにどう接して良いのか、そしてツヨくんが、みんなともっと楽しく過せるようにと悩み、一緒に相談室に来室された。

　ツヨくんは色黒で精悍で、目つきは鋭く、どこか野生動物のようだった。しかし同時にタオルをギューと握りしめ、どうしようもない不安のなかで必死に強がっているようにも見えた。自己紹介をした後、プレイルームに最初に入ったときは、ツヨくんは手当たり次第に玩具を動かし、目まぐるしく遊びが移り変わった。また箱庭のなかにも入りたがった。そして嵐のように五十分が過ぎ、初回が終わる時間になったが、まだまだプレイルームに居たいツヨくんは、大声を出し、大暴れした。私は体全体でツヨくんを抱き留めながら、何度も何度も次回があることを約束した。このお終いの約束は何度もくり返され、次第にプレイルームの始まりとお終いの際、私に飛びついて抱きつくのがお決まりの挨拶のようになっていった。そうして、ツヨくんと私は、お互いの存在を体でも確認しながら、少しずつ出会っていった。

　二人の遊びは、徐々にツヨくんと私が対決することが増えていった。ウルトラマン人形での戦いもあるし、動物同士の戦いや、実際に体を使ったサッカーやドッジボールなど、さまざまなかたちで対決をした。しかし、ツヨくんは自分が勝ちたい、勝負や状況を支配したい思いは強かった。ほんの少しでも負けそうになると戦いの場自体をメチャクチャにすることや、怒り出すことが多かった。とはいえ、私に手加減をされるのも腹の虫がおさまらないようで、私に対して一つひとつの動きの注文まですることさえあった。最初の頃は、何かの拍子で私が勝ちそうになると、ツヨくんは急にプレイルームから飛び出して母親の後ろに隠れて、私に「こっち見るな」と叫ぶことも多かった。私の存在が大きく強くなり過ぎたり、ツヨくんの想像を越えてしまうと、途端に脅威に感じるようだった。

とはいえ二人の対決は何度も起こり、ツヨくんが勝ったり、私がちょっとやり返してはツヨくんが怒って気まずい雰囲気になったりすることをくり返した。サッカーでシュート対決をしているときも、私が蹴ったボールがツヨくんの胸に当たってしまうことがあったが、ツヨくんは激怒し、「おい！　死んだらどうするんだよ！」と怒り、その場で家まで帰ってしまったこともあった。しかし対決をくり返すうちに、だんだんと私が勝つことや、やり返す分量が少しずつ多くなっていった。そのたびに、いざこざが起き、ときには喧嘩し、お互いを気遣ったりもした。そして、時折、二人が汗をかくだけの、ただただ体を動かすような、なんだか気持ちの良い時間が過ぎるようになっていった。

途中、印象的な対決というか、ハプニングが起きたことがあった。いつものようにツヨくんの怪獣と私の怪獣が戦い、ツヨくんは私の怪獣にキックのような体当たりを激しく叩きつけていた。私も応戦したり、よけたり、飛んだりしていた。ツヨくんは「そいつは飛べないんだよ」と言ったりしていた。そして、ツヨくんが怪獣の尻尾をもって、私の怪獣に勢いよく叩きつけているとき、ツヨくんの手から怪獣がすっぽ抜けた。そして、すごい勢いで、トゲトゲのたくさんついた怪獣が私の頭に当たった。私はあまりの痛さに、「いったぁ」と頭を抱え込んだ。触ってみると、私の頭からは血が出ていた。大抵、プレイルームでは本当の血は流れない。ツヨくんは、「大丈夫かよ」と言いながら、「こうやってツバつけなよ」「俺もこないだ転んだとき、ツバつけたぜ」と言って、膝小僧を見せてきた。このとき、私は「やり過ぎだよ。さすがに痛いよ」と言い返すことも、ツヨくんとやり合う気持ちにもなぜかならなかった。私は頭にツバをつけ、「本当だ、大丈夫かも。ＯＫ、ＯＫ」と遊びを再開した。かなり痛くはあったのだが、どこか血を見せ合い、血を舐めることで、仲間になったような不思議な感覚があった。ツヨくんから、これぐらいの戦いや傷で音を上げる奴は、俺の相手にならないと言われているような気がしたのかもしれない。確かに不思議な繋がりが生まれたようにも思えた。その後ぐらいから、ツヨくんは何度か「次は家来るか？」と誘ってくれていた。

　あの対決には、何が入り、何が宿っていたのだろうか。真剣に対決し、勝負をするとき、お互いに熱が入る。いつも勝つような安全な勝負などはなく、勝つことも負けることもあり、傷つくこともある。だからこそお互いに真剣になれる。もちろん、プレイルームで本当の血を流すことは基本的にあってはならないとも思う。でも、ツヨくんが負けるときに味わっていたのは心から血が流れるくらいの痛みかもしれないし、私が頭から血を流したのと同じようなものかもしれない。

　もしかしたら、お互いの心の火が動いたからこそ、勝負に熱が入り、私たちにもあの怪獣にも命が入り、血が疼いていたのではないだろうか。心の火は、お互いを真剣にさせ、体も熱を帯び、血が沸き立ち命を躍動させる。だからこそ、心の火が燃えると、喧嘩も起こるし、血も流れる。さらには、抱えていた傷や忘れていた傷にも血がめぐり、ときにはもう一度血が噴き出て、傷を受けたときのような痛みや危険も伴うのかもしれない。確かに心の火が動き出すと、苦しいこともある。でも、一緒ならいまの傷も昔の傷も、自分の命の一部として大切にできるように思う。心の火は、命を作り出し、血を流し、傷を蘇らせる。でも、お互いの心の火に惹かれあったとき、連れのような戦友のような不思議な繋がりも生まれ、傷を抱えながらお互いを認め合える世界へと歩んでいけたようにも思う。

前者の二人のポンくんとツヨくんは、まるで心の火が、各々を育て、奮い立たせ、血肉になり、命を躍動させているようだった。それは生や創造のような、イキイキとした心の火なのかもしれない。これからお伝えするソラさんの心の火も、どこか命と繋がってはいるが、それは死や破壊にも近づくような、ジリジリとした心の火のようにも思われる。

ソラさん

私は、ソラさんという、五十代の女性と面接をしていた。ソラさんは、とても聡明で、純粋な方で、派手な服装などはしていないのだが、不思議と人目を惹く所があり、凛とした佇まいをされていた。若い頃に人前に立つお仕事をしていた雰囲気が残っていたのかもしれない。そして純粋だからこそとも言えるが、家族や人間関係、そして社会との繋がりに悩んでいた。また何が本当で、何が本当ではないことなのか、ソラさん自身が確かめたい気持ちもあったようだ。これまでずっと疑問はもち続けていたのだが、誰に相談して良いのかわからず、誰にも言えずに年月が過ぎていってしまったらしい。しかし、今回、さまざまな偶然などで相談室に来室された。

　お会いすると、ソラさんは、物腰は柔らかく、とても丁寧に言葉を選んで話し、落ち着いた表情にどこか貫禄すら感じられた。お互いに自己紹介をした後、私は面接室へと案内をした。ただ入室すると、ソラさんから「窓の外を見ながら話しませんか」と提案された。真向かいに置かれた席のままで座って話すのは、「ちょっと、ね」と苦笑いされた。そうして二脚の椅子を並べ、お互いに大きな窓の外の景色を見ながら話していった。それがソラさんとの面接だった。

　何回目かの相談のとき、ソラさんはとても落ち着いた静かな声で「先生、いま、ここが戦場だったらどうしますか?」と言った。私は、窓から見える景色を見ながら、なんて答えたら良いかわからなくなった。窓の外の家々や、小さい粒のような人びとや自動車を見て、ソラさんは「あそこに火の手があがって」「道路が崩れ落ちて」「ここにも弾が飛んできて」と話した。ソラさんの指す方に火の手が上がり、下の道路では人が撃たれて、誰かが助けを呼んだりしていた。弾なのか、風なのか、何かが私の耳の横を通り抜け、空気が揺れている気さえした。椅子に座っているのに、外の戦場とのあいだが急速に縮まり、物理的な距離感もなんだかおかしくなった。ただ混乱していただけかもしれない。でも、自分にも弾が飛んできているなか、私はどうするのかわからずに動けなかった。時間にしたらそんなに長くはなかったと思うが、私は目の前の光景から目を逸らすこともできず、どう答えたら良いのかもわからず、唾だけを飲み込んでいた。

すると、ソラさんは、私の緊張をとるように「こんなことを考えてしまうんです」と面接室に戻してくれた。そして「でも先生、私たちがいま、こうして話しているあいだにも、どこかで火があがって、人が撃たれて、戦場になっているところはあるでしょ」「そんなくだらないことを考えてしまうんです」と話した。

私には、ソラさんが話していることがくだらないことには思えなかった。確かに、平和に見える裏では、どこかで火の手は上がり、誰かは撃たれて死んでいく。自分さえ安全なら良いのだろうか。どこかで死んでいく人のことは気にも留めずに、助けを求めているのを知っているのに見て見ぬふりをして過ごすことが、健康的な心の在り方や、平和な日常なんだろうか。そこで、死んでいくのは誰かの大切な人や家族だったり、私の祖先だったりもする。もしかしたら私自身になることだってあるかもしれない。

私には、いま、この瞬間、火が燃え盛り、戦場があり、人が死んでいることを考えるほうが、自分のことのように相手のことも考え、自分や他人や社会と繋がり、いまや現実と真剣に向き合って生きている気がした。そして目の前の土地には、約八十年前、空襲のときに焼け焦げた銀杏の木が、現在も生きている。窓の外の火の手は、ソラさんの心の火とも言えるのかもしれないが、紛れもなくこの土地で起きている事実でもあるようにも思えた。私には何が本当のことで、何が見せかけの現実なのか、わからなくなった。ただソラさんには、ありありと戦火の光景が見えているようだった。そして、私たちはどこかの国で起きている戦場の話やジャンヌ・ダルクの話や、命の話をした。

だんだんと回を重ねるごとに、ソラさん自身が社会や世間から迫害をされていることや、偏見を受けていることを教えていただいた。相手や社会のことを真剣に考え過ぎると、周囲からは浮いた存在として扱われるらしい。確かに、過去や現在のさまざまな苦しい火とも近しいソラさんは、落ち着ける場所が少なかった。私は、どこがソラさんの落ち着ける居場所になるのだろうと考えるようになっていた。

　ソラさんは、どんな苦しみにも、どんな火にも目を背けず、躊躇なく飛び込んでいくところがある。実際に、ソラさんはいろいろな災害や震災があると、我がことのように現場に駆けつけている。まるでジャンヌ・ダルクのように、自分の心のなかの神とも言える何かに従って、突き進んでいく。自分に嘘をつかずに突き進む姿はどこか神々しくもあるが、本当にソラさん自身が、人間の抱える苦しい火の犠牲になってしまわないかと案じてしまう。

　でも、私は、火は苦しいから近づかないほうが良いですよ、他人のことは気にしないほうが平和で健康的に暮らせますよ、なんて言えない。でも、自分の心に正直でいるために、たとえ火炙りにされて煙になったとしても、火に飛び込むのが良い、とも到底言えない。

　私にできることは、なんとも少ない。でも、私も人間の一人として、私ができる分、苦しい火にも心を投じ、火を感じたいなと思う。そうやって、苦しい火も、死んでいく人も、私ができる分だけでも背負うことができたら、ソラさんがこの世の居場所をちょっとでも作れることに繋がったらと思う。ソラさんが、人やこの世を少しでも悪くないと感じてくれたらなと思ってしまう。

だからこそ、私も人間の一人として、歴史のうえやいまに存在している物として、窓の外に上がった戦火に、何が入り、何が宿っていたのか、考え、引き受けていくことが必要なのだろう。火によって、町は壊れ、人が死んでいく。それも人間が起こした火であることは、紛れもない事実だ。その時代の熟慮の末かもしれないが、相手を殺すことや戦争を起こすことによって、火の手が上がる。火の温度も三千度から四千度になると、人は一瞬で蒸発してしまうという。原子爆弾がそれを証明している。皮膚がなくなり、細胞の組織はむき出しになり、体の一部はとれかけ、全身が黒焦げや血まみれになっていく。火は、人間を破壊し、町を破壊していく、この苦しい火であっても、この火も人間が積み重ねた歴史でもあるのだ。そして、この歴史の積み重ねのうえに、歴史を孕んだいまが存在している。

ソラさんとお会いしたのは十数年前だが、現在、二〇二三年、世界のなかではまだ戦争が終わらず、いまなお銃は火を噴き、人が倒れ、町が崩壊し続けている。火は、圧倒的な暴力と殺戮にも使われ、死者を次から次へ生んでいく。それは、人間の心のなかの火にも存在するのだろう。私の心の火も、暴力性と殺戮性をもち、人を壊すほどの熱をもち、さまざまな死の歴史を孕んでいる。だからこそ、私はこの自分の心の火にも、せめて逃げずに向き合いたいと思う。自分は、人間は、苦しいけれども、人を壊すような火を内に抱えているのだと認めながら、ソラさんや苦しい火のなかにいる誰かだけを都合の良いように犠牲にすることなく、自分も苦しい火とつき合っていけたらと思う。

5．心の火とは

心の火の存在

火とは、固体でも、液体でも、気体でもない。化学的には物質の燃焼であり、一つの現象だ。何かを燃やすことで、火は、赤、黄、オレンジ、ときには青や紫などさまざまな色や光を放ち、熱をもち、微かに揺れ続けていく。人や空間をあたためたり、料理をしたり、明かりをもたらしたり、何か別のかたちへと変容させたり、すべてを破壊したり、汚れを落とすように浄化をしたりしていく。本当にさまざまな顔をもっている。

三人の方のことを振り返ると、目には見えないけども、やはり心の火の存在を感じずにはいられない。そして心の火も、本物の火と同じようにさまざまな顔がある。

改めてポンくんの心の火は、行き場もなく、どうにも動けずに燻ぶっていた。本当に伝えたい思いは周りに届かず、誰にも言えずに抱えていた。しかし徐々に、心の奥深くで、消えかけていた心の火が灯り始める。だんだんと息を吹き返し、あたためる火となり、どんどん料理を作り、成長をした。心の火が動くと、命が吹き込まれ、すべての物があたたかくなる。あの場にいたら、何にでもなれて、何でもできそうなくらい、みんなから応援や祝福をされているようなあたたかさに包まれていった。

ツヨくんの心の火は、物凄い勢いでごうごうと燃えていた。あまりの火の勢いに、自分も相手も傷つけながら、一人苦しみながら燃え続けていた。しかし一緒に過ごすうちに、お互いに心の火が燃えたぎり、二人でバチバチに戦い、ますます熱くなって、真剣になり血も流れた。心の火が燃えると、命が躍動し、血が疼き、傷も蘇る。ときには痛みや苦しさも伴うが、お互いの命を感じ合い、確かな繋がりももたらしてくれた。

　最後のソラさんは、ずっと一人で苦しい心の火を抱えていた。その心の火は、弱くもあるが強くもあり、静かなようだが消えることもなく、気がつけば至る所で、私たちのすぐ傍や足元で、音もなく燃えていた。それは、ソラさん個人の火ともいえるが、その土地や人間全体が抱える苦しい火とも思える。人間が抱える歴史や犠牲、暴力や殺戮を含んだ火が、実は私たちの心の影でもずっと燃え続けている。この破壊を含んだ苦しい火があるからこそ、いまの私たちが存在している。この火や歴史は消し去ることはできないが、一緒に抱えることで、ほんの少しでもソラさんの居やすさに繋がればと思う。

　心の火もなんとも豊かで、そのときどきで熱を帯び、光を放ち、変容や破壊や浄化をしていく。さらには命を吹き返し、血を分け合うような絆が生まれ、時間も超えて、破壊や犠牲の歴史さえも感じさせる。さまざまな要素をもちながら、生にも死にも、創造にも破壊にも繋がっていく。心の火も対立とも矛盾とも言える状態を含んだまま、どちらにも開かれたまま、存在することがなんでできるのだろうか。心の火は、何とも自由に、同時にいくつもの意味合いを私たちにもたらしていく。

そんな火の特徴を見事に一つの詩にしているものがある。

火の眼をした男

彼の眼には　火がある
じっと　みつめられると　熱くなる
寒い心も　冷えてるおなかも
暖くなる
彼は　眼の中にアフリカの太陽をもっている
ズールー王家の誇りもつ男　彼が
革命のあいま　台所のオーブンで
やいてくれた　肉の美味しかったこと
居間では　一歳になった双子のラーとレーが
かわりばんこに泣いていた
火の眼は　やさしく　子たちをあやしながら
子守歌を唄う　暖い
地球が　芯から暖くなる　幸せになる
一瞬が　あった

火の眼をした男の居間に

（白石かずこ『火の眼をした男』）

火は、戦いや革命も起こすが、一方で人間が幸せへと繋がるヒントも隠されているのではないかと感じさせる。普通の私たちも、太陽とはいかなくても小さい火なら、心や眼にもっているのではないだろうか。

私たち自身が心の火をもち続け、輝かすことができたら、自分や相手をあたため、人間や地球をあたため、いろいろな人と一緒に居ることができるのではないだろうか。それは家族や仲間、もしかしたら人種という枠組みさえも超えた繋がりや団らんにも開かれるかもしれない。ただそれには心の火との関わりが重要となってくる。

行きつ戻りつ、じっくりと時間をかけて、自分の投入

心の火は、どの方向にも、さまざまな可能性にも開かれるからこそ、ときには危険性にも開かれる。それは苦しくもあり、死や破壊へと繋がることも起こりうる。だからこそ、ポンくんは一人で籠り、ツヨくんには誰も近寄らなくなり、ソラさんは何十年も誰にも話さずに抱えていたのかもしれない。しかし、最初は危険のほうが強かった三人の心の火も、だんだんと危険なだけではない意味合いに開かれていった。

昔々、人間が初めて本物の火を見たときは、危険とはわからずに、ゆらゆらと動いている火が

珍しく、近づいたり、つついたり、遠くから眺めたりしたに違いない。そして徐々に近づき過ぎて、燃えてしまったり、火傷したりを何度もくり返しながら、火の危険性を認識していく。突然、火とつき合えるようになることなど起きるはずもなく、危険な目に遭いながら、少しずつあたためたり、光にしたり、焼いたりと、いろいろなかたちで火とつき合っていけるようになったのだと思う。そうやって行きつ戻りつをくり返しながら、火の破壊だけではない可能性に開かれていったのではないだろうか。

そして心の火も、近づいたり、つついたり、眺めたりといろいろしながら、ときには危険な目や火傷にも遭いながら、行きつ戻りつ、じっくりと時間をかけていく。時間をかけていきながら、自分なりの心の火のつき合い方や、破壊だけではない可能性へと開かれるのだと思う。

私自身も、そんな風に私の心の火を感じながら、今回の文章を書いていると、火にまつわるこんな夢を見ることになった。

二〇二二年八月二十七日

何か騒ぎが起きている。私は何が起きてるんだと気になり、身を乗り出して見ようとしている。母とおぼしき女性は、私の視線を遮るように、見せないようにガードしている。私は母を押しのけ、騒ぎを見てみると、全身が赤黒くも、グレーとも混ざったような色合いの人の形が見える。その人はうずくまり、だんだんと体が溶け出しながら、ゲーゲーと吐いている。どうやら溶けているのは、一人だけではなさそうだ。私は原子爆弾かと思う。誰かが

「近寄るな」と叫んでいる。

夢では、なんとも危険な状態が起きている。原子爆弾なのか、何かの火により人の体が赤黒く溶けだし、すべてを吐き出しているようだ。確かに母とおぼしき女性が、ガードをして私を守ろうとしたのもちょっとわかる気もする。母性とは、危険から守ろうとする存在なのだろう。しかし、守られた子どものような世界から抜け出して、その先の大人の世界にある火を見ようとしていく。そこには、迂闊に近づくと危険な火が待っている。

この火はどこから来ているのだろうか、また赤黒くもグレーになりながら溶けだしている体の状態とは、一体、何が起きているのだろうか。夢では、原子爆弾かと思ってはいるが不確かで、火の出どころはハッキリとは言い切れない。ただその内の一人の体はすでに危険な状態であり、体のなかにあるものもすべて吐き出して、体自体も溶け出していく。

火の危険性は感じつつも、大人である私を引き受けていくならば、どうやらこの火も確かめていくのが大切なようだ。たとえ危険であるとしても、その危険性をきちんとわかることが、大人としての火とのつき合い方なのだろう。

ここで、ふと錬金術のことが頭をよぎる。ユング心理学では、錬金術の過程が、まさに心の変容過程と一緒だという。錬金術では、容器を火にじっくりとかけながら、溶かしたり、わけたり、くっつけたり、冷ましたり、腐らせたり、濾したり、と行きつ戻りつをくり返す。そして、じっくりと時間をかけて、卑金属から貴重な金を抽出していく。さらにどの工程においてても必要不可欠なことは、自分自身を投入することとされている。なんとも不思議なことなのだが、当時から、錬金術師自身が投入されなければ、この工程は進まないとされていた。錬金術師自身が遠くから、他人事のように工程を辿っても、卑金属とは真反対の金や貴重な物などは何も抽出されないという。

確かに心の変容の過程として考えれば考えるほど、自分自身の投入の必要性は納得がいく。先程のポンくん、ツヨくん、ソラさんも、まさに各々の自分の心の火を使って、自分を投入し、変容させながら、それぞれの心の火とのつき合いを深めていった。もし料理で喩えるとしたら、心の火を使って、自分自身という食材で煮込み料理をしているともいえるかもしれない。自分という存在や心に深みや味を出すには、くり返し火にかけるのも、冷ますのも、時間をかけるのも、重要になってくる。

そんなふうに思うと、この夢での火は、まさに姿や形が溶けていくような、いままでの中身をすべて出していくような、死や破壊などの否定的な面も含んではいる。しかし錬金術の工程や心の変容や料理の工程を思うと、死や破壊にも何か新しい変化への可能性が含まれているかもしれない。そして何より、焦らずに、じっくりと時間をかけて、目の前にあらわれている火に私自身の心を投入することが、とても大切なのだと思う。

心の火がもたらすもの

あの夢の火は、何だったのだろうか。ユングに倣い、夢に登場した人の絵を描いてみると、火の激しさや危険さとともに、ある疑問が湧いてくる。

私は、心の火に私自身を投入することができていたのだろうか。ポンくんやツヨくん、ソラさんとは、御三方の力を借りながらなんとか心の火の元に居ることができたのかもしれない。

だが父とのあいだではどうだろうか。父は仕事をしていることがほとんどで、何かトラブルがあれば現場に駆けつけ、どこかの家に火を灯す仕事に勤しんでいた。確かに家族が揃って団らんは多くはなかったように思う。でも、ふと母のガードを押しのけて外にまで視野を広げると、父は多くの家に火を灯す仕事をしていたのだから、当然、私が住んでいたあの家にも火を灯していたのは父だったのだ。もしかしたら物理的には離れていても、父は仕事をしながらも、心の火をあの家に、私たち家族に届けていたかもしれない。心の火とは、目に見なくても、人や物や空間をあたため、時間も超えていく。しかし私は、目の前に存在しなければ、何も起きやしないと決めつけていた。すで

に届けられていた心の火やその熱やあたたかさに気づけなかったのは、私自身を投入せずに、私の見たいものだけを見ようとしていた幼さであった。距離をとって傍観者になることで、苦しいことから目を背け、大人になることを拒んでいた。たとえ遠くに離れても、その姿は見えなくても、時間が経っても特に大きな問題はなく、心の火で通じることも、変容することも、団らんすることも、私が目を背けなければできたのだろう。どうも私は時間が大分経ってから気がつくことが多い。私が、子どものような家族との繋がりだけではなく、一人の人として父や母と家族との繋がりを作っていくのは、まだまだこれからになりそうだ。

心の火に私自身を投入すると、この夢の火は、私が見過ごしてきた、自分を投入することができなかった火の集まりにも見えてくる。それは、私が見ようとしなかった、父の心の火の姿ともいえるし、私の心の火の姿ともいえる。はたまた、広島や長崎の方々だけに苦しさを背負わせ、私が見ようとしなかった、被爆者や戦争の犠牲になった方々の心の火の姿かもしれない。

これから、私が少しずつでも心の火とつき合うことができたら、父や母と家族といままでとは一味違った団らんや繋がりがもてるのかなと思う。そして広島や長崎で被爆した方々や数知れない戦争で戦死した方々や、ソラさんとも、ほんのわずかでも重みや苦しさも分かち合える繋がりがもてるかもしれない。さらにポンくんやツヨくんとも、また違った心の火の味わいが増えそうだ。心の火と触れていくと、行きつ戻りつはするけども、亡くなった方とでも、遠く離れた方とでも、時間が経ってしまった後でも、いままでわかりあえないと思っていた方とでも、どこかで不思議と繋がりが起きてくる。

6. それぞれの心の火や、繋がりや、団らん

現代の暮らしに目を向けると、焦らずに、行きつ戻りつしながらも、じっくりと時間をかけて、その都度、自分自身を投入することは、何事においてもなかなか難しい。本物の火に至っては、その姿は、ほとんどなくなっている。時間をかけて火をおこすことなどは効率が悪く、また火災などの危険性を危惧して安全なかたちへと変化をしている。同じように私たちの生活も時間はなく、効率と安全を重視していく。行きつ戻りつするような余裕はなく、一方向でスムーズに進んでいく手順や道筋が良しとされやすい。人間関係でも、安全に摩擦がおきないよう当たり障りのない関わりが仲間や家族とのあいだでも増えていく。一方で、仲間や家族のなかだけで過剰に摩擦が起き、いじめや虐待など、周囲からは気づかれずに当事者たちだけが苦しんでいく。人間関係も、行きつ戻りつ両方に開かれるというよりも、危険か安全かのどちらかの一方向に偏りやすくなっている。私たちは、いろいろと豊かに便利になったはずなのに、物事が開かれる方向性はだんだんと一方向の扉に閉じられていき、内実は狭苦しくなっているようにも見えてしまう。

そのためか、近年では、自分の在り方も、仲間や家族との繋がりも多様化がいわれている。きっと多様なかたちが社会から認められることで、安心して、繋がりや団らんが生まれる一助

にもなるのだろう。また皆が集まる時間や場所を工夫して、生活バランスをとっていく大切さや、仲間や家族の輪を広げようと、さまざまな世代の方との触れ合いの重要性もいわれている。いろいろな支えがあると余裕が生まれ、世代をこえた関わりにより、表現も増え、繋がりや団らんを生む一つにもなっていく。これらは、とても大切なことで、いろいろな手助けがあることで、一方向に偏りやすく、八方塞がりになりやすい私たちを支えてくれる。

それでも、相談に来られている方々と一緒に考えていると、現実や現状は立ち行かず、友だちとも家族とも誰とも繋がれず、自分の心とも繋がれず、どこにも動けなくなってしまうときがある。

だからこそ、自分の心が、一方向ではなく、いろいろな方向に繋がれ、開かれていけたらと思う。開かれるということは、これまでとは違う変化や可能性へと向かうことでもある。そして心の火は、その可能性の扉になりうる。自分の心の火と関わり、心を変容させることで、その扉は開かれていく。心の火は目には見えず、また本物の火と同じように、すべてが安全なだけではなく、危険もつきまとう。単なるあたたかさだけでなく、怖さや畏れも起きる。だが怖さや畏れを感じることも、とても大切で、まさに自分が自分の心の火に関わり始めた証でもある。だからこそ、怖さも畏れも感じながら、焦らず、じっくりと時間をかけ、行きつ戻りつしながら、その都度、立ち止まり、自分自身を投入していく。このくり返しが、単なるどちらか一方やいいとこ取りでもない、ただ危険なだけでもなくかといってすべてが安全というわけでもない、個人とも集団とも、現在とも過去とも、両方を含んでいるような否定さえもするような、その人だけの唯一の心の火へと促してくれるように思う。確かに手間もかかり、スムーズなかたちとはかけ離れてはいる。しかし、自分の心の火をたよりに起きてくる心の繋がりや団らんも、とても豊かな広がりをもち、なんともあたたかい。その火は、目には見えないけれども、自分を輝かせ、目に見えている現実にも変化や影響を与えていく。そして一見すると真反対にもなりうる、自分と相手や、自分と家族や、個人と社会の両者が生かされるような繋がりや間柄をも築いていく。

最後に、最近見た本物の火でとても綺麗な火を紹介したい。日本各地には、火に関する伝統行事がある。出羽三山の月山では、毎年八月十三日に合わせ柴燈祭を執り行う。月山頂上で火を焚き、死者が迷わずに月山に来ることができるようお迎えし、そして各家庭に死者が戻っていけるようお送りする。月山頂上の火が目印となり、僅かなあいだ、死者は地上の各家庭へと戻っていく。火と月山が死者の通路となっていく祭事だ。

今回、私は直接ではないが、お世話になった方が逝去されたことを思い、また二〇二二年は世界であまりにも死が溢れ続けているのを思い、月山の柴燈祭に参加させていただいた。登山中、台風の影響で大雨に降られはしたが、なんとも不思議なもので祭事が始まる十九時には、雲が開かれ、天の空が見えてくる。長い歴史のなかで、ほぼ毎年、柴燈祭のときは、雨は止み、天の空に開かれるという。当日は夕方の落雷や豪雨にもかかわらず、時間前にはちょうどピタリと雨が止むのを目の当たりにすると、つい月山に来る数々の死者の息吹で雲もちょっと開けてくれたのかなと感謝したくなる。そうこうしているうちに、山頂の護摩壇の中央にある山のように積み重なった塔婆に火がつき、夜空の天に火柱があがっていく。囲炉裏ではないが、確かにここに曼荼羅があり、宇宙がある、と思う。ここで燃えている火は、生でもなく、死でもない。しかし生でもあり、死でもあるようにも見え、何とも表現し難い。創造でも破壊でもなく、そして何かをしようというのでもなく、ただただ、純粋に何かへの繋がりや通路になっていく。そしてその場に居る皆が、火との繋がりや通路を借りて、思い思いに対話をしていく。こんな火を心のなかにもつことができたら、きっといろいろな方々と繋がり、対話し、豊かな団らんができるのだろうとも思ってしまう。そして何かとの繋がりや通路になるくらい真っ白になって、真っ赤に燃えている火はとても綺麗に輝いていた。

（本稿に出てくる臨床素材は、個人が特定されないように事実に改変を加えています）

引用・参考文献

西野順也『火の科学　エネルギー・神・鉄から錬金術まで』築地書館、二〇一七年
J・G・フレイザー（青江舜二郎訳）『火の起原の神話』ちくま学芸文庫、二〇〇九年
大塚信一『火の神話学　ロウソクから核の火まで』平凡社、二〇一一年
ジョアンナ・トゥロートン（山口文生訳）『天の火をぬすんだウサギ』評論社、一九八七年
古井由吉編『日本の名随筆73　火』作品社、一九八八年巻頭詩
柳田國男『柳田國男全集2』ちくま文庫、一九八九年
ジェームス・F・ルール総編集（瀬戸口烈司日本語版総監修）『地球大図鑑』ネコ・パブリッシング、二〇〇五年

カティア・クラフト、モーリス・クラフト（青木正樹訳）『火山からのメッセージ　噴火・溶岩・火砕流』山と渓谷社、一九九二年
北原糸子編『写真集　関東大震災』吉川弘文館、二〇一〇年
ＮＨＫスペシャル「原爆投下　10秒の衝撃」ＮＨＫ総合テレビ、一九九八年
仁科記念財団編『原子爆弾　広島・長崎の写真と記録』光風社書店、一九七三年
岡本太郎「明日の神話」一九六八－六九年（渋谷マークシティ連絡通路内に二〇〇八年より設置）
岡本太郎『美の呪力』新潮文庫、二〇〇四年
カール・テオドア・ドライヤー「裁かるるジャンヌ」フランス、一九二八年
白石かずこ『火の眼をした男』集英社、一九八四年
Ｃ・Ｇ・ユング（池田紘一訳）『結合の神秘Ⅰ・Ⅱ』人文書院、一九九五年、二〇〇〇年
Ｃ・Ｇ・ユング（池田紘一・鎌田道生訳）『心理学と錬金術Ⅰ・Ⅱ』人文書院、一九七六年

コラム　東京の家族

宮澤淳滋

柳田國男は『先祖の話』のなかで次のように述べている。

日本人の死後の観念、すなわち霊は永久にこの国土のうちに留まって、そう遠方へは行ってしまわないという信仰が、恐らくは世の初めから、少なくとも今日まで、かなり根強くまだ持ち続けられている

柳田はこの本を、東京大空襲による多くの死者を目の当たりにしているなかで書いていたという。そして終戦直後の十月に書き加えられた「自序」では、「決して今後もまた引き続いて、そういう物の見方をなさいという、勧告でないことは言うにも及ぶまい」としながらも、「ただ我々が百千年の久しきにわたって、積み重ねて来たところの経歴というものを、まるまるその痕もないよその国々と、同一視することは許されない……何でもかでも押し付けてしまえ、盲従させろということになっては、それこそ今までの政治と格別の変わりは無い」と述べている。ここには、敗戦を通じて、アメリカと同一化させられ、祖霊との関わりを失ってしまうこ

とに対する、柳田の危機感が見て取れる。

幸いにもアメリカの懐は深かったようで、私たちが信仰を押し付けられることはなかったが、はたして柳田の危機感は杞憂だったと言えるだろうか。私たちは祖霊との関わりをみずから放棄してはいないだろうか。少なくとも私にとって、もはやそうした繋がりを実感することは困難である。そのような関わりはもはや過去のこととなり、私の日々の生活に何の影響も及ぼしていないように思える。

私は東京で生まれ育った。その東京は、柳田の時代とは大きく異なっているのだろう。私は東京大空襲で甚大な被害を受けた墨田区にある高校に通っていて、そばにある東京都慰霊堂に何度も連れていかれては、しつこいくらいに空襲の話を聞かされた。しかしそのような高校に通っていた私でさえ、東京大空襲と関東大震災がまぜこぜになり、最近まで記憶の片隅に追いやられていた。東京大空襲について関心を持ち始めたのは、二〇一九年に、東京の戦跡を巡るフィールドワークに参加してからのことである。そこで気づかされたことは、東京では戦争の跡がきれいにかき消されていることだった。

たとえば、墨田区のある公園には、「ここには東京大空襲の際に数十人が仮埋葬をされた」といった旨が書かれた看板がひっそりと立っていた。そしてその隣の公園にも、さらにその隣の公園にも、同様の看板があった。仮埋葬というのは、多くの死体を放置していると国民の士気が下がるため、目につかない地中にそれらを一時的に埋めることである。要するに、我が方の損害は軽微なり、をくり返した大本営発表と同じ隠蔽工作である。早乙女勝元によれば、東京大空襲によって「都内六七か所の公園、寺院、空地などに仮埋葬された遺体は……七万二四三九体を数え、被害のひどかった下町地域では、公園と空地はほとんど簡易墓地に一変し」、いまなお地下深く眠る埋没体も少なくないという。つまり一時的に仮埋葬されただけだったはずの遺体はいまも仮埋葬されたままなのである。

この仮埋葬という言葉は妙に私の印象に残った。公園に立つ看板はほとんど人に気づかれないようにひっそりと建っていて、目に留める人はほとんどいない。そこが遺体の上であることを知らないまま、子どもたちは無邪気に遊んでいる。いわば東京大空襲そのものが、人目につかないように、仮埋葬されているかのように思える。

東京における祖霊との繋がりも、それと似たところがあるかもしれない。遺体の上で遊ぶ子どもたちと同様、私たちは日々の暮らしを、祖霊と何の関係もなく送ることができる。しかし私たちの存在はもちろん、祖霊たちの上に成り立っている。少し掘り起こせば、祖霊たちはそこに眠っているのかもしれない。そこに看板は立っていて、情報として、祖霊が眠っていることを知ることはできるかもしれないが、私たちはあえてそれを掘り起こしたりしないだろう。遺体が明るみに出てしまえば、子どもたちの無邪気な遊びは成立しないように、無機質な高層ビルに囲まれ、時間に追われ、効率性を追求する私たちの暮らしも、祖霊との繋がりを実感してしまうと、成立しないのかもしれない。

柳田国男『先祖の話』角川学芸出版、二〇一三年
早乙女勝元『図説　東京大空襲』河出書房新社、二〇〇三年

第六章

神を信じない時代における神々へのもてなし

フィレモン－ファウスト－ユング

ヴォルフガング・ギーゲリッヒ
（猪股 剛 訳）

この論文は家族というテーマを直接扱ったものではない。だが「もてなし〔ホスピタリティ〕」という思想に内在する「物語的世界観の克服」は、歴史や伝統や生活史として家族をとらえている私たちの通常の思考に新しい視座を提供してくれるだろう。また実証的な現実世界における「もてなし」の終焉が議論されており、ここからは家族の現在を検討するためのヒントが得られることだろう[1]。

ゲーテの『ファウスト第二部』の終幕、小さな土地の所有者であるフィレモンとバウキスの二人の慎ましい老人が、ファウストの巨大な干拓事業に道を譲ることになり、その結果、本当に殺されてしまう。神話に登場するフィレモンとバウキスは、神なき時代に住み処を失った神々に、その住まいを提供し、彼らをもてなす唯一の夫婦であった。ファウストの存在[1]がフィレモンとバウキスの排除と破壊に相当するとすれば、ファウストが取り入れた世界内存在の様式は、神々に対する歓待の廃止に相当するだろう。ここでゲーテは、ファウストの存在の核心と本質が、そしてファウストが現代人の寓意[2]である以上、存在の現代的スタイルの本質が、冷遇《非ホスピタリティ》にあることを示している。以下では、この冷遇について検討し、それが何を意味するのかを詳しく見ていきたい。

その際、本論の手がかりはC・G・ユングの発する次の言葉にある。一九二三年、ユングがボーリンゲンの「塔」を建てたとき、その門戸に「*Philemonis sacrum, Fausti poenitentia*」、つまり「フィレモンの聖域、ファウストの贖罪[3]」という碑文を刻み込んだ。自宅の門に刻まれた碑文とは、その人の人生と思想のすべてが込められた座右の銘といったものである。ゲーテの『ファウスト』の世界から引用されたこの標語の下に、自分のスピリチュアルな存在を置くことによって、そこで起きていることが自分にとって重要なものであることを、ユングは示している。

私たちは、詩人や作家の作品を単に「文学」としてとらえ、文学的・美学的・歴史的な精神の枠組みでアプローチすることが多い。そうした場合に比べて意外に感じられるのは、ユングがゲーテの『ファウスト』に対して文学的関係を築くだけではなく、むしろファウストの物語に現実を見ており、魂の歴史における運命的な出来事を見ていることであり、その結果として、それに対して自分が個人的に反応し応答すべき必然性があると感じていたことであろう。詩的な作品は美的な鑑賞や学術的な解釈のためにだけあるのではなく、私たちの人生に個人的な要求を突きつけることがある。そのことを、ユングが私たちに示している。彼が心理学的現実と呼ぶものが、一方では物理的現実から区別され、他方では主観的であるがゆえに単なる想像上の、自我意識の非現実的捏造という意味での観念からしっかりと区別されていることに気づいていれば、それはいつでも、どこでも、起こりえることである。

　このような心理学的現実への気づきは、心理学的なものの現実性に対する信頼であり、すなわち魂とそれが生み出したものの現実性に対する信頼にほかならない。文学作品を単なる学問的な観点からではなく、心理学的な観点から読むならば、そこに描かれている世界や出来事は、歴史的過去から継承され私たちから切り離すことのできる観念ではなくなる。そして、経済的・計量的現実がそうであるのと同じように、それは私たちを取り巻く現実として、いわば外側から私たちに影響を与える現実としての性質を帯び始める。そして、そうしたとき、その現実が私たちを直撃し、私たちの人生に切り込んでくることがある。ユングが一九四二年の手紙で、〈ある日突然、私が『ファウスト』を自分の遺産として相続したことを、それはつまり、フィレモンとバウキスを擁護する者であるとともに、彼らの復讐をする者としてそれを受け継いだことを、衝撃と共に気がついたのである〉と記しているのは、この意味で理解されるべきである[4]。同様に、ユングの『自伝』を読むと、ユングが個人として深く心を動かされていることがわかり、ファウストがその不遜と膨張によってフィレモンとバウキスの殺害の原因になったと考えられるとすれば、ユング自身もまた、まるでこの二人の老人の死に関与したかのような罪悪感を抱いていたことが感じられる[5]。

　私も、ファウスト＝フィレモンの物語を、心理学的な目で見ていきたい。したがって、これは歴史上あるいは想像上の特定の個人ファウストと神話上の特定の別の個人フィレモンとの問題ではない。本題に入る前に、そのことを、ここに確認しておきたい。むしろ、これは私たちの物語である。私たちはこの物語の中にいる。そして、この物語が私たちの人生を形作り、遙か昔に発生した借金の返済を、いま私たちに要求している。

＊＊＊

ゲーテは古典的なフィレモンの物語を、その劇中で繰り返しているわけではない。実際、一見すると、古代の神話のフィレモンとゲーテのフィレモンには、その名前以上の共通点はないようにも見える。しかし、ゲーテは、古典の物語を意識させることで、神話と現代のファウスト的状況との対比を可能にしようとしているのであり、そのひそかな暗示を通じて、それをはっきりと提示している。古いフィレモンの物語との対比が、ゲーテの実際の主題である。ゲーテは、『イフィゲーニエ』を書いたときのように、古い物語を自分流に作り直そうとはしていない。そのため、フィレモンの登場するシーンは、確かに素材は伝統から取られているのだが、それにもかかわらず、それ自体で新しいものとして自己完結している。いや、ゲーテのフィレモンのシーンは、明らかに神話を背景にしており、そのため、それを読むとき、私たちは一つの世界に、全的な世界にいるのではなく、神話から見返された壊れた世界にいる。あるいは、望むなら、二つの世界に同時にいると言ってもよい。『ファウスト』のフィレモンのシーンにおいて、ひそかな暗示に過ぎないとはいえ、示されている古い神話がその固有の要素である以上、私たちはこの古典的なフィレモンとバウキスの物語をしっかりと知っておかなければならない。

この物語とそのモチーフは、広範であり、はるか昔、古代にまでさかのぼるが、主には、オヴィディウスによって古代末期にあつらえられた『変身物語』に示された形態で、私たちに伝わってきている。[6] ここでは、オヴィディウスがこの物語をどのように装飾したかという点ではなく、この物語の中心主題である〈もてなし〉がその筋書きの中でどのように表現されているのか、そのことに限って関心を寄せることにする。物語を要約すると、それは次のようなものである。〈世界は不信心になった。ゼウスとヘルメスという二神の旅人が世界を放浪していたが、彼らを快く迎え入れてくれる場所は、どこにもなかった。しかし、フィレモンとバウキスは、非常に質素な暮らしをしていたものの、この二人のゲストを家に迎え入れ、彼らをもてなし、自分たちのわずかな家計から提供できるものを、出し惜しみせずに提供した。バウキスは、神々への生け贄という特別なときのために取っておいた唯一のガチョウさえもすすんで差し出した。すると、神々が姿を現し、簡素な小屋は神殿に変わり、二人の老人は永遠にこの聖域の神官となった。だが、同時に、洪水が神々を信じない人類を飲み込んでいく〉。

この物語では、変身が語られている。最初はおそらく、汚くてみすぼらしい、まったく神々しさのない二人の放浪者があり、きわめて簡素な小屋があり、二人の慎ましい老人がいた。そして最後には、二神がいて、立派な神殿があり、威厳のある二人の神官がいる。この一連の出来事に、悲惨な状態から立派な状態への文字どおりの突然の変化を見て、そこから魔法のような奇跡を思い起こすのは誤りであろう。最初の状況から最後の状況への変化は、私たちが語っている客観的現実において生じているのではなく、客観という現実の時間に属するものでもない。それは、語りの技術や条件に関わるものであり、その語りの時間に収まるものである、と私は主張したい。変容とは、一つの同じ現実を見る視点の移動である。それは、物語を聞いている私たちに生じ、物語を語る人に生じる変化であって、実際の小屋や二人の放浪者や、語られているフィレモンとバウキスに起こるものではない。この物語を聞く者や、読む者は、あるものの見方から別のものの見方へと移され、世界を実体的な事実として見るそれまでの表面的な見方から、最も素朴な出来事にさえ神の本質を見いだすことができる見方へと移されたのである。

これが示しているのは、現実の領域に関する限り、放浪者たちは最後でも冒頭と同じ哀れな浮浪者であることである。同様に、茅葺き屋根の小屋にも変わりはない。しかし逆に、物事の深い本質から見れば、つまりこの物語が私たちを導こうとするところから見れば、この小屋は物語の最後だけでなく、最初から神殿である――それは、フィレモンの家であり、つまり神々を迎えるという本質を備えた家である。そう考えなければならない。

こうして見ると、フィレモンとバウキスの物語は、いわゆる神話ではなく、またイン・イロ・テンポール *in illo tempore*〔むかしむかし〕の元型的な出来事の表現でもなく、私たちの世界の現実にただ一度だけ現れる伝説である。この物語は、天の国から始まるのではなく、神話的あるいは形而上学的な背景を持って始まるのでもなく、ここに明示されているように、非神聖なところから、つまり俗世から始まる。そして、その結末にもかかわらず、物語はこの世俗的な領域を離れることはない。これは、この世の外からこの世の現実へと、存在する神々が侵入してきたという話ではなく、人間界があの世によって償われたという来訪の話でもない。ある意味では、無神論的な物語と呼ぶことも許されるかもしれない。いずれにせよ、この物語は非常に現実的であり、あの世の神秘的な雰囲気を持ってはいない。なぜなら、ここには、私たち普通の人間の現実とは異なる解離した神々は存在しないからである。むしろ、この物語が実際に語っているのは、ありふれた現実の中で、まさにその中から神的なものが開花する様子であり、言うなれば、日常の現実が神的な美へと開花していく様子である。ぼろ布をまとったホームレスの二人と、質素な小屋に住む貧しい二人の老人の中から、生活環境の奇跡のごとき変化はないままに、光が、ゆっくりと、あるいは突然に、輝きを放つのが見える。

一見すると、事実として起こったことは非常に単純で平凡である。二人の見知らぬ人がある家に迎えられ、もてなされる。迎えるものと迎えられるものは、すぐに打ち解けて、特別なときのためにとっておいたガチョウのことが思い起こされ、それが提供される。フィレモンとバウキスは、いまこの瞬間に特別なときが来たことを悟ったのである。ただそれだけすぎない。華やかさもなければ、神秘的なこともなく、魔術的なこともない。ただ、人間的な出会いがあり、食べ物と飲み物があり、実りある会話があり、そのすべてが、真のもてなし《ホスピタリティ》の雰囲気の中で行われる。

この物語が語る神々の啓示とは、このごく自然なもてなしの瞬間が、充実と十全を見出したことにほかならない。ここでいう神々とは、超自然的な存在ではなく、この特別な現前に内在する本質を体現したものに過ぎない。というのも、なぜ、他の多くの神々がいる中で、地上をさまよっていたのが、ゼウスとヘルメスだったのかを考えてみると良い。このゼウス〔木星〕はゼウス・クセニオス *Xenios* であり、すなわちもてなしの神であり、言い換えれば、この瞬間にふさわしい神そのものである。そして、交易と解釈の神であり、交換とコミュニケーションの神であるヘルメス〔水星〕の存在は、この夕べが、ホストとゲストの真に心からの出会いにつながったに違いないことを示している。ゼウスとヘルメスは、このごく自然な状況において神が見せる表情であり、ある種の「瞬間の神々 *Augenblicksgötter*」にほかならない（ただし、ヘルマン・ウーゼナーとはまた異なる意味において）[2]。

見知らぬ人が一夜を過ごす場所を求めてきたこの瞬間に、フィレモンとバウキスは自分たちに要求されたことに全面的に献身している。その瞬間のために、自分たちのわずかな財産を喜んで費やし、あるいはそれが無駄になることも厭わず、次の日の自分たちの食糧を心配して出し惜しみすることもない。彼らがこのように愛情をもって現在に身を委ね、そうして彼ら自身が費やされる必要があることを認めるからこそ、その代わりに、この現在が費やされることになり、そうして現在が溢れかえり、現在自身に内在する元型的な表情が、すなわち神の顔が、明らかになる。もてなしの瞬間が輝き始める。すなわち、それが言葉を語り始める。だが、これとは対照的に、無言のまま、輝きもなく、それ自身の本質を明らかにすることもない〈もてなし〉の状況を思い浮かべることもできる——後述される事例で私たちはすぐにそれに遭遇することになる。

その違いを生み出すのは、やはり愛なのだろう。フィレモンという名が「愛する者、もてなす者」を指していることには深い意味がある。同様に、バウキスという名は、優しい者、愛情深い者を指している。そしてまた、バウキスが神々に捧げたガチョウはアフロディーテ〔愛の女神〕の鳥である。愛があればこそ、もてなす者たちは、いま所有しているものを不安げに保持し続けることなく、また、もっと欲しいと貪欲に願うことなく、それを譲り渡し、散財することができる。手放すことによって、つまりガチョウをすすんでゲストたちに捧げることによって、フィレモンとバウキスは、愛によってこの瞬間を養い、この鳥の豊かな脂肪と丸みを帯びた全体性によって、この瞬間を満たす。このように「ガチョウ」を食べさせて、「いまここ」を育てることで、隠れたままであったいまこの瞬間のイメージが解放される。

　もちろん、もてなしの状況だけが、いまこの瞬間のイメージに溢れかえるというわけではない[7]。このような愛に満ちた献身をもって私たちがみずからを放棄するならば、いかなる瞬間も、その瞬間自身の成就をみずから見出すことができる。多神教のパンテオンの神々とは、さまざまな型（元型）を備えている真に費やされる一つひとつの瞬間の表情やイメージである。

　では、なぜこの物語は、他の多くの状況によって同様に示すことも可能な充溢の例として、もてなしの瞬間を選んでいるのだろうか。いくつも存在する適切な瞬間から一つの例として、このもてなしの瞬間が恣意的に選ばれたわけではない。この物語が示そうとするより深い意味がどこにあるのかと言えば、いまこの瞬間が私たちの扉をどのようにノックするにしても、もてなしこそがこの瞬間の神聖なあり方を明らかにする、という点である。この物語の主題は、現在にその身をゆだねるという意味のもてなしであり、そのため、物語の筋書きには、ゲストとホスト、そしてゼウス・クセニオスが登場しなければならない。しかし、ここでいう実際のもてなしとは、パーティを盛大に開催し、すべての人に門戸を開放するような文字どおりのもてなしではなく、またキリスト教の倫理観である「隣人愛」でもない。ここでいうもてなしとは、現在とその隠された現前と、その顔と声への献身であり、この瞬間のイメージを受容し、養うことである。

つまり、このもてなしの物語が扱っている変化は、実際的な事実からイメージへの移行であり、出来事をナラティブ（最終結果に至る一連の時系列的な展開）として読む精神性から、同じ出来事をイマジナルに見る精神性への移行であり、つまり、出来事に一つのイメージの同時的なさまざまな表情を見る精神性への移行である。この物語はナラティブではあるが、その行動と筋書きそのものがナラティブのモードの克服にほかならない。この物語は、それ自体が神話である代わりに、神話への最初の移行であり、通過儀礼 *rite de passage* である。神的でないものの見方を止めてその外に出て、実存のイメージ的な様式へと入り込んでいく通過儀礼の物語である。

このことから推測されるのは、もし私たちが人生をナラティブとして、発展として、英雄的なものとして生きるならば、神々は現前しえないということである。さらには、そうすることで私たちは、常に、そして必然的に、神々へと続く扉を閉じ、神々を追い返していることになる。なぜなら、ナラティブな生き方をしていると、私たちは常に、自分の人生の物語の壮大な結末や、一連の出来事のピークとなる経験や、文字どおり奇跡的な神々の出現を待ち望むことになり、したがって、いまここの平凡で卑しい身なりであらかじめ存在している神々を認識することができなくなるからである。逆に、人生がイメージとして捉えられるときこそ、初めて神々を目にして、神々を受け取ることができる。なぜなら、そのとき初めて、私たちは次の一瞬に期待して先を急ぐのではなく、現在を完結させることができるからである。そして、そのとき初めて、フィレモン（「愛を行う者」）が私たちの中に生きている。これは次のことを暗示しているのではないだろうか？　愛の本質とは（愛する物や人の）イメージを知覚し受け取ることであり、また、イメージを見ることやイマジナルに見ることとは、おのずから愛することなのだ、ということを。

一見すると、フィレモンが明日を気に止めないことは、次のようなキリスト教の教義と同じメッセージを含んでいるように思われる。「明日を思い煩うな」、「何を食べたら良いのだろうかと、人生を思い煩うな。［…］空の鳥を見よ、鳥たちは蒔きもせず、刈り入れもしない［…］」（マタイ6:31, 25f.）。しかし、実際には、この二種類の無頓着さは正反対のものである。キリスト教では、神がホストであり、大きな晩餐会を開いて多くの人々に参加を呼びかけるのは神である（ルカ14:16ff）。したがって、キリスト教徒は明日を思い煩う必要はない。なぜなら、天の父が彼らを養うのであり、いや、そもそもずっと以前に、彼らに一度にすべてを与えてくれたことを彼らが知っているからである。キリスト教徒は招かれたゲストであり、アブラハムの胸で安らいでいる（ルカ16：22）ため、人生の出来事の紛れもない衝撃からは守られている。本来の現前や来訪に備わっている新鮮さや、満ち満ちたエネルギーや、直接性をもって彼らの扉を叩き、まさしく彼らを目指して語りかけてくるような現在は、存在しない。出来事はキリスト教徒にとってそのものとして生じるのではなく、試練や恩寵の恵み（まさしく「プレゼント」[3]！）として、つまり、父の隠れた目的につながる教育的手段として、彼らのために用意されている。起きてくる出来事はすべて、天の父からその子への包括的な関係の中で宙づりにされている。人生の究極の出来事である死でさえも、苦痛にはならない。

したがって、フィレモンにとって存在していたような瞬間はなく、まったく違う新しいゲストがやってくるような一瞬一瞬は存在せず、態度の根本的な変化を必要とする真に「新しい」出来事はない。キリスト教においては神が唯一であるように、主の到来という唯一の出来事（すなわち、アドベント〔降臨節〕）だけが存在する。しかし、この唯一の出来事さえも、真の降臨（神というゲストが人間によって迎えられることを求める）という性質を持たず、人間を神のもとに招き入れる招待が、この「降臨」なのである。キリスト教の降臨が真の降臨の否定であるとするならば、主の降臨が現実の生活のいまここに場を持つことができず、現在（と現前）を回避するために、不可避的に二つに分けられなければならない理由が理解される。つまり、この降臨は、プレ現前あるいは過去（初臨）の出来事と、ポスト現前あるいは未来（再臨）の出来事に分けられ、想起と希望の問題に分けられているのである。現在は空っぽのままである。

　このように、時間は「現在」である可能性を奪われ、「過去」と「未来」の支配を受けることになった。そのため、キリスト教の西洋では、現実の生活は、一方ではすぐに「歴史的」（実証的な因果関係の展開）になり、他方では「ユートピア的」（巡礼者や科学者や技術者の約束の地への前進）にならざるをえなかった。こうして見ることで、そうなった理由がわかってくる。いまや、あらゆる瞬間は、本質的に、先行する原因の「もはやない」であり、かつ、「まだない」ものに対する約束にほかならない。そして、その結果、瞬間それ自身は無（ニヒル）であり、愛されうるそれ自身の深みとイメージを含んだ無である。ここではそれは、もはや人ではなく、神だけが「フィレモン」であり、「愛を行う者」である。なぜなら、「神がこのように世界を愛されたのだから

［…］」（ヨハネ 3:16）。神はすべての愛を自分の中に吸収したのであり、それがために、人はもはや自分で愛する能力を持たず、その結果、「愛」は道徳的義務として人に課される必要があるのである（マタイ 22:37-39、「あなたは、あなたの神である主を愛しなさい［…］隣人を自分自身として愛しなさい」）――これは、当然ながら、愛の概念そのものが奪われていることを意味している。

無限の愛としての神――これは私たちのフィレモンの神話を完全に転倒させたものであり、それは神（神々）に対する人間のもてなしの終焉を生じさせる。実際、冷遇《非ホスピタリティ》は、キリストの磔刑による神の救済の計画そのものとして、キリスト教の一つの固有の要素として、その神話の中にはっきりと組み込まれている。「彼は彼自身へとやって来た。そして、彼自身は彼を受け入れなかった」（ヨハネ 1:11）。いわばキリスト者は、人を冷遇する者として定義される。つまり、大いなる晩餐への神の招きに応じることは、神の前でみずからが持たざるものであることを認めることであり、与えるべきものをまったく持っていないことを認めることであり、そして、そうであるからこそ、すべてを主の御手から受け取ることができ、また主の御手から受け取らなければならないということを認めることなのである。

＊　＊　＊

先ほど言及したように、ゲーテは『ファウスト』の中でフィレモンの物語を再現しているわけではなく、ゲーテの手になるフィレモンの場面はまったく新しく独立したものである。それにもかかわらず、私たちは何度も、フィレモンの物語に並行する特徴や対照的な特徴を見いだして、この古い物語を参照させられる。そして、その中でもゲーテは何よりも、もてなしと敬虔さの寓話として、フィレモンとバウキスを直接的に自分の作品に招き入れ、そうして、その物語の中心的なテーマとして取り上げている。放浪者が現れ、ていねいにもてなされる。これが『ファウスト』におけるフィレモンのエピソードの特別な特徴であるが、この作品では、実際のもてなしは現在の問題ではなく、過去と追憶の問題となっている。というのも、この放浪者たちは、昔、難破した船から二人の老人によって助けられてもてなしを受けたのであり、そのあとで、今回、二人の老人を再訪したにすぎないからである。これは、オリジナルの瞬間、汚れのない自己内包的な瞬間ではなく、一つのコピーであり、ほとんど一種の模倣であり、先行するオリジナルと比較したうえで評価されなければならないものであろう。

　どうやら、現代人のファウスト的状況においては、途切れることのないもてなしの現在というものは、もはや不可能なようだ。現在が、それ以前と今日とに分裂してしまったために、現在の瞬間に人が完全に没頭することは許されなくなってしまった。そのため、もてなしの瞬間がここで成就や完結を見出すことができないのは、驚くべきことではない。このことは、バウキスがゲストに「黙っておいでのまま、何も口にしないのですか。渇いた口に何も運ばずにおられるのですか?」と尋ねることで明らかになる。[8] 食物は食べられず、見知らぬ人は黙ったままで、したがって状況全体が無言であり、輝きのないままである。このとき、放浪者が神であることは明らかにされず、経験主義的世界にいる個人であり続けている。真のゲストはみずからを現前させない。フィレモンとバウキスは文字どおりの意味でのホストにしかなれない。瞬間そのものをそのイマジナルな深みで受け入れて、それによってその瞬間が神の輝きに溢れかえることを可能にするのがフィレモンのもてなしであるが、その実質的なもてなしが、もはや不可能である。ホストたちは、彼ら自身にとって歴史的なものとなり、彼らがゲストを受け入れても、現在の瞬間を受け取ることはなく、本質的にかつてのゲストを受け入れているだけである。

　ゲストを無言にし、飲食と完結を妨げて[4]、現在を、本来の充実したもてなしという歴史的な「以前」と、青白く空虚な繰り返しという「いま」に分裂させるものは、いったい何であろうか？　それがファウストの影響である。この現在はファウストの現在であり、神々の現在ではなく、すなわち真のもてなしの現在ではない。すでにここで真のフィレモンは死んでいる。つまり、このフィレモンは彼自身の過去なのである。『ファウスト』においてフィレモンはもっとあとの場面ではじめて死を迎えるにしても、その死は新しい展開ではなく、はじめから真実であったものを寓話的に可視化したものに過ぎない。しかし、根本的には、この二人の老人は、ここでも現在に完結したホストであり続ける。それは、まさに彼らが一回限りのホストであり、死によってその道を譲るからである。道を譲ることによってのみ、この現在が受け入れられるのであり、結局は現実に対して冷遇（非ホスピタリティ）的に（すなわち歴史的・技術的に）関係する現在が、受け入れられるからである。フィレモンとバウキスは、この瞬間が彼ら自身の否定の瞬間であるにもかかわらず、この瞬間に対する真のホストであり続け、そのため、彼らのもてなしとこの瞬間は、彼らの死においてのみ、その成就を見いだすことができる。そして、この圧迫された場面に唯一の光と輝きをもたらすのは、彼らが滅びる炎なのである。

＊＊＊

　ファウストの物語とフィレモンの物語は、鏡写しになっている。フィレモンの古い物語は、現代のファウスト的な現実という鏡に映し出されている。そしてゲーテは、この映り込みが何を意味するのかを示している。それは、フィレモンの破壊であり、すなわち、映し出すことの破壊であり、イメージを受け取ることの破壊である。こうしたもの以外の何ものでもない。フィレモンの時代とは異なり、物事や瞬間の持つ水のような表面は、もはや内なる神の本質を反映することを許されていないかのようである。人間は、実用に耐えるものを求めて、水面の「背後に」あるものに手を伸ばし、そうして水面の反映をかき乱し、鏡像が崩れ去る。その結果残ったものは、一方では正像の世界となり、他方では骨董品や博物館に展示されるものの世界となる。そうした品々は確かによく保存され、収集され、一個あたり数千ドルの競売にかけられるが、二度と神の顔の輝きをもたらすことはない。

　しかし、こうした映すことの破壊を、文字どおりの意味でとらえてはならない。それは完全な消滅という意味での死ではない。というのも、もし完全な消滅ならば、フィレモンが『ファウスト』に登場する必要はまったくなかったからである。そうではなく、フィレモンは、彼自身の過去の現前としてのみ、登場する。つまり、フィレモンは、リフレクション〔反映・反省〕の性質そのものへと変容しているのである。リフレクションは、すでに過ぎ去ったものの現前を意味するのであり、現在の現前を意味するのではない。それは直接的なるリフレクションではなく、媒介的なもの、すなわちメディアとしてのリフレクションである。ファウストの世界は、歴史主義、教養 *Bildung*、観光の世界であり、写真撮影とテレビの世界である。[9]

ゲーテは、ファウストが海やその満ち引きに対して示す態度に、ファウストの本質を写し出している。ファウストは、海が何度もやってきては陸を洗うことに、深い苛立ちを覚える。

> 私の眼は遙かな海原に引きつけられた。
> それはふくれ上がって、おのずからそびえ立ち、
> やがて低くなったかと思うと、波を逆巻かせて、
> 広々とした平たい岸部に襲いかかる。
> それが私の癪にさわったのだ、それはちょうど、
> 不遜な心が、情熱にはやる血気にまかせて、
> すべての権利を尊重する自由な精神を傷つけ、
> これを不快な気分に変えてしまうようなものだ。[10]

「それが私の癪にさわった［…］」。到着するかもしれないものに対してファウストがとっている態度を、それが裏切ったからである。彼の苛立ちは、このような降臨に対して向けられてい

る。そして、ファウストは海の中に、主として陸に襲いかかるものを見ている。来訪は、そもそものはじまりから攻撃として否定的に解釈されている。ここで思い出されるのは、ゲーテが、フィレモンの本来のゲストを海からやって来させたことであり、実際、ゲストは海の波に洗われて岸に打ち上げられた。神が海から顕現するように、神話では多くの場合、海は明らかにゲストの到来をもたらすものとして表現されている。だが、この海からの到来に対するファウストの返答は、もてなしに溢れた受容ではなく、「主である海を海岸から排除する」[11]計画であった。しかも、このあと、自分の部屋に入ってきた客人ゾルゲ（「憂慮」「配慮」）を、「去れ！」[12]という言葉で出迎えている。さらに第三の例を挙げれば、ファウストはフィレモンとバウキスに道を譲ってもらおうとして、メフィストに彼らの排除を要請する。ファウストが主張するように、私たちはあの世に通じていないわけではない。

　向こう側への思いは、私たちを惑わす。
　馬鹿者は、目をしばたたかせて彼方を仰ぎ、
　雲の上に自分と同じようなものを考え出すのだ！[13]

ここでファウストは完全に間違えている。撤退して自分を閉ざしてしているのは、彼方ではない。それどころか、彼方は、すでにやって来ていて、受け入れられることを望んでいる。それはいつもそこにいて、私たちのドアをノックし、私たちの海岸に押し寄せてくる。このことをプロ

ティノスは、よりよく知っていた。曰く、「彼らが私のもとにやって来るのであって、私が彼らのもとに行くのではない」[14]。大仰な堰堤の建設によって、その到来を排除しているのは、ファウスト自身なのである。

　ファウストの行為が、たとえすすんで到来するゲストをもてなすことを意味していたとしても、当然ながら、ファウストは彼方に入り込むことを望んではいない。あの世に対するファウストの関心事は、何よりも、それを征服することである。彼が求めているのは、世界の所有[15][Weltbesitz]であり、あらゆる自律的な力の排除である。彼は単に多くを求めるのではなく、すべてを求めるのでもなく、全体性を求めている。フィレモンとバウキスが消え去らなくてはならないのは、このためである。そして、完成されたホストであるフィレモンとバウキスが、ファウストとは絶対に共存できない正反対の原理を代表することになっていることで、なおさらそのことがはっきりする。フィレモンの殺害とはファウストによる不道徳な行いではなく、もてなしとその正反対のもののあいだにある客観的で、ほとんど存在論的な関係の寓意的な表現にすぎない。冷遇の心が支配するところでは、もてなしの心は消え去っていく。

　このことは同時に、冷遇が、フィレモンの世界の実在を前提としていることを示している。もてなしは存在論的に冷遇に先行している。冷遇（実証主義）は、それ自体では何ものでもないが、存在論的に空《くう》であるため、神話的なものを糧としている。それは、「フィレモン」や「海」といったイメージの継続的な破壊であり、消費であり、排除に他ならず、この継続的な否定がその本質である。[16]ここに私たちはリアルな善の欠如 *privatio boni* を手にすることになる。ファウストは襲撃し奪い去る者である。つまり、彼の名前（拳 fist）は、フィレモンやバウキスの名前と同じように、深い意味を持たないわけではなく、フィレモンの受容精神とは対照的な——文字どおりのアクティヴィズム〔積極行動主義〕の原理を体現しており、存在するためには何かを摑まなければならない空の拳によって特徴付けられている。

ファウストが潮の満ち引きに特に苛立ちを覚えるのは、そのエネルギーの無駄遣いであり、この力の身勝手な浪費である。フィレモンやバウキスが、見知らぬ者のために、翌日を気にせず持てるものをすべて使い果たしたのに対し、ファウストはすべてを実用的な目的のために使い、その目的に奉仕させようとする。ファウストは海を見ながら、次のように言う。

相次ぐ波は偉力を孕んでそこを支配するが、
引き去ったあとには、何も成し遂げられておらず、
それは絶望に向かって、私を不安にさせる！
抑制を知らない諸元素が持つ目的のない力！
そこで私の精神は、あえてみずからを飛び越えていこうとする。
私はここで、闘いたい、あいつを征服したいのだ。[17]

ファウストが現在の自律的なリズムを取り消そうとすることは、瞬間というものが根本的に枯渇したことの当然の帰結である。いかなる瞬間も完結を見出すことはできない。ファウストはあ

らゆる瞬間に満足せず、そうでなければならない（「Er, unbefriedigt jeden Augenblick!（彼は一瞬一瞬に不満足である[18]）」）。裕福であるにもかかわらず、まだ彼が手にしていないものが常に存在する。

富貴の身において、自分に欠けたものを感じるほど
私たちを、ひどく悩ませるものはない。[19]

何があろうと敵対し（「呪われよ、それはここにある！[20]」）、彼は何か別のものを、もっと良いものを探さなければならず、決していまこの瞬間を見ることはなく、まさにガチョウに値する特別な機会を見ることはない。

歓びであれ、悲しみであれ、
彼は何もかも翌日に先延ばしにして、
ただ未来を待ち受けるばかりで、
そうして彼は決して何も成し遂げることがない。[21]

逆に言えば、いま現在に届くものを受け取ることができないファウストは、みずから進んで彼方を目指したり、未来に訪れる何らかの充足を常に探し求めたりする必要がある（同じことであるが、逆に言えば、未来／彼方への志向は、この瞬間から、それ自身の実質を奪う）。ファウストは深い憤り

を糧にして生きており、最終幕における彼の最も重要な情動や気分は、妬み・恨み・怒り・苛立ちである。彼のまなざしは陰鬱である。ファウストが未来への志向に支配されているのであれば、ゲーテが、この姿勢を表す寓意的な人物を登場させたのは驚くようなことではない。ゾルゲ〔憂慮〕は、気遣い、心配、不安の精神である。

ゾルゲは老いたファウストに失明をもたらす。しかし、この盲目は、ここでは老齢による偶発的な障害でも罰や後遺症でもなく、ファウストの（あるいは現代人の）本質である。人生の終わりが、単に、それまでファウストがずっと携えてきたものを、寓話的に表に出しただけである。未来志向の精神に支配されることは、盲目であることである。つまり、現代人が生きているほかならぬ現在が、すなわち未来への心配であるなら、人間にとってこの現在の現前（贈り物）は、現在を到来の瞬間として見られないという盲目である――まさにガチョウに値するその特別な機会として現在を見ることができないのである。

現在に対する敵意は、敵意それ自身に対してさえも向けられる。このことは、ファウストが、自分の存在様式の具体化として自分の現在を待たないままでいながらも、まさしく彼を目指してやってくる一人の訪問者に対して、自分の目を閉ざしたことに示されている。彼は、愛人としてのゾルゲ〔憂慮〕とたしかに長く手を携えてきたにもかかわらず、彼女の力を認めることを拒否している。

だがゾルゲ〔憂慮〕よ、お前の忍びやかな大きな力をおれは承認してはやらないぞ。[22]

未来への大きな希望や世代を越えて至福をもたらす幻想的な計画のように、まさにゾルゲから自分が逃れられると信じることによって、ゾルゲはその力を発揮する。だが、ファウストはそのことに気づいていない。ファウストはまだゾルゲを、自分の外側にあって自分とは異なるものであると考え、ゾルゲが入ってくるのを拒否できると信じ込んでいる。ファウストは、ゾルゲがすでに彼の中に入ってきており、すでに彼自身であることに気づいていない。だからこそ、ファウストはまさしく盲目なのであり、彼をずっと動かしてきた力そのものを妄信している。

しかし、これはファウストの「誤り」ではなく、ゾルゲ〔憂慮〕のもとにあることの必然的な結果である。つまり、将来への大きな希望を持って憂慮から逃れる試みとして存在するのが「憂慮」の本質であり、みずからの盲目に気づかないのがこの存在論的な盲目の本質である。したがって、盲目になったばかりのファウストは言う。

夜がだんだん深く迫ってくるようだ
だが、内側には明るい光が灯っている。[23]

ファウストの主観的な内なるユートピアのヴィジョン、すなわちまさにいまここにある本当の姿を見えなくさせるものが、真の光として美化されている。

このことは、彼が死に至るまで真実であり続ける。未来への予感が、死の瞬間でさえも、充実した現在を阻む。

そうした高尚な幸せを予感しながら
おれはいま最高の瞬間を味わうのだ。[24]

ファウストのこの最期の言葉は、彼の最高の瞬間の空虚さを明白にしている。つまり、それ自体には内容がなく、現在もなく、想い描かれた未来の予知と予感があるだけである。いままで自分が生きてきたように、そのまま彼は死んでいく——払うべき借金を残したまま。

ファウストが絶望的に騙されていること、彼の未来への希望が虚しい幻想であることをゲーテが読者に明らかにすることで、これはいっそう際立ったものとなる。ファウストは、その死の場面で労働者の立てる騒音を聞きながら、未来の人類に永遠の幸福をもたらすはずの巨大な干拓事業に、彼らが携わっていると信じ込んでいる。

俺は数百万の人々に、空間を開いてやりたいのだ
安全とは言えないまでも、働いて自由に住めるように。
野は緑に覆われて肥沃だ。人間も家畜も、
ともに気持ち良く、この新しく開墾された土地にあり、

あのがっしりとした力強い丘に移住するのだ、
そこは大胆で勤勉な人民が盛り土した場所だ。
内陸のこの楽園のような土地では、
外側で潮が岸壁まで荒れ狂っていても、
そして、潮が強引に侵入しようとして嚙みついてきても、
共同の熱い思いで、人々はその穴を塞ぎに集まってくる。[25]

深層心理学者であれば、ここで、精神分析の目的を述べたフロイトの有名な一節とそこに登場する比喩を思い出さずにはいられない。「〔精神分析の〕目的は、自我を強化し、いま以上に超自我から自立できるようにさせて、その視野を広げ、その組織を拡張し、それ〔イド〕の新しい部分を引き継ぐことができるようにすることだからである。それ〔イド〕があったところを自我ならしめよ。それは、ゾイデル海の干拓のような開拓事業である」[26]。

しかし、ファウストはゾルゲ〔憂慮〕によって盲目にされていて、実際に何が進行しているのかをわかっていない。私たち読者には、それがよく伝わってくる。なぜならメフィストフェレスは、しばしば真実の声として、何が本当に起こっているのかを私たちに教えてくれるからである。ここで聞こえてくる労働者たちの立てる騒音は、ファウストのいう灌漑用の水路（Graben）の作業音ではなく、彼の墓（Grab）で作業しているレムレスたちの立てる音である。[27]ゲーテは、この幻想的で不気味な場面において、未来の楽園や社会の進歩を、あるいはマルクス主義哲学者

エルンスト・ブロッホが「希望の原理」「まだ見ぬものの予期」「具体的ユートピア」と呼ぶものについての現代人のヒューマニスティックなヴィジョンを代弁している。しかし、同時にゲーテは、このヴィジョンがいわば盲目と妄想に由来するものであることを描き出している。メフィストフェレスの対位法的な解説から、未来の楽園が決して存在しないことを知ることができる。ゲーテはむしろ、冷遇する人間によってもたらされるこの未来が、本当は何を目指しているのかを私たちに教えてくれている。つまり、それは破壊、絶滅である。

お前は、結局はこちらのために骨を折っているんだよ、
おまえ自身の土手や突堤を築くことでね。
なぜかと言えば、お前はネプチューンのために、
水の悪魔のために、大宴会を準備しているんだからな。
いずれにしても、お前たちはもう助からない。——
四大元素は、こちらと結託している。
そして、とどのつまりは一切破滅という寸法さ。[28]

「そして、とどのつまりは一切破滅という寸法さ」。その本質が、それ自身の目指しているところに反している態度が、これ以外の何に至りえるだろうか？　しかし、フィレモンから学んだことに照らして見ると、災いとなるのは、結局のところ実際の出来事だけでなく、ナラティブの形

式であり、つまり常に次の瞬間に飛び、何か大きな出来事がたまたま起こるか、あるいはそれが達成されるかを待っている様式である。そのことに私たちは気づくことがあるかもしれない。偉大なユートピアを「目指して出かける」ことは、それ自体が、消滅に向かうことを意味している。

　しかし、ファウストが海の波に曝されることのない「閉ざされた内陸」を目指しているように、また、彼の盲目が妄想的な内面世界に自分を閉じ込めているように（「夜がだんだん深く迫ってくるようだ／だが、内側には明るい光が灯っている」[29]――この光がどれほど「澄んだ」ものであるのかは、私たちも知っている！）、そうして彼はもはやメフィストとコミュニケーションをとることも、メフィストが言う言葉を聞くことさえもできない。むしろ、ファウストとメフィストフェレスは、自我意識と無意識の人格として、別々に並行して語り、あるいは交互にそのモノローグを語る。唯一の違いは、ファウストが完全に私的な幻想（彼のイディオ・コスモス *idios kósmos*〔私的な呆けた世界〕）の中に閉じ込められているのに対し、メフィストはファウストが語っていることをよく理解しており、反対側から解説を加えていることである。この場面は、形式的には対話の体裁をとりながら、同時に対話の対極にあることで、ファウストの疎外と「全人」の崩壊とを、よりいっそう痛々しく際立たせている。

　ゲーテは『ファウスト第二部』において、現代のテクノロジー世界の徹底的に解離的な存在論的状態（あるいは現代人の意識の解離的な心理学的状態）と、二〇世紀末のいまになって私たちが少しずつ意識し始めている、自然界の破壊の驚異という切迫した事態を、予言的に分析していた。ゲーテのその第五幕は、古代のフィレモン神話を逆側から再話したものであり、オヴィディウスが言及しただけで焦点を当てなかったものであることに、私たちは気がつくことになるのかもしれない。つまり、それは神なき時代の観点からの再話であり、その行き着く先は、ネプチューンの酒宴で洪水に飲み込まれることらしい。ゲーテはそれを非常に明確に表している。元素の高波の到来に対して堤防を築くこと（後にフロイトが「オカルティズムの泥の黒い波に対する揺るぎない防壁」[30]と呼んだものを築くこと）こそが、元素の洪水を通じた究極の破壊の原因なのだ。〔大文字の〕他者から自由になった未来の世界をもたらすために、盲目のファウストによって考案された堤防と溝という偏執狂的なシステム全体が、つまり恐怖症に対する防衛が、実は知らず知らずのうちに、みずからが恐れる力へと近づく道なのである。本来は永遠の平和をもたらそうとして作られた核兵器が、それにもかかわらず、私たちを全き終末で脅かしていることを思い起こさざるをえない。

齢七十から八十になるゲーテが、このファウスト的な理想主義的努力の世界を詩的に創造し、その解離的で自滅的な構造と、「大地」と神々に対する自己中心的な敵意を認め、そのことに対して曇りない誠実さと従順さをもって取り組んでいることは、非常に感動的である。この告白は、ゲーテが多大な努力によって獲得し、長年にわたって時代の逆流や近代という時代の真理に対抗して守ろうとした一つの世界観を、彼自身の古典的な「象徴的世界観 *symbolische Weltanschanung*」を、明示的ではないにしても、決定的に放棄することも意味していたからである。[31] ゲーテ自身の見解は、その新プラトン主義的な性質から、最後の二幕においてファウストよりもフィレモンにより近いように見えるが、実際には、それが時代の潮流に対する防衛であり、自分を求めているゲストの受け入れとは正反対のものである以上、やはりファウストの側に属している。しかし、ゲーテは、『ファウスト』において、彼が深く恐れていたものを描き出し、その外的な事実上の姿だけでなく、その内的なイメージや、イマジナルな原動力まで、驚くべき明晰さ（そして先見性！）で貫き、それによって最終的にはそれをそのまま、もてなすように、受け止めたのである。

＊　＊　＊

ファウスト的な世界内存在様式が何を目指しているのかを見た後でユングに立ち戻ると、なぜユングが、フィレモンのために聖域を用意し、ファウストのために贖罪の場を用意する必要があると考えたのかを、よりよく理解することができるだろう。ボーリンゲン[5]は聖域となりうる場所だが、それは訪問者を受け入れるという特別な目的を持った場所だったからである。

ボーリンゲンでは、私は自分の本当の人生の真っ只中にあり、最も深く自分自身である。私はここで、いわば「母の年老いた息子」である。錬金術では、非常に賢明な言い方で、私が子どもとしてすでに経験したものに対して、「老人」や「古代人」という呼び名を与えているが、それはこれまでも、そしてこれからもずっと、私の人格のNo.2だからである。私の空想の中で、人格No.2はフィレモンの姿をしており、それはボーリンゲンで再び息を吹き返した。〔中略〕ここは、世界と心の背後領域の、空間なき王国のための空間である。[32]

ユングが専門家として機能し、世界中から患者や訪問者を迎え、世界中からの手紙を受け取る、すなわち文字どおりゲストを迎えるキュスナッハトの住居とは対照的に、ボーリンゲンは彼の静寂と隠棲の場であり、イメージや思考を、回想や湖の波を、「行き来する動物たち[33]」を迎え、炉と鍋に祖霊を宿す場所であった。ここでユングは、自分で水を汲み、木を切り、古いランプを灯し、自分で食べるものを自分で調理した。古代の神話と『ファウスト』の中にいる老夫婦フィレモンとバウキスのライフスタイルや生活環境を思わせる質素さと慎ましさとをもって生活している。それはいかなる英雄的な営為からも遠くかけ離れている。ファウスト的な開墾や世界征服からは遠く、あるいは学者や作家としての仕事からも遠い（「ここでは創造の苦悩は軽減される[34]」）。

　もちろん、ユングとフィレモンを結びつけ、ユングにとってフィレモンを大切なものにしたもう一つのつながりがある。一九一三年以降のユングのアクティヴ・イマジネーション活動の時期に、ユングによってフィレモンと呼ばれる人物像が彼に現れている。[6] このフィレモンは一見すると、オヴィディウスやゲーテのフィレモンとは似ても似つかない。ユングのフィレモンは異教徒であり、エジプト＝ヘレニズム的世界に属し、グノーシス的な色彩を帯びている。しかし、より深い水準では、ユングがこのファンタジーの人物像を、古代の物語の人物と同じ名前で呼んだ理由は、とても明快である。このフィレモンこそ、ユングに、魂の中に事物があることを教えたのである。こうした事物はユングが作り出したものではなく、まるで森の中の動物や、部屋の中の人々や、空中を舞う鳥のように、みずから自身を生み出し、みずからの生命を持っている。つまり、このフィレモンこそが、ユングに心理学的客体性を教え、「魂の現実 *Wirklichkeit der Seele*」を教えた魂の導き手だったのである。[35]

ファンタジー・イメージに客体という現実の威厳を与えることは、それをもてなす行為にほかならない。ここで問題とされている歓待とは、私たち（自我）が何かに「賛成する」こと、「同意を示す」こと、「受け入れる」ことを意味してはいない。これは自我の行為や態度とは関係がなく、私たちがそれらについてどう考えるのか、賛成なのか反対なのか、そうしたことは、まったくもって重要ではなく、明らかに二次的なものである。むしろ、歓待とは、このファンタジー・イメージを、私たちの心理学の「理論」に住まわせることであり、ひいては客体的に実在するアニマリア *animalia* やダイモーン *daimones*〔魂や霊〕という地位と名誉ある場をそれに与えて、私たちの存在論の中に住まわせることを意味している。神々は、私たちが神々に味方したり、神々を選んだりすることを望んではおらず、私たち自身の中で神々を「展開させ」たり、英雄的冒険やキリスト教的な夜の旅という個性化過程の着想に従って、神々を探しに出かけたりすることも望んではいない――こうしたことは自我が自分の重要性を高めるために考えることではないだろうか。神々はもっと別のものを求めており、よりシンプルで、より根本的で、より革新的なものを求めている。彼らは、存在論的に認められ、敬意を払われることを望んでいる。

このように考えると、ユングの世界において、フィレモンに与えられた聖域はボーリンゲンだけでなく、彼の心理学もまた然りであったことがわかる。アニマ、老賢者、グレート・マザー、フィレモン、エリア、サロメといったように魂の人物たちに名前を付けて、元型論や心の現実性というアイデアを展開することで、ユングはまさにこのダイモーンたちの客体性を存在論的に承認したのである。

ここで、私が神々へ賛否を示すことの重要性を軽視し、理論や名前を強調することによって、〈もてなし〉というテーマを単なる用語や理論的構成の問題にすり替え、実生活や実感の領域を省いている（あるいは切り捨てている）という反論の声が上がるかもしれない。たしかに、そうした見方もありえるだろう。しかし、私は逆の方向に進もうと思う。つまり、（冒険や宗教的な確約から、存在論と理論への）重点の移動を「単なる理論」への還元とみなすのではなく、この移動を、理論における従来の考え方の拡張と再評価とみなして、さらに理論のより深い側面の回復とみなすことを選びたい。すなわち、決定的で非常に現実的な変化をもたらす本物の儀式的活動として、それを理論化して名付けるのである。ユングが心理学の理論に「元型」という構造を追加したことは、何を意味するのだろうか？　ダイモーンが理論に係留されているいま、ダイモーンを「ファンタジーにすぎないもの」に還元する根拠はもはやなく、純粋に人間の寸法にあった自由な「閉じた土地」を作るために高波に対する堤防を築く可能性もなく、理論を「オカルティズムの泥の波に対する防波堤」とする方法もない――高波はすでに、そして取り返しのつかないほど、あらゆる潜在的ダムのこちら側で発生している。荒れ狂う高潮が、〔堤防を〕食い破り、猛烈な洪水となっても、〔中略〕人々はその穴を塞ぎ改善するために集まってくる」という、ファウストが最後に見たヴィジョンも希望も、もはや意味をなさない。被害は――それが被害であるとしても――もはや改善されることはない。ユングの元型論はすでにその扉を開いている。すなわち、よそ者[36]（私たちのなかのファウストとっての敵対者、私たちの中のフィレモンにとっての客人）はすでにこの家の中にいる。

原注

［1］私は、第四幕と第五幕のファウストに限定して、このファウストとそれ以前の幕のファウスト（ファウストたち）、特に『ファウスト第一部』のファウストとの関係の問題を論じることはない。

［2］『ファウスト第二部』に関する伝統的な見解は、それは寓意的ではなく象徴的であるとするものである。しかし、次の二人の著者は、百五十年にわたる『ファウスト』研究の大前提を覆し、この作品が寓意的であるとする先駆的な研究を行っている。Heinz Schlaffer, *Faust Zweiter Teil. Die Allegorie des 19. Jahrhunderts*, Stuttgart: Metzler, 1981（ハインツ・シュラファー『ファウスト第二部　十九世紀の寓意』）. Wolfgang Benn, *Hermetik, geschichtlich Erfahrung, Allegorie. Die konstitutive Funktion von Goethes hermetisch beeinflußter Naturphilosophie für die allegorische Natur des Faust II*, Frankfurt a.M.: R.G. Fischer, 1981（ヴォルフガング・ベン『錬金術、歴史的経験、寓意。錬金術に影響されたゲーテの自然哲学が『ファウスト第二部』の寓意性に対して果たした構成的機能』）.

［3］*MDR*, p. 222 note, and *Letters I*, p. 49 (to Keyserling, 2 January 1928).

［4］*Letters I*, p. 309 (to Paul Schmitt, 5 January 1942).

［5］*MDR*, p.222.

［6］Ovid, *Metamorphose VIII*, 611-726. See Manfed Beller, *Philemonu und Baucis in der europäischen Literatur*, Heidelberg ,

Winter, 1967(with bibliography)(『ヨーロッパ文献学におけるフィレモンとバウキス』) and Marie-Louise von Franz, "Der unbekannte Besucher in Märchen und Träumen," *Anaiyt. Psychol*. 6:437-449, 1975(「昔話と夢における見知らぬ来訪者」).

［7］イメージの中に瞬間が「溢れかえる」というアイデアについては、拙著 "Buße für Philemon: Vertiefung in das verdorbene Gast-Spiel der Götter," *Eranos 51*, 1982, Frankfurt/Main: Insel. 1983, S.189-242(フィレモンへの懺悔　零落した神々の客演に深く入り込んで). において議論している。

［8］『ファウスト』のドイツ語引用にはハンブルグ版を用いている。また英語版は *Faust Part Two by Philip Wayne*, Harmondsworth: Penguin Classics, 1959 を用いている。この箇所の引用は、lines 11107f. である。

［9］カール・マルクス『資本論』に基づいて『ファウスト第二部』を解釈するシュラファー（前掲書）は、この歴史主義と教養 Bildung の側面を徹底的に検証している。

［10］p. 220, line 10198.〔相良守峯訳『ファウスト』岩波文庫の既訳を参照し、文脈にあわせて改訳した〕

［11］p. 221, line 10229 ("Das herrische Meer vom Ufer auszuschließen").

［12］Line 11422, ("Entferne dich!").

［13］p. 265, line 11442 ff.

［14］Porphyrius, *Life of Plotinus*, 33-38.

［15］Line 11242.

［16］注7に示した論文で、この「否定」を西洋の心の歴史という観点からさらに論じている。

［17］Line, 10216ff.

［18］Line, 11452.

［19］Line, 11251f.

［20］Line, 11233

［21］Line, 11463ff.

［22］Line 11493f.
［23］Line 11499f.
［24］Line 11585f.
［25］Line 11563-11572.
［26］Sigmund Freud, *New Introductory Lectures on Psycho-Analysis*, ed. Ernest Jones, trans. W. J. H. Sprott, London: Hogarth Press, 1957, no. 24, p. 106.
［27］Line 11558.
［28］Line 11544ff.
［29］Line 11499f.
［30］*MDR*, p. 147.
［31］Andrew O. Jàszi, *Entzweiung und Vereinigung: Goethes symbolische Weltanschauung*, Heidelberg: Stiehm, 1973.
［32］*MDR*, p. 214.
［33］*Ibid*.
［34］*Ibid*.
［35］cf. *ibid*, p. 176.
［36］「このよそ者であるゲスト」は、ユングのアクティヴ・イマジネーションの中の人物でもある（See *Briefe III*, letter to Sir Herbert Read, 2. IX.1 960, p. 338, note 6）。「この手紙（*Letters 2*, pp. 590f.）には次のような文章もある。「尊大に玄関ドアをノックして私たちに畏怖の念を喚起する者は、一体誰なのでしょう?」「彼（アーティスト）のあらゆる愛と情熱（その「価値」）は、来るべき来訪者に向けられ、その到着を告げ知らせるのです」。

訳注

1 本章は、"Hospitapity Towards the Gods in an Ungodly Age Philemon-Faust-Jung"(in *Collected English Papers Vol.1*, p.197-218, Spring Journal Books, New Orleans, 2005) の全訳である。本書第七章で語られているように、これは著者の「心理学的な青年時代」に著わされたものであり、具体的には約四十年前の一九八四年に執筆されたものである。それを承知したうえで、家族に関する書物を編纂するにあたり、著者ギーゲリッヒ氏との話し合いのうえで選ばれた論考であることを記しておきたい。

2 ウーゼナーはギリシア神話の神々を現象学的に三つに分類し、「瞬間の神々」「特殊な神々」「主要な神々」に分類しているが、この分類にかかわらず、ここではあらゆる神々の瞬間の顕現を示している。

3 Presents を presence とかけて使用している。つまり、同じ語源を持つ言葉が、キリスト教においては「恵み」や「贈り物」になり、フィレモンの物語においては「現前」になることが示されている。

4 飲食には consumption、完結には consummation という言葉があてられており、もてなしに際して、ガチョウや自分自身や現在を費やす、つまり consume する、という言葉との関係が語源的に暗示されている。

5 ユングは五十代半ばに、日々の生活を送り、仕事をしているキュスナッハトとは別に、ボーリンゲンにみずからの手で石造りの家を建築し、この二つの居所を往還する生活を始めている。

6 いわゆる『赤の書』に結実したユングの自己対決の取り組みのことを指している。

第七章　家族を巡って

W・ギーゲリッヒとの対話

（猪股　剛　訳）

一　心理学の本質とその対象

【質問1】まず、一つ素朴な質問をさせてください。家族や家とは、心理学にとって、そもそも考察の対象なのでしょうか？　それともそれは社会学や人類学や生物学の考察対象なのでしょうか？[1]（猪股）

この問題は、あなたが言うほど単純なものではありません。これを問うことで、複雑な区別が生じ、そこから重要な洞察へと連なっていきます。「家族」は確かに社会学・人類学・生物学の主題であり、さらには、文化民俗学の主題でもあるでしょう。そして、こうした学問分野があるにもかかわらず、家族は心理学によって研究されるべき主題なのだろうか、と問うことは、心理学は「家族」に関わりうるこうした科学分野のリストに加えられなければならないのだろうか、という問いになります。あるいは、「家族」がこれらの経験科学の研究対象であるならば、心理学の主題にはなりえないのだろうか、という意味にもなります。ここに挙げた諸科学によって正統な研究対象とされる現象は、そもそも心理学の対象から排除されるのでしょうか。私の答えは三つの部分からなります。

（1）科学はそれぞれ、研究する特定の対象によって定義されます。化学は、大まかに言ってしまえば、物質についての科学であり、天文学は星や銀河について、生物学は植物や動物について、地質学は石や地形や地殻について、社会学は社会制度や社会現象について、言語学は言語について、神学は神について、などと定義していくことができます。このことは逆に、化学は、ここに挙げた例で言えば、動植物や星、言語、神に関する学問ではないことを意味しています。この世界には、数多くの区別された物質のタイプや区別された世界の「部分」がありますが、その数と同じ数だけ多くの研究分野が存在しています。逆に言えば、あらゆる科学は、自分自身もそこに含まれている全体としての現実を、対象のタイプや領域に従って分割しているのです。

しかし、研究のはじまりの段階において観察されるのは、一つの対象や現象がそれでも複数の学問領域において研究されえるということです。なぜなら、同じ対象でも異なる視点や観点から見ることができますし、同じことですが、この対象が異なる側面を持つ場合もあるからです。例えば、宗教画を考えてみましょう。芸術作品として、それは主に美術史の対象です。しかし、油絵の具でキャンバスに描かれた絵として見れば、使用された絵の具の組成を化学的に調べることもできます。また、宗教画であることを考えると、描かれている宗教的な光景がどのような形で表現されているかを神学的な観点から研究することもできます。これと同じ意味で、たとえ「家族」が、社会学といった学問の正当なテーマであるとしても、心理学が独自の視点からそれを研究していくこともきっと可能でしょう。

　つまり、科学分野間の違いは、先に申し上げたように世界に存在する物、事、アイテムのタイプの違いによって引き起こされ、定義されるものではないのです。植物や動物が生物学だけに所属するわけでもなく、絵画が美術史に所属するわけでもなく、「家族」が社会学・人類学・生物学に所属しているわけでもありません。ある特定のタイプの対象を「所有」して、その対象を他のすべての学問分野にとってタブーとするような科学は存在しません。むしろ、科学分野間の真の違いは、現実に接近する際の視点の違いによって生じます。あるいは、一つの同じ対象が観察者に見せる側面の違いによって生じるとも言えます。（主体の側の）観点や（客体の側の）側面が、異なる科学の境界を定め、科学分野間に境界線を引くのです。

　つまり、先ほどの宗教画の例で言えば、美術史・化学・神学の三つの科学がそれぞれ「一つの同じ」ものを研究しているにもかかわらず、科学としては、それぞれまったく異なる対象を研究していることになります。つまり、一つは絵画の芸術的・美的な質を、もう一つは絵画に使われている絵の具の構造と構成を、三つ目のものはその描写に現れている宗教的な態度や神学的な着想を対象としているのです。このように、「対象」とは、各分野の視点によって定義される（物や現象の）側面を意味していることになります。そして、それぞれの学問は、自分に定められた専門分野にとどまり、他の学問の専門分野を尊重するのです。

しかし、ここで、この質疑応答の最初の一文で示唆しておいた複雑な問題が出てきます。それは心理学の本質が何であるのかを正しく理解することに関わっています。

もし心理学が、複数の人びとの内側で起きていることを研究するものである、と考えられるならば、問われているのは心理学独自の視点や観点となるでしょう。心理学は、他のすべての科学や学問分野と同様に、ある特定の限定された研究分野となることでしょう。その場合、心理学は（心的経験の他のすべての側面に加えて）特定の家族構成が個人の内側の心的な生活にどのように影響し、それがどのように彼らの態度や行動に影響を与えるかを調べることができるでしょうし、またそうしなければならないでしょう。ある特定の両親や兄弟と一緒に、ある特定の家庭で育ったことに関して、その内的な経験や個人的な影響に焦点を当てることは、例えば、心理学の視点を社会学の視点と区別することにもなるでしょう。このような心理学は、経験科学となり、「魂」ではなく、人びとの心や人間という生物の心に焦点を当てることになります。[2] それは必然的に個人主義的なものになるはずです。

（2）しかし、このような心理学の着想は、心的な生活を研究するものであり、また特定の個人が生きている経験的条件に対する心的反応を研究するものですが、それに対して、C・G・ユングは、真の心理学には「限定された作業分野（*ein abgegrenztes Gegenstandsgebiet*）」（*CW*9i, §112）がない、と明白に宣言しています。私たちはこの事実に注目しなければなりません。では、これは何を意味しているのでしょうか？

ユングの洞察によれば、「魂」とは経験的現実がおのずから観察者に対して示すさまざまな「側面」の一つでないのは明らかです。したがって、魂は、魂に専念する一つの区分けされた経験科学という形をとって、人間の心《マインド》の中に表されるべき自然界の一「側面」でもありません。心理学はさまざまな科学の内の一つではなく、他のあらゆる分野と肩を並べる学問でもなく、すべての科学が集まって演奏する協奏曲の一奏者でもありません。「魂」は、心理学によって研究される主題ですが、「魂」はそもそもそれ自身の領域として、現実世界の中の一つの限定された部分となることはありません。これが心理学を他の分野から区別している点です。しかし、もし心理学が限定された領域として、自分の現実区分を持たないのだとすれば、心理学とは一体、何を研究するのでしょうか、何に関するものなのでしょうか。

この問いに対する回答は、ユングのある重要な洞察から導き出すことができます。

> 私が経験することはすべて心的である。私が経験する体の痛みでさえ心的なイメージである。私の感覚的印象は――それが空間に置かれた見通すことのできない物体の世界を私に押し付けてくるにしても――心的なイメージである……。私たちは実のところ、心的なイメージに包まれていて、自分たちの外部にある物事の本質をまったく見通すことができない。私たちが知りうるすべてのものは心的なものから成り立っている。
>
> （CW8, §680）

もし、私たちが知りうるあらゆるものが心的なものからなり、心理学的、すなわち、心《マインド》における世界のそのイメージや反映として魂によって生み出されているとすれば、心理学の「領域」は、人間の心《マインド》によって知覚され、研究され、議論され、説明され、あるいは解釈されるあらゆるものであり、それゆえに、すべての科学のすべての内容を含むことになります。言ってみれば、科学は、心的イメージが示すものを研究するのであり、それが扱っているものを額面どおりにとらえ、実際に存在する対象としてとらえ、いわば「物自体」[3]としてとらえている、と言ってもよいでしょう。これに対して心理学は、心的イメージをイメージとして、また魂が作り出した生産物として研究するのです。

　このように、心理学は科学に対してより高い水準に、メタ・レベルにあるのです。しかし、そんなことがどのようにして可能なのでしょうか。心理学には、すべての科学の上役やスーパーヴァイザーのような役割が与えられなければならないのでしょうか。すべての科学に干渉することを課題とし、現実世界の一つひとつの領域をそれぞれの科学が公正に評価し研究する試みに対して、発言権を行使する任務があるのでしょうか。もちろん、そうではありません。さまざまな研究分野に対して建設的な貢献ができるなどと、心理学が主張できるわけがありません。

　ユングの論述の意味するところは、まったく逆の方向を向いています。この論述にはある一つの否定が含まれています。もしかすると、この否定が経験的現実を研究するすべての科学から心理学を根本的に切り離して、科学への心理学からの干渉はア・プリオリに排除され、心理学と科学との競合も排除される、と考えることも実際できなくはありません。それにもかかわらず、正しいとは言えないでしょう。これでは、この否定に過少な限定を与えてしまっています。なぜなら、この否定は、通常の否定ではなく、全否定でもなく、決定する否定だからです。そのため、この否定は、分離しつつ接続しています。そしてこのことから、心理学は現実世界への科学的アプローチとは無関係でありながら、（とりわけ）科学が生産する知識を「魂」という観点から研究する任務さえも担っている、ことがわかります。

　科学は自然の法則を発見しようとします。経験的な現実がそれぞれの領域でどのように機能しているのか、そこで観察された状態にどのように至ったのか、そして、どの要素がどの結果をもたらすのか、こうしたことを科学は知ろうとします。その目的は、人間の利益のために現実をコントロールし、操作できるようにすること、あるいは、自然界に潜む危険から身を守る方法を学ぶことにあります。ここで、魂と心理学が備えた円の全体を見渡すのを止めて、心理学と科学の関係だけに焦点を当てると、心理学という学問がメタ・レベルで機能しているという事実は、心理学それ自体が科学の（a）自然主義的で徹底した実用技術的アプローチを決定し、また（b）それがアプローチしている経験的現実とを決定し、この二つの決定を成立させる否定である、と言うことができるでしょう。心理学は、自然そのものや、世界の物事やそのプロセスや、現実がどのように「働いている」のかを研究したいわけではなく、さらに言えば、そこに存在するすべての因果関係を研究したいわけでもありません。むしろ、その対象は、心的イメージとしての、あるいは魂の創造物としての、科学的なアイデアや知識です。ある時代、ある社会で、世界に関してあれこれの科学的アイデアが存在するということ、さらには、人間の心《マインド》が（例えば、神話や儀式の時代、広く言えば科学以前の時代に存在していたような他のアイデアではなく）これらのアイデアとともに生きていること、そういったことが心理学的に何を意味するのかが心理学の対象なのです。

つまり、科学との関係に関する限り、心理学は科学が研究していることを反省しています。[4] その理論が真か偽か、経験的世界とその内部の機能について何を教えてくれるのか、また、私たちと私たちの生存のために供される技術的な可能性にとって科学が実際のところ何をしようとしているのか、そういったことに心理学はまったく関心がありません。心理学は、科学的なアイデアを、それが科学において指していることとは別に、アイデアとして研究し、心に抱かれた着想として研究し、これらのアイデアや着想をそれ自体として研究しているのです。「家族」というテーマについて言えば、社会学・人類学・生物学がそれについて何を言おうとも、心理学もまた「家族」に関心を持つことが排除されはしない、ということです。ただし、経験的現実の一部としての「家族」ではなく、これらの科学が「家族」という経験的現実に関する研究の中で展開している理念そのものに、関心を抱くのです。

（1）のあり方では、個人主義的な、あるいは「人々の」心理学としての心理学が、それ自身の限定された領域を持ち、それ自体が科学の一つでした。そのため、他の科学と同様に「家族」を経験的現実として研究することができて、その唯一の違いは、その人の実際の家族がその人の心（人々の内部あるいは人間という生命体で進行していることとしての心）に及ぼす影響という独自の観点から家族を研究することでした。このタイプの心理学は、実は人間生物学や人類学の内側にある一つの特殊な分野です。この心理学は、経験科学と同様に、外的な参照先を持つことになります。（2）のあり方の心理学は、諸科学が発展させた理論や理念を、精神的な着想や心的イメージとして研究することができます。ここで心理学は、科学そのものは自然現象ではなく、心的な生の産物であることを理解しています（自然は科学的知識を生み出さない。自然が科学的知識を生み出すのではなく、心や、人間の心《マインド》が生み出すのです）。一方、科学は自分自身を現実についての教えだと認識しています。

さて、次の（3）のあり方で、本来の心理学、つまり「魂」とその論理的な生の研究としての心理学に目を向けてみましょう。ここでは「家族」とは、その人の本当の家族についての個人的で内的な経験でもなければ、科学が展開する家族についてのアイデアでもなく、アイデアや心的イメージとして理解されるものでもありません。むしろ、歴史的な心理学や、比較文化的な心理学においては、「家族」という現実の社会現象（すなわち、ある社会での組織形態の一つが「家族」であるという事実）自体が、文化の産物として、「魂」の一つの自己表出や自己表現として、一つの「心的イメージ」として見られるのです。夢、神話、童話の中だけでなく、人びとの生活する社会組織や、確立した国家機関のタイプや、発展した政府の形態や、司法制度や正義の実践といったものにおいて、魂はそれ自身について語り、それ自身を「作る」のです。これらすべては、ある意味で、すなわち、箱庭療法において箱庭の箱やおもちゃの人形たちが外的現実であるのと同じような意味で、外的現実なのです。しかもその上、箱庭療法のイメージと同様に、それは自然によって生み出されているのではなく、魂によって生み出されているのです。

このことは、「家族」にも当てはまります。例えば、ある民族において、村落共同体の人びとすべてが一つの組織の中で共に暮らし、子どもたちは生物学的な実の親の子どもというだけでなく、みんなの子どもと考えられているような具合に、家族という特別な社会制度がないこともあるでしょうし、あるいはまた、集団が明確に家族単位に分かれている場合もあるでしょう。これは、心理学的に差異を生み出します。また、家族が母系制なのか父系制なのか、大家族なのか核家族なのか、家系という構造に厳密に統合されているのかそれとも独立しているのか、といったことも差異を生み出します。その都度、魂は「異なる夢を見る」と言ってもよいでしょう。しかし、これはもちろん個人心理学や心理療法とはかけ離れたものでしょう。

二　家族・両親という概念を巡って

【質問2】日本においては、「家族 Family」と「家 Home」とが混同されています。「家族」は、もちろん人間同士のある種の共同体を表していますが、「家」は本来は建物を表しながらも、本質的にはより大きな概念で、「祖先」や「故郷」や「風土」を表すことが多いかと思います。私には「家族」と「家」の混同が、現在の日本の精神風土の問題の一つであると思われ、私たちは「家族」という単なる人間同士の関わりに、「家」が象徴するより大きく安定した守りや基盤を想定してしまっています。西洋においては、この二つを峻別する歴史的な事件がどこかにあったのでしょうか。どのような取り組みが「家族」と「家」との峻別をもたらしたのでしょうか？（猪股）

用語や項目の混同は常に問題を孕んでいます。日本では「家族」と「家」が混同されているとのことですが、私自身にはそのような混同の経験はありません（そして、ここでの私の疑問は、それは単なる言語上の混乱なのか、言葉の混乱やあいまいな使い方なのか、言い換えれば、同義的な使い方の問題なのか、それとも概念やアイデアの混乱なのか、ということです）。ですから、日本の状況を論じることはできません。そこで、西洋についてのあなたの質問そのものに目を向けたいと思います。

西洋のどこの国でも、家族と家を峻別するような歴史的事件があったとは思いません。また、それを区別するような取り組みもなかったと思いますし、そのような取り組みが必要であったとも思えません。なぜなら、家族と家は最初から区別されてい（るように見え）ますし、論理的にも区別されていると思うからです。それぞれの用語は、まったく異なる現実、話題、経験を指しています。それは異なる領域の経験に属しています。「家族 Family」とは、事実上の現実、経験的に観察可能な単位、あるいはあなたが言うように、人間共同体の一形態です。家族は、少なくとも父親と母親と子どもといった複数の人間で構成され、彼らは共に暮らし、強い客観的絆、強い感情的絆で結ばれていて、家族とはそうした現実に存在する構造です。家族の内部構造は入り組んでいます。家族にはさまざまな役割があり、特に母親と父親は、子どもを育てると同時に、子どもに対する権威を持たなければなりません。家族には法的地位があります。西洋では一昔前のことではありますが、家族という感覚は、社会によっては「形而上学的」な次元（祖先）さえも含み持っているかもしれません。

「家 Home」という言葉が、家族が共に暮らす物理的な住居を意味することはさておき、対照的に、家は心理学的には家族とまったく異なるものです。つまり、客観的な現実でもなく、事実でもなく、法的な構造でもありません。「家」は個人の感情であり、したがって完全に主観的なものです。家とは、くつろいだところにいるという感情が個人にわき上がる場所です。ローマ人は、ibi patria, ubi bene（パトリア＝祖国、母国あるいは家は、人が気持ちよく感じるところ、安全と安心を感じられるためにリラックスできるところ）と言いました。このローマ人の格言に備わった重要な洞察は、文字どおりの家（patria）と気持ちの上での「家」が同一である必要はない、としたことです。家族、実家、母国は、ある人にとって確かに「家」であり、その人は居心地よく「家にいる」と感じるかもしれません。しかし、それは決して約束されたものではありません。何らかの理由によって、家族や地元や母国にいても、まったくくつろげず家にいると感じられない人もいるかもしれません。その場所を嫌い、一刻も早く逃げ出したいと思っている人もいるかもしれません。他の国に移住しようとさえするかもしれません。

日常の会話で使われる家という言葉の意味するところには、自分の家だけでなく、自分の家族も含んでいます。

【質問3】「クライアントの家族観」あるいは「クライアントの家族関係」は、多くの事例検討において基本情報として提示されます。それは、クライアントの心の状態が、その家族観に映し出されていると私たちが考えているからだと思います。一方で、多くのクライアントは、自分が想い描いている家族像を心理学的に取り扱うことができず、外的な現実の家族と混同させていきます。ユングには、スピリタス・ファミリアリス spiritus familiaris という概念があります。例えば、ユングは、それを元型の中に想定しているようにも思えます。ユングは母親コンプレックスと母親元型を峻別し、母親コンプレックスの解消には、個人の自立と同時に、母親元型という深層への潜行が必要だと考えているように思えます。それは弁証法的な矛盾した動きになると思われます。家族という原始的な共同性に留まっている心がそこから離れて行くには、個別化していく動きを取りながら、同時に、元型的な深層へと潜行することを必要とすることになり、そうした矛盾した動きを求められているように感じます。あなたは、ユング心理学の家族との関わりをどのように感じておられるでしょうか。（猪股）

ご質問の前に、スピリタス・ファミリアリス spiritus familiaris（身近な精霊）は特にユングの概念というわけではなく、「家族」とは関係しないことをお伝えしておきます。スピリタス・ファミリアリスは人に仕える超自然的な精霊のことを指す伝統的で一般的な名称です。例えば、それは魔術を使うシャーマンに、イニシエーションの際に助太刀してくれる精霊のことです。[5]

心理療法が、通常、患者の家族関係に関心を持つのは当然です。特に若い患者や人生の前半にある患者の場合は余計にそれが当てはまります。家族コンステレーション[6]、とりわけ両親の性格や行動は、子どもに多大な影響を及ぼします。幼い子どもたちは「無力」にその両親の影響にさらされていますし、幼い子どもたちにとって両親は世界（彼らの外にあるもの）の唯一の直接経験であり、しかも子どもたちは世界とそのあり方について何らかの知識を持って生まれてくるわけではないため、親から来るもの（親の見解、態度など）を世界の真実として、そして現実として受け入れなければならないのです。子どもが少し大きくなって、ある程度自分で独自に世界を体験し、それをもとに両親や両親から現れてきたものを他の大人と比較できるようになって初めて、子どもは両親と一定の距離を置き、両親をある程度「客観的に」見ることができるようになります。特に一生のうちでも思春期は、両親の影響から自分を切り離し、子どもに対する最高権威の地位から、最重要な地位から両親を「引き降ろし」、そうすることで大人としての自分を確立し、自分自身の人格を確立できる時期です。このプロセスが成功裏に完了する程度は、文化ごとに異なり（後出の「原始的共同性」の項を参照）、また同じ文化の中でも個人ごとで異なっています。

当然ながら、自分の両親に対する認識や見方は、その人の主観的な経験に基づいています。この経験は、（a）外的に実在する両親や他の家族たちとのあいだにある経験ですが、それは（b）客観的な真実ではなく、個人の主観的な見解です。私たちがこの世界で経験することはすべて、一つの組み合わせなのです。つまり、客観的な本当の現実から得られる個人的な見解なのです。患者たちが、家族という外的な現実と家族に対する見解を混同させていると言いたいのではありません。なぜなら、人間の経験や人間の見解というものは、必ず主観的なもの（心の中のイメージ）と外的な現実の知覚の両方を同時に持っているからです。このことは、科学においてさえも言えることです（科学は、ある歴史的時点における、ある特定の視点から得られた現実に関する人間の見方を示すものです）。ですから、主観的な見解と客観な家族が混同されているわけではありません（ただし、主観が実体験に基づかず、意識的あるいは無意識的な空想に基づく場合は、心理学でいうところの投影のような混同が起こりえます）。現実の両親との経験に基づいた自分の最初の見解が不完全で、したがってある程度「誤り」であるということは、しばしばありえることですし、頻繁でさえあるでしょうが、おそらくそれは、新しい経験によって修正することが可能です（これは「現実検討」ですが、それは主要な集合的水準において、現実の経験や知識に対して科学が行おうとしていることです）。そして哲学においてカントが示したことは、人間の経験は原則として現実の「外観」に達するだけで、すなわち観察者にどう見えるかというところに到達するだけで、一方で「物自体」は、つまり現実そのものは、究極的にはアクセスできないということでした。

（科学にイデオロギーやドグマがある場合と同じように）個人の中に感情によって色づけられたコンプレックスがあると、不完全な見方や誤った見方を、個人の生活において正すことができなくなります。心理学的には、コンプレックスもイデオロギーも病理的な現象です。医学でいうところの血栓症と同じです。血栓や凝血塊が、血液が自然に流れるのを妨げるように、コンプレックスは、心的な生の自然な運動を妨げ、そのさらなる発展を妨げます。コンプレックスは、その中（コンプレックス内）に凝集された見解と情動の絶対的な保存を主張するため、その運動を凍結させます。イデオロギー、ドグマ、コンプレックスに共通する欠点は、あるアイデアや見解が、単にそのアイデアや見解であるだけでなく、最初から絶対的な情動や、意志や、主張によってその心を奪われていることにあります。正常な見解は議論可能ですし、それが真実かどうかを吟味することができます。ドグマやコンプレックスに対しては、疑問を持つことが許されません。コンプレックスに陥っている（コンプレックスまみれになっている）人とは議論をすることができないのです。

母親コンプレックスは、感情に彩られたその他のコンプレックスと同様に、どこか病的なものです。普通の母親を持つ幼い子どもたちには、母親コンプレックスは存在しません。彼らにとっては、母親は素朴かつ正当に最も重要な存在です。母親コンプレックスは、その子がすでに青年期を迎えて大人になろうとする年齢になって初めて（もし現れてくるとすれば）現れてくるのです。だからこそ病的なのであり、母親の重要性が（多かれ少なかれ）すでに終わっているときに、それは生まれてくるのです。母親コンプレックスというものの本質は、母親に愚かなまでの重要性を与えることです。いわば、経験的な母親を神格化（ポジティブ母親コンプレックス、崇拝される母親に）して、同時に、悪魔化（ネガティブ母親コンプレックス、憎まれる母親に）したり、あるいは単にかたよって悪魔化したりしてしまうことです。

母親コンプレックスが存在する場合、セラピーの課題はそれを解消することです。この解消のために、元型について考える必要はなく、そうすべきでもありません。また母親元型の深層に潜る必要もありません（そもそも元型は家族とは何の関わりもありません。「家族」とは、母親と父親と子どもで成立します。母親の元型は、父親というアイデアを排除し、一方で、母子関係をはるかに超えて野性に入り込みます）。むしろ、理想的には、心理学的な生の自然な流れを止める毒として作用している情動が意識化され、それをコントロールすることが学ばれるとよいでしょう（これは実践的な教育あるいは自己教育です。それには自己規律の獲得が不可欠です）。これが成功すれば、患者は（このコンプレックスから）自由になります。そうしてはじめて、患者は両親をより冷静に、より客観的に、より批判的に、しかしより公平に見ることができます。そして、ついには両親を他の人たちと同じ普通の人間として見て、それぞれ人としての問題点や美徳や弱点を持っているものとして見ることを学びます（「それだけです！」元型は必要ありません）。両親が偶然にそのような人であり、あるいは（その欠点が何であったかを含めて）そのような人であったことを自分の心の内において許すことで、その人は両親の圧倒的な影響から解放され、同時にその人自身も自分だけで個人として存在することができるようになります。

　母親コンプレックスや父親コンプレックスが若者にない場合には、両親の元来の圧倒的な影響からの解放は、自然に、また無意識的に、生じるでしょう（しかも、両親へのコンプレックスが存在する場合よりも、もっと容易に生じます）。そうはいっても、それは通常、青年が独立した人格として自分を主張するために、両親と争うように駆り立てられることで生じます。この成長というテーマ全体は元型とは関係がなく、純粋に心的な（心理学的ではない）変化に関するものであることをもう一度言っておきましょう。

　家族という原始的な共同性は、母親コンプレックスとも父親コンプレックスとも、まったく異なるものです。この共同性は、病的なものではなく、まったく正常なものです。ここで、もう一つの理念を導入しなければなりません。それは、個々人が成長してきた背景にある歴史的・文化的水準の違いです。この水準の差異がそれぞれに異なった状況を提供し、それが家族の具体的な役割と、個人が達成しうる個性の形態と達成の程度を決定します。東アフリカのマサイ族の文化では、伝統的に、家族全員が一頭の家畜と共に、窓一つない小さな汚れた小屋のわずかな空間にかたまって暮らしています。しかも基本的にそこは暗闇の中です。このような環境にいると、いったいどれほど緊密な共同体意識が育まれていくことでしょう。現代社会では、小さな子どもでも自分の部屋を持つのが通例です。そのため、客観的に見て、現代人ははじめからある程度自立しています。多くの社会では、家長としての父親（あるいは女家長としての母親）に、死ぬまでその一家の主であるという役割が残され、息子や娘に対して、たとえ彼らが成人していても中年期を迎えていても、子どもとしての義務を果たすことを要求してきました。現代の西洋では、通常これがまったく異なり、個人はもっと根本的な意味で自分自身のあり方を感じることができます。

もし人びとに課された社会のルールが、成人期に至った子どもに対してさえも、両親への従属を要求しているなら、そしてそのやり方に従っているなら、それは心理学的には決して病理的なことではありません。社会の構造とその「真理」に起因するものですから、それは病的なものではないのです。そうした個人も自分の個性や大人の成熟に向けて独自の発達を遂げることはできます。しかし、もちろん、そのような個性は、例えば、現代の西洋における革新性を特徴とした個性とはまったく異なるものとなるでしょう。

古代のイニシエーション文化では、子どもが独立した大人の人格に成長することは、集合的で文化的なイニシエーションの儀式を通じて促進され、個人はそれをやり遂げなくてはなりませんでした。個人は子どもの頃のアイデンティティから分離され、新しいアイデンティティ（しばしばそれは与えられる新しい名前によって明示されます）を獲得することができました。このアイデンティティは、「あの世」からやってくる（例えば、何らかの精霊や、トーテム動物、元型的な幽霊といった）ものと、まさにその人自身との個人的な経験や出会いによってはじめて得られるものでした。それは経験主義的な変化ではなく、「形而上学的」な変化でした。現代の私たちは、そこから遠く離れています。

もう一点、現代社会について触れておかなければならないことがあります。二十歳になっても、三十歳になっても、内心ではまだ原家族の呪縛にとらわれている患者たちがいます。確かに、それは（例えば神経症的であったり、コンプレックスが存在していたりする）病理的なものかもしれませんが、必ずしもいつも病理的であるわけではなく、場合によっては、単なる発達の遅れであることもあります。人によっては、発達により長い時間を必要とし、晩成する場合もあるでしょう。また、成長することなく、生涯を通じて子どものままでいる人もいます。これは社会的な観点からは「正常」ではありませんが、心理学的・内面的には、その個人の性質の一部であり、その人にとっては適切である場合もあります。「病理的」というのは、その人の内面に何らかの問題、葛藤、矛盾があるということでしょう。

さらにもう一点、触れておきたいのですが、さきほど母親コンプレックスや父親コンプレックスが実際の家族のことを指しているとお話をした上で、心理療法の文脈の中でそれを簡単に説明しました。もうひとつ、比喩的な意味での母親もしくは父親コンプレックスというものも存在する可能性があります。例えば、ユングは確かに完全に成熟した大人であり、傑出した個性と自律性を備えた人物でした。人格的には、母親あるいは父親へのコンプレックスの痕跡はありません。しかし、知性的には、彼の思考、その理論化、彼の心理学のある種の傾向に関する限り、「彼の」母親と「彼の」父親へのコンプレックスとともに、それらを論じることができるのです。この非常に異なった意味での母親コンプレックスは、例えば、ユングの否定性との関わりの問題に現れており、神なき世界に生きる現代人であるにもかかわらず、神話的あるいは元型的な世界を救いたいと彼が願うところにも現れており、また、ローマ・カトリック協会のマリア昇天という新しい教義を賞賛するところにも現れています。父親へのコンプレックスは、父親の宗教姿勢に対する未解決の葛藤や、キリスト教とのあいだにある葛藤や格闘に現れています。しかし、これは「家族」や「実の両親との個人的な関係」とはまったく別の問題です。それは知性の領域に属するものです。

三　日本における家族と臨床

【質問４】日本の大学の学生相談では、成績や休学・退学、ひきこもりといった問題に対して、両親が相談に来るケースがしばしばあります。一般的には、大学生が自分自身で対処するものですが、そうなってはいません。同時に、両親が子どもに対して過保護、過干渉のようにも思われます。それゆえ、これは学生と両親の両方（あるいは家族関係全体）に由来するのだと思われます。

また、中年期のクライアントが、社会からひきこもり、親元で暮らし続けるケースにも出会います。

「80－50問題」と呼ばれ、八十代の両親が五十代の子どもを養い続け、高齢の両親がみずからの死後の子どもの生活を心配しているのです。

このような臨床の経験から、こうしたクライアントにとって、家族からの「自立」が成立しにくく、成熟した大人として家族から独立することは難しいように思われます。このような、「家族」と「個」との関係をどう捉えたらよいでしょうか。おそらく、日本に特有の問題なのだと思います。（北山）

両親が過保護であるという問題は、西洋諸国でもよく見られます。これは子どもたちにとって深刻な障害であり、非常に有害な影響を与える可能性もあります。西洋では、その問題は通常、幼少期から始まり、子どもが大学生になったときにはじめて生じるわけではありません。あなたのおっしゃること（学生である息子や娘の代わりに両親が大学の相談窓口に来ること）は、ひどい話です。もしかしたら、ヨーロッパより日本のほうが、これはずっと一般的な問題なのかもしれません。ヨーロッパでは大学で勉強している子どものために、大学の学生相談室に母親や父親が現れることはまずないと思います。実際、ドイツの大学に学生相談室というものがあるのかどうかもわかりません。少なくとも私が学生だったころは、学校や大学に相談室があるという話は聞いたことがありませんでした。

さらに深刻なのは、あなたのおっしゃる「80－50問題」です。この種の問題では、家族からの自立を実現するのはたいへん難しく、おそらくほとんど不可能だろうという点に、私も同感です。なぜなら、そのような年齢になると、問題が固定し、確固たる習慣になっているからです。そうなると、定着した轍を踏んで歩むことを止めて、そこから抜け出すのは非常に難しくなっています。さらに、フロイトが「疾病利得 *Krankheitsgewinn*」と呼んだものがありますから、それを手放さなければならない理由などないのでしょう。

この問題がなぜ存在するのか、その理由を説明するのは困難です。あまりに信じがたく、あまりに不自然で、実に不条理なことだと思います。あなたの言うように、一方では学生（あるいは成人した子どもたち）から、他方では両親から来る問題のように思われます。

しかし、この個人主義的な説明では十分ではないように思われます。私は、これに加えて、おそらくは、主として集合的な起源があるに違いないと思うのです。おそらく、文化的水準における日本の生活の論理そのものが根本的に変化する過程にそれは根ざし、その変化の過程のための心理学的機能（目的）をこの問題が持っているのでしょう。それは、西洋の考え方が日本に輸入されることでもたらされた心理学的な課題とつながっていると想像されます。輸入された西洋の精神と生活様式は、日本の伝統的な思考様式と相反するものです。その結果、現在の日本文化の中で、まさに文化の衝突が起こっているのでしょう。

この衝突は、百年以上にわたって、その本格的な意識体験が（必ずしも一人ひとりの個人にとってではなく！）、（集合的な）日本人の魂にもたらすであろう痛みを伴った衝突や対立としては、意識の中に明確には現れて来ていなかったようです。（二つの異なる考え方や世界体験に内在する）相容れない論理を本当に衝突させるのではなく、平和裡に共存させ、いわばそれぞれが独立した区画に保持されることで、一方がもう一方から隔離されていた印象を受けます。西洋近代式のものが

「上」にあり、それが日常の実用・技術・科学という表層の水準にあり、本物の日本の伝統の上に重ねられている。逆に言えば、下の方はそのまま保存され、上の方の合理的水準によって触れられることはなかったのでしょう。それは、魂に根ざした感情の欲求という心の深層に留保されることによって、また、実用的・技術的な生活という「上方」の現代的な様式において必要とされることには干渉しないことで、そのまま保存されることができたのでしょう。

このような共存と相互隔離の時代を経て、日本における魂の生にとって、この二つのスタイルの根底にある相容れない論理の葛藤が真に扱われ解決されるべきときが来たのではないでしょうか。二つの対立する要素が真剣に接触し、相互に否定しあい、遠い未来に、両者が本当に解体され統合され、新しく、まだ予測できない文化形態に到達しようと魂が求めているのではないでしょうか?

成人した子どもたちがいまだ実家に暮らし、幼い子どものように親から支えられなければならないという問題は、集合的水準（あるいは文化的な魂の水準）における、否定の最初の直接的な現れであり、日本における相容れない二つの水準のあいだに行き渡ってきた妥協形成との真っ向からの決別であり、この妥協形成に付き合うことへの（無意識的な）拒絶であり、認められている通常の生き方に自分を統合することへの（無意識的な）拒絶なのかもしれません。いつもそうですが、このような最初の即時性は、しばしば病的な形で、ここでは完全に抽象的な否定という不適当な形で現れるものです。

言うまでもなく、これらはまったく仮説的な考察です。さらなる検討の端緒として、申し上げておきたいと思います。

【質問5】最近の日本では、「親ガチャ」という言葉が流行っています。「親ガチャ」とは、子どもが親を選べないことをくじ引きに喩えた言葉で、生まれながらに自分の運命がくじのように決められていることを示しています。これは、努力をしても報われない原因を生まれた瞬間に固定し、コンプレックスを誕生の瞬間に固着させているように感じます。「親ガチャ」という言葉は、自分を「親のコンプレックス」にしてしまい、「私のコンプレックス」を希薄にしてしまうように思うのです。

C・G・ユングのセミナー『意識と無意識』では、「コンプレックスは、私たちをみずからの運命に導くもの」と述べられていました。このことからも、心理療法で「私」を確立するために、まずは「私のコンプレックス」としてコンプレックスを持つ必要があるように思います。しかし、それが難しい場合、セラピストが視野を広く持って、「家族のコンプレックス」としてとらえて関わっていくことならできるのかもしれません。「親ガチャ」のように「私」とは逆方向に導く現代的な概念が次々に出てくるなかで、コンプレックスを「私」に戻し、「みずからの運命に導くもの」として利用するために、セラピストは何を考えるべきなのでしょうか？（相樂）

「親ガチャ」という考え方は、おっしゃるとおり、子どもが親を選べず、くじを引くように親を手に入れるという発想ですが、これには二つのアイデアが混ぜあわされているようです。

第一のアイデアは、個人とは世代の連鎖の中の一つのリンクに過ぎない、という人間存在の一側面に関する正しい認識です。私たちは「存在の中に投げ出されている」[7]のであり、実存主義者たちは、自分がどこから来て、どこへ行くのかわからないと語っています。私たちにとって人生とは、途中から始まるものであり、最初から始められるわけではないのです。自分自身を意識するようになったとき、私たちはすでに数年を生きており、遺伝子によって私たちの体が遺伝的に形成されているのと同様に、環境によってかなりの程度まで形成されています。私たちは旅に出ていますが、それを始めたのは私たちではないのです。私たちの運命は、いつだってあらかじめ[8]始まっているのです。私たち自身が現在進行形の運命です。[9]はじまりの地点にたどり着きたいと思ったとしても、私たちは必然的に遅れてやって来ているのです。私たちが連鎖のリンクの一端として、自分の人生を生きていかなければならないのは、それが私たちの実存の論理そのものだからです。先行するもの、つまり私たちが生まれた家庭、社会、歴史的時代の実情によって条件づけられていることに大騒ぎせず、むしろ（遺伝的に、また幼児期の経験に、両親に、周囲の世界によって）条件づけられた結果を引き受けて、それを最大限に利用して、個人の性質と性格を十分に発揮することで人生において生産的になれるのだということが、このアイデアによって示されているのです。

「親ガチャ」という言葉に含まれる第二のアイデアは（私がそれを正しく理解しているなら）、まさにその反対のもので、この私たちの存在の論理には何か問題がある（に違いない）という感情です。そこには両親や運命を選ぶことができたはずだ、という主張が込められています。この問題について発言権があったはずだというのです。私たち自身が、何をどうしたいのか、親を誰にするのか、どの国で、どの時代に生まれるべきなのかを尋ねて欲しかった、というわけです。言い換えれば、この考えによって、心は実存という現実の論理に反抗し、世代の連鎖から抜け出そうとし、この果てしない連鎖の中の単なるリンクになることを拒絶するのです。それは、人間存在のリアルな真実に対する反乱であり、妄想的な衝動です。しかし、心理学的には、この衝動は、心理学的な〈私〉や、自我人格や、自己決定されたいと願う〈私〉の最初の完全に抽象的な現れです。愚かで、ばかげた現れですが、それでも現代的な私の最初の直接的な現れとして、心理学的にある程度は価値があるものなのです。

「親ガチャ」を「親のコンプレックス」と言ったり、「私のコンプレックス」と言ったりすることは、私には理解できません。もし私にコンプレックスがあるのなら、確かに「私のコンプレックス」という言い方もできるかもしれませんが、「私のコンプレックス」というあなたの言い方は、何か別のことを意味しているように思えます。あなたが実際のところ意味しているものが、私にはわかりません。いずれにせよ、「私」を成立させるためには、「私のコンプレックス」としてコンプレックスを持つ必要はありません。コンプレックスは解消されるべきであり、それが成功すれば、「私」はある程度自由になります。一般に、「私」の発達は、（コンプレックスが障害になるということ以外には）コンプレックスの話とは何の関係もありません。特に、「私」とは一つのコンプレックスであると考えるのは間違いだと思います。ですが、ユングはときどきそのように誤ってほのめかしているようです。また、「私たちをみずからの運命に導く」ために、私たちが何かをする必要はありません。なぜなら、私たちはいつだって最初から自分の運命の真っ只中にいるからです。あなたがおっしゃるユングの文章は正確にどこから引用されたのかがわかりませんが、もしかすると別の意味で理解するべきものなのでしょう。

「親ガチャ」の話題にまつわる一般的なことに関しては、ジェームス・ヒルマンの"*The Soul's Code. In search of character and calling*"[10]を読まれることをお勧めします。そこではプラトンが語る「エル Er」の「神話」が議論されています。この神話によると、プロティノスが言ったように、生まれる前に、その魂にふさわしい身体、両親、場所、環境を選んだのは私たち自身で、それは魂の必然に属していることです。これはまったく逆転の発想です！

四　心理療法の個別性

【質問６】かつてあなたは夢セミナーの際にＰＴＳＤというものは存在しないのではないか、とおっしゃったことがあります。確かにそうかもしれないと思いました。しかし、臨床に戻ると、患者さんがいままでの親子関係からくる激しい怒りや怖れや不安という自分ではコントロールできない感情に振り回されていたり、乖離やフラッシュバック等の、やはりコントロールできない症状にたびたび見舞われ苦しんでいます。それを見ると、ＰＴＳＤ症状はあるのかもしれないと思ってしまいます。患者さんたちはその症状に圧倒されていて、何かを洞察する余裕がないように見えます。そうした症状のある方との面接で大事に思われていることや、必要なことがありましたら助言をください。

また、カルト二世の人の脱会のためのカウンセリングについて、大事なことがあれば教えてください。彼らは、本来の自立の持つ心細さに加えて、神も両親も共に失う寄る辺なさと、自分への不信感で動けなくなっているように見えます。普通の人々よりも自立が困難なのではないでしょうか。それでも彼らが魂と関わっていくためには、特に何が必要なのでしょうか？　あなたの論文「神々へのもてなし」にあるように、彼らが、苦しい実際的な事実（ナラティブ）からイメージへ移行するためには、どのような援助が必要なのでしょうか？（西山）

あなたは助言を求めておられますが、あなたの質問に対して私は助言をすることはできません。心理学や心理療法の仕事は、助言をすることではありません。技術者や、車の修理工や、医師は、実際的な質問に対して助言をすることができます。彼らは、それぞれの専門分野で問題に対処し、それを解決するための実践的なレシピを持っています。しかし、心理療法家である私にとって、必要な治療について教えてくれるのは、問題である病気そのものであり、その治療は、私が患者に対して行うものではなく、むしろ病気自身が行う作業です。病んだ魂が自分自身を治療しなければならないのです。

症状から治療について教えてもらうためには、私がその病気を理解する必要があります。私の心と感情の中で、その病気の深層が私に訪れ、私に触れ、私に浸透する必要があります。病気を、「解決」し取り除くべき単なる「問題」と考えてはなりません。その症状に対して私自身を開き、その症状を私自身に帰り着かせることで、その症状はその症状自体を本当に理解できるようにして、症状について考えることができるようにしてくれているのでしょう——おそらくは。

さて、ここで非常に小さな、些細なことに目を向けてみます。些細なことですが、にもかかわらず、広範囲に影響を及ぼしているものを、まるでクルミの殻を割るように、明らかにしてくれます。私は「ＰＴＳＤ」のような略語表記に目を向けてみたいのです。心理学的な問題に思考的にアプローチするならば、これは使わないほうがいいものでしょう。それがある種の無頓着さを誘うからです。プログラムされたコンピューターにとっては、「ＰＴＳＤ」でも「Post-traumatic Stress Disorder」でも変わりはありません。どちらも、プログラムによって規定されたとおりの反応を呼び出す信号でしょう。しかし、人間にとって、とりわけ心理学者やセラピストにとって、そこには大きな違いがあります。頭文字を使った言葉は意味をなさない文字で構成されています。「Ｐ－Ｔ－Ｓ－Ｄ」と言っても、実際に「言った」言葉は何の意味も持たず、せいぜい技術的な信号として機能する程度の無意味なノイズです。それが何を指しているのかは、知っている人にはわかりますが、それは言語としては表現されていないものなのです。一方、その代わりに「心的外傷後ストレス障害」と言えば、実際に自分の言いたいことが表現され、明示されたことになります。この表現は、あるアイデアを、つまり、ある症状が心的外傷体験に起因し、それによって引き起こされるという命題を表現しています。魂に仕える者である心理学者として、私たちは言語の中にある言葉を使わなければなりません。そうしてはじめて、私たちは考える人間として本当に存在することができるのです。頭文字表現によって、言葉は殺され、心ない記号や信号に還元されてしまいます。もはや考えることはなく、ただ「操作」するのみになります。それは、本を手に持っているときと、本を開いて読んでいるときの違いに似ています。本はただの死んだ物体にも、小説、詩、理論的なエッセイなどにもなるのです。

　また、あなたはコントロールできない怒りや、パニックや、激しい不安などの症状を挙げて、心的外傷後ストレス障害であることを示唆しています。しかし、これらの一般的な症状は、心理学的アセスメントを行ううえでは、あまりにも未分化です。心理療法家として私たちは、抽象的に「コントロールできない怒り一般」に直面するのではなく、ある特定の患者の特殊なコントロールできない怒りに直面しているのです。あるコントロールできない怒りは、心理学的には、別のコントロールできない怒りと同じではありません。そのため、私たちが知る必要があるのは、〈この怒りは何のために生じたのか〉〈具体的にどのような状況で生じたのか〉〈いつ、どのような状況によって引き起こされたのか〉ということです。〈その人はどのようにそれを表現しているのか〉といったことを知る必要があります。怒りの発現の個々の異なったタイプを、「コントロールできない怒り」という抽象的なラベルでひとくくりにしてはいけません。具体的な細部にまで踏み込んでこそ、心理学的にその怒りに対して誠実であるチャンスが生まれるのです。

　コントロールできない怒りや、パニックや、不安の症例は、トラウマ的な体験が原因で起きている可能性はありますが、そうでなければならないわけではありません。例えば、それが厳密に神経症的な症状である場合もあり、その場合は心的外傷後ストレス障害とはまったく異なるものでしょう。どのような心の病なのか、検証する必要があるのです。「圧倒的なパワーを持った怒りであれば、心的外傷後ストレス障害である」と機械的に言うことはできません。うつ病や摂食障害や強迫観念などでもそうですが、すべての精神病理学的症状は、苦しんでいる本人にとって「圧倒的」であるという性質を持つ傾向があります。ただ、「圧倒されているように見える」というのは、診断上、あまり意味がないのです。

さて、もう一つの問題である「カルト二世」の患者についてですが、ここでも、コントロールできない怒りを持つ患者に関して助言を求められ述べたことと、ほとんど同じことが当てはまります。

カルト二世がカルトから離れたいと思うのは、親から自立していない患者の問題と似ているところがあるかもしれませんが、カルト二世の場合、普通の家庭環境で育った人よりも自立するのがずっと難しいのは事実です。カルトの非常に強力なイデオロギーと集団の圧力に魅了された家庭で育ったために、内的に自立する困難さは倍増します。しかし、構造的には「同じ」です。

心理学的には、そのような人は魂とつながる必要はなく、カルトから、家族から、神から、自分を解放することを学ぶ必要があります。彼らは、自分がいま持っている以上の勇気を必要としています。すなわちセラピーにおいては、彼らがセラピストとのしっかりとした関係を必要としているということです。セラピストは、彼らがカルトの魔力に囚われていることを理解し、彼らが自分を解放することの大きな困難に深く共感しながら、同時に自分自身も自分の中にしっかりととどまり、揺るがず、冷静に客観的であらねばなりません。セラピストにとって危険なのは、共感するあまり、（ほとんど「フォリ・ア・ドゥ folie a deux〔二人狂い〕」のような意味で）自分自身が患者の情動や苦しみに引きずり込まれてしまうことです。

患者は勇気づけられ、情動的にサポートされる必要があります。しかし、それに加えて、このような患者は、自分が陥っている罠と、自分自身がこの罠を持続させているという事実について、よりよく理解できるように導かれていく必要があります。カルトのイデオロギー体系やカルトのメンバーと自分とのひそかな共謀によって、いまだに自分がそうなっていることを知る必要があります。自由になるためには、進んで自分自身を傷つけねばならず、高い代償を支払わなくてはなりません。つまり、（もし両親がカルトのメンバーであるならば）自分の両親への忠誠心（場合によっては両親への愛）を犠牲にし、大切なカルトの信念を裏切り、自分自身の孤独を受け入れなければならないのです。

この困難は心的な障害であって、心理学的な障害ではないため、魂という概念はここでは完全に場違いです。このような場合、「神々へのもてなし」は存在しません。カントの言葉を引用させてください。「啓蒙とは、人間がみずからに課した未熟さからの脱出である。未熟とは、他者からの指導なしに自分の理解力（＝*Verstand*）を使うことができないことである。この未熟さは、その原因が理性の欠如にあるのではなく、他からの指示なしにそれを使う決意と勇気の欠如にあるときに、自己に課されたものである。サペレ・アウデー *Sapere aude!* 自分の理性を使う勇気を持て！――これが啓蒙のモットーである」。

もちろん、健康な人に対しては、「勇気をもって、自分の理性を使いなさい！」と、気楽に言ってよいでしょう。しかし、精神病理から来る苦しみを抱えている患者にそれを要求することはできません。ここであなたは、ゆっくりと、一歩一歩、注意深く、彼らがどこで、なぜ行き詰まっているのか、そして、彼ら自身が自分自身を解放することによってしか助けは得られないことを明らかにするように努めなければならないのです。このように明確にすることは、分析的で知的な側面です。もう一方で、信頼というしっかりとした深い治療関係は、時間とともに、彼らがより自信を持つことを可能にする感情的な側面です。しかし、「ソウル＝メイキング」や「神々」のことはしっかりと忘れてください。この種の患者に対する治療は（無意識の象徴的イメージと作業するのとは対照的に）主に自我の水準での作業でなければなりません。症状がドラマチックに見えるかもしれませんが、心的な問題は、おそらくほとんどの場合、普通の人間的な問題であり、単に患者がまだ適切に対処することを学んでおらず、無意識に過度の騒ぎを好んでしまっているのです。しかし、このドラマチックな騒ぎが必ずしも心理学的な深みを示すとは限りません。

一般に、心理療法にとって重要なことは、私たち治療者が、理想的なあるべき姿を自分の心に思い浮かべて、希望的観測や、「神へのもてなし」のようなイデオロギー的プログラムを携えて、患者に接近するのではなく、逆に、患者の中に現れているものにだけ集中することです。私たちに許され、私たちにできることは、産婆のように「助産的に」働くことです。患者の中に眠っている潜在力や傾向が、より完全に発達するのを助けること、患者の中から、とりわけその症状の中から、生まれようとするものを生み出すのを助けることです。この援助には、防衛や障害、神経症的な固定観念などを意識化して、取り除くことも含まれています。治療的に、例えば、ソウル＝メイキングのケースなのか、それとも、厳密に分析的な作業のケースなのかを決定するのは、患者のタイプや病理のタイプなのです。

五　日本文化における両親と子ども

【質問7】二〇二二年三月のあなたのセミナーで、「日本文化は母性の影響が強い」という河合隼雄の説についてセミナー参加者から質問がありました。あなたはその質問に対して、日本文化は、むしろ母性的なものを原則として否定しているのが特徴であると答えておられ、茶道やギフト包装の文化を例に挙げて、丁寧に説明しておられました。こうした文化では、精神的なもの・儀式的なものが、母性的な領域に属する「お茶を飲むこと」や「品物の物質的な価値」を上回り、それを否定していると言われていました。

　また、日本人の「父性」原理が、感覚的な自然への執着から自由になれないことについても説明され、盆栽を例に挙げられました。西洋の庭園で樹木が幾何学模様に刈り込まれ自然の否定が公然と示されるのに対して、日本の盆栽では樹木は自然を模倣して刈られます。それをあなたは、〝否定がその反対側と相互に絡み合うように曲がって戻っている〟、言い換えれば、〝人工性が自然に「汚染」されている〟と解釈されました。

　日本文化ではそのように、洗練されたバランスの中で、母性と父性が、お互いを阻止して行き詰らせている、という見方に感銘を受けました。私たちは日本神話の中に、死んで戻らなかった母〝イザナミ〟を持っています。イザナミは彼女の夫とともに日本の国土と神々を生んだ太母とも言える神ですが、火の神を生んで死んでしまい、夫に逃げられてからは人間を呪い殺す存在になりました。河合隼雄が日本人の自我の起源の一つとして挙げているスサノオは、その登場のシーンで、この母のいる冥界へ行きたいと泣きわめき、怒った父神に追放されます。しかし荒ぶる力を持っていた彼は、その後、大蛇を退治して、日本で初めての国を作った英雄になりました。あなたの解釈は、この神話に現れたような複雑な日本の精神のあり方を、よく説明してくださっているように感じます。

このことを踏まえて、私がうかがってみたいのは、次のことです。日本文化が母の否定を前提としていることへの反動なのかもしれませんが、日本人にとって「母を恋う」という感情は特別なもので、とても強いように思われます。有名な『源氏物語』も母を亡くした皇子の物語ですし、日本の異類婚姻譚で最後に姿を消した白狐の母を恋う童子の物語（『葛の葉伝説』）は、歌舞伎や浄瑠璃で長く人気を集めました。日本人は、実の母が生きていて一緒に暮らしていたとしても、いなくなった母を恋う心情に敏感なのです。

現代の日本の臨床現場でも、「母に愛されなかった」「母にわかってもらえなかった」ことが傷になっていると話すクライアントは多くいます。摂食障害をはじめ、精神疾患の原因を母子関係に求めるモデルは、日本では長く影響力を持ちました。

また、戦後の日本の家庭では、主婦が子だけでなく夫からも母のイメージを投影され、社会から万能の母役割を期待されていた時期がありました。日本のある文芸評論家（江藤淳『成熟と喪失』一九六七）は、いなくなった母を回復させたいという願いの強さが日本人の未成熟につながっていると批判しました。

女性側も母役割を受容してきました。日本の女性たちはいまも、母になることを強烈なアイデンティティの変化やスピリチュアルな体験として語ることがあります。妊娠出産期を、失われた一体感の奇跡的な再生だと感じる女性もいます。

近年、日本でも母の過剰な理想化は批判されてきていますが（それは古いものではなく戦後の核家族のために都合よく作られたものだという説もあります）、母子一体感（あるいは自然との一体感）が人の生命力の源のように見なされる傾向は、いまだに強いように思います。河合は、日本人にとっては、母との（あるいは集団との）一体感を感じることが、生きる動機やときには死ぬ動機になると言っています。日本では、セラピーに訪れる最初の動機が、この一体感の回復である場合もままあります。

こうした「母を恋う」感情は、西洋においても見られるのでしょうか。それともやはり、日本特有のものなのでしょうか。この感情が心的なものなのか、魂から来るものなのか、区別が難しく感じることがあります。日本人がこの感情を見通して行く方法について、ヒントを頂けたらうれしいです。（大録）

私は外国の人間ですし、あなたの提起した重要な問題について十分な経験を持たず、ましてや親密な経験を持っていません。いくつかの質問をすることと、一般的なコメントをすることしかできませんし、その多くは仮定的な性格を持つものです。それが納得のいくものなのか、日本の心理学的状況に合っているものなのか、それは、あなたご自身で吟味していただかなければなりません。順に申し上げましょう。

（a）妊娠、出産、母親になることは、契機として女性にとって非常に重要な経験であり、そのためそれが、ある女性にとってはアイデンティティの強い変化になり、スピリチュアルな経験にさえなるというのは、私にはごく自然なことだと思われます。妊娠中に生じるのはホルモンの変化だけではありません。妊娠出産という経験は生物学的に見ても、自然が女性という存在に求める本質的な目的を達成するところがあると思われます。それが心理学的にも、深い満足感に反映されるのは、当然のことでしょう（しかし、もちろん、心理学的なまがい物が多い今日では、実際よりも深いスピリチュアルな体験をしたと人為的に装うことも可能です）。

（b）「母子一体感（あるいは自然との一体感）」と「母との（あるいは集団との）一体感」のあいだにある「あるいは」という言葉を問う必要があります。私は、「母」と「自然」は（「母」と「集団」も同じように）比較できないと考えています。ペアにされているそれぞれの単語は、まったく別のカテゴリーに属しているものを指しています。「母」とは、一人ひとりの人のとても個人的で親密な経験です。しかも、物理的に実在する人物であり、具体的な人間で、目に見え、手に触れることができます。対照的に、（「母を恋う」感情という文脈において）「自然」と「集団」は、アイデアや概念や抽象化であって、それは存在の特定の論理的形式を言っているのであり、より大きな全体に抱えられ埋め込まれている個人の感覚を示しています。この包摂は構造的な問題であり、具体的な対人関係や、精神分析で言うところの対象関係の問題ではありません。言い換えれば、それは統語論的な問いであって、意味論的な問いではないのです。あなたは自然のものに触れ、木、星、犬、石を見たり、それらに触れたりすることができ、同じように、あなたの母親や父親を見たり、彼らに触れたりすることができます。これらは確かに「事物」（あるいは人）です。しかし、自然や集団はそうではありません。それはまったく別の次元に属し、「母」とは何の関係もないものです。

もちろん、昔からよく言われる「母なる自然」という表現があります。しかし、これは現在では（響きのいい）素敵な修辞的比喩に過ぎず、もはや心理学的な現実ではありません。それははるか昔の古代の狩猟時代や農耕時代には現実であったのかもしれません。真実で正当な神話的なアイデアであったのかもしれません。しかし、それはまさに古代的なものとして、現代という科学技術文明の時代には、心理学的な現実を備えていません。グレートマザーは神話的で、元型的なアイデアです。「私の母」は神話的、元型的なアイデアではありません。〈私の母〉は、先ほど言ったように、肉体を備えた人間であり、あるいは、そうであった者のことです。母親コンプレックスは、母親の元型とは何の関係もないのです。――つまり、私が言いたいのは、自然や集団との一体感や調和への憧れと、失われた母への憧れはイコールであってはいけないということです。それは、私が示唆したように、カテゴリーの誤謬になります。

（c）母親に愛されず理解されなかったと語る患者は、単に真実を語っているのかもしれません。母親のなかには、良い母親ではない人もいますし、自分の子どもを本当には愛しておらず、そのため、子どもを愛していないことに対して無意識的な罪悪感を抱き、その代償として、例えば、子どもを甘やかすことがあります。また、公然と優しさを示さず、ときには残酷で、意地悪な母親もいます。それが人生です。誰も、愛すべき母親を得る権利など持っていません。もし子どもがそのような思いやりのなさや残酷さを経験したら、それは痛みを伴い、心的な問題や病気につながることもあります。しかし、大人が、そうした思いやりのなさや残酷さに対して不平を口にしたり、騒ぎ立てたりするなら、それは心理学的・神経症的コンプレックスの表れでしょう。普通の人は、自分がひどい母親を持ったことに折り合いを付けていると考えても良いでしょう。ユングは、次のように言っています。

> しかし、両親や祖父母がいくら子どもに対して罪を犯していたとしても、本当に大人である人間は、これらの罪を、清算しなければならない自分の状態として受け入れるだろう。他人の罪に関心を持つのは愚か者だけである。なぜなら、他人の罪を変えることなどできないからである。
>
> （CW12, §152、引用者による強調）

（d）さて、あなたの最大の関心事である「母を恋う」感情の日本における役割について考えてみましょう。ご指摘のように、「母を恋う」、あるいは、失われた母への憧れは、私の考えでは、まったく異なる二つの心理的問題を指しているように思われます。一つは、（c）の精神で言えば、未解決の母親コンプレックス、つまり、成人してもなお母親に縛られている患者の問題であり、その起源は個人的な母親との関係にあります。しかし、ここでは第二の問題、つまり、一般的で文化的に非常に強い日本人の母を恋う感情である、とあなたがおっしゃる問題についてコメントしましょう。

フロイトは「*Deckerinnerung* 隠蔽記憶[11]〔スクリーン・メモリー〕」という概念を導入しました。この

「母を恋う感情」も、同じようなもの、つまり「スクリーンの役割を果たす解釈」の一種ではないか、と思うのです。実際にはまさしく現代的な「症状」であり、現代日本の生活の客観的な痛ましさにその真の心理学的起源を持ってリアルに存在する感情が、還元的かつ退行的に「母」という言葉で解釈され、それが個人の実際の母であれ元型的な母のアイデアであれ、本当の問題を見て意識して苦しむことのないようにしているのです。「母」という主題にまつわる連想は、一つのスクリーンとして機能し、本当の問題をカモフラージュしているのです。

しかし、本当の問題、つまり現代日本の生活の客観的な痛ましさとは何でしょうか？　それは、現代において日本全体が抱えている分裂、解離、つまり、日本が二つの相容れない文化的な水準を同時に生きているという事実ではないでしょうか。表面的な水準では、決定的に現代的な文化があり、高度に工業化され、技術開発の最前線にあり、近代的な民主主義の社会秩序を伴っているといったことが挙げられます。しかし、その奥底では、個人よりも集団が優先され、自然を包括する「哲学」と感性を特徴とする、貴重で由緒ある神道と仏教の伝統がいまでも根付いています。この二つがまったく異なっており、つまり互いに排他的な論理に基づいて形成され、そのことに起因するその非互換性は、ある種の困難です。しかし、それを悪化させ、痛ましい問題に変えてしまうのは、さらに二つの追加的な（やはり相反する）次のような事実でしょう。

第一の事実は、現代日本の（経済的、知的、技術的、実際的）現実を、文化的にも個人的にも完全に支配しているのが、西洋近代式の思想と生活様式であり、他方で、継承されてきた日本の本物の伝統は、決して消滅したわけではないものの、現実に生きられている生活に決定的な影響を与えなくなっているということです。それは、公的な力を持っていたところから、人びとの内的な感情という私的な領域へと後退し、また、心理学的にはすでに歴史的なものになっている習慣や儀式の（意図しないノスタルジックな）再演へと移行してしまったのです。客体的な魂にとって、この世界内存在の伝統的な様式は、力と確信を失っています。心理学的に時代遅れであるという感覚は、たとえ普段は意識されずに許容されていても、魂の深層では周知のことなのです。

第二の事実は、それでもしばしば、情動的に、そして根底から、それが主観的な心に強く訴えかけ、人びとがまだそれに根ざしていると感じていることです。

つまり、日本の魂は文化的に二つの対立する方向に引っ張られているのです。一方は、その家を現代世界の中に持ち、もう一方は伝統的な意味で特色ある日本にその家を置いています。そのため、魂はバラバラに引き裂かれ、統一性と自然な無垢を失っています。ここにはリアルな喪失があり、何かを「失っている」というこの感情は、敏感な人ならば痛切に感じられるはずです。私の直感では、これが疎外と引き裂かれ感の客観的な現実であり、その体験が、フロイトがフロイト自身にとって異質に感じられる西洋という文脈で表現した「*Unbehangen in der Klutur* 文化における居心地の悪さ」（「文明とその不満」）の特殊な日本版につながっているのだと思います。そして、いわゆる「母を恋う」感情の底流にあるのは、次のようなことなのではないかと私は推測しています。母という主題は、おそらくこの感情の背後にある実際の問題を覆い隠すための便利な隠れ蓑として機能し、その問題に対処し、明示し、意識化して苦しみ抜く必要のあるものから意識の注意をそらすためにあるのでしょう。自分の目を欺き、自分が苦しんでいる本当の問題に直面する必要から逃れられ、そのことで常に安堵し慰められているのです。

では、「母を恋う」ことこそが日本が苦しんでいる問題ではないかと考えることによって得られる安堵や慰めは、いったいどのようにしてもたらされるのでしょうか。それは、現実の具体的な喫緊の課題が、日本人がたまたま持っているとされる全般的に共通した特徴や国民性という漠然とした一般性に置き換えられるからだと思います。この特徴というものは、過去において生じ、引き受けざるをえない問題のように、解決する必要もなければ、解決することもできない、永続的なものです。さらに、「母を恋う」というアイデアは、いわば雲の上のもので、現実の経験的な出来事や状況に具体的な根拠があるわけではありません。それは、心《マインド》の中のアイデアや、ファンタジーに過ぎません。ですから、それは心理主義的なもので、現実から切り離された主観的なものや、内なる感情を指しているに過ぎません。

このように具体的な問題から漠然とした説明的なアイデアへと変換することによって、現代から遠く離れた過去に、そして古代の神話や伝説や物語の中に、そのような特徴を持ったイメージや痕跡を探し出すことも可能になります（『源氏物語』や『葛の葉伝説』を挙げられていました）。しかし、ユングは次のように心理学にとって決定的な洞察をしています。

> 神経症の真の原因は「今日」にある。神経症は現在に存在するからである。神経症は決して過去の遺物ではなく、日々維持され（あるいは養われ）、いわば新たに生成されさえする。そして、神経症が「治癒」されうるのは、私たちの昨日においてではなく、今日においてのみで

> ある。神経症の葛藤に今日私たちは直面し、そのため歴史への脱線は、回り道であり、さもなければ実際に道を踏み外すことである。
>
> （CW10, §363）

ユングは神経症について語っていますが、彼が語っていることは、神経症そのものにしっかりと当てはまるだけでなく、あらゆる心理学的コンプレックスや、症状や、極端な感情や情動状態にも当てはまります。それらはすべて、それぞれの「生にその場をおいて *Sitz im Leben*」、つまり特定の歴史時代（あるいは一個人の事例で言えばある特定の時間）の具体的で文化的（あるいは個人的）な未解決の葛藤に、その背景や根を持っています。ユングの洞察は、心理学一般において留意される必要があります。つまり、自分自身や患者の心理学的問題を、個人的な子ども時代の経験という過去から説明しようとしてはならず（これがこの引用でユングが特に念頭に置いている、起源としての「私たちの昨日」の拒絶です）、古代の集合的な歴史としての過去から説明してはならないのです。現代の心理学的な問題は、神話や古代の神々に目を向けても、まったく別の時代に生まれた文学作品に目を向けても説明することはできません。それらは、*Aktualkonflikt*〔現勢葛藤〕（今日の集合的生活や個人生活に存在する葛藤や矛盾）の観点から理解されなければなりません。多くのユング派は、ユングが「今」を見ることを要求し、「あらゆる歴史の遡行」を拒否したことに従っていません。そして、現代の感情や症状に類似した古代の物語を掘り出し、それを現在の魂の問題の心理学的背景として提示することを、自分たちの仕事としていることが多いようです。しかし、ユング心理学において、それらはユングの拡充法という目的のためにのみ正当性を持って使用されるのです。つまり、私たちの夢に生じる、現在では馴染みのない、古代的に見えるモチーフに光を当てる目的のためにのみ、それは使用されるべきなのです。

　要約すれば、日本人が集合的によく感じる「母を恋う感情」という喪失感や失われたものを求める感情に対して、私が解釈した一つの仮説は、それが日本文化の今日直面している深刻な問題を二重に置き換えたものであるということです。問題は置き換えられています。つまり、（1）母という主題の持つ漠然とした一般性や主観性への置き換えと、（2）「今日」という時代から、意図して選ばれた神話や伝説によって代表される永遠の過去という非時間性の中への置き換えです。[12]

【質問8】あなたは、西洋において大切にされていたものが魂自身によって否定される「魂の自傷」について述べておられます。日本においては家族が大切なものとされてきました。例えば戦国時代では個人よりも先祖代々の家の存続が重視されていましたし、戦前までは祖霊を大切に祀ってきました。しかし現代の日本は核家族化し、そのような家とのつながりを感じる人は少なくなっているように思います。このことは、日本における魂の自傷ととらえることはできるのでしょうか。

　その一方で、臨床場面において、日本では自分の問題を、親が自分を大切にしてくれなかったせいにするクライアントにもよく出会います。西洋においてはそういうことはあまり見られないのでしょうか。（宮澤）

先祖代々の家の存続が、かつては個人のそれよりも重要であったというあなたの観察は、極めて重要な意味を持っています。そして、このかつての状況と現代の核家族という状況との対比は、先に述べたような相容れない論理を最も明確に示しています。一方では、自然な／スピリチュアルな〈全体性〉が優先され、他方では、個人が優先されます。

日本が「核家族」化し、先祖の役割が減少していることは、確かに重大な変化であり、ある意味で伝統的な魂の傷に相当します。しかし、それを魂の自傷というべきだとは思いません。なぜなら、この急激な変化は、日本人の魂の内部から生じたのではなく、現代において祖先崇拝がもはや意味を為していない西洋文明による外的な影響によって、つまり輸入された影響によって生じたものだからです。実際、現代の西洋人の心《マインド》に、祖先崇拝があるとはほとんど考えられません。ヨーロッパでは、例えば啓蒙主義のような否定的な運動が、ヨーロッパ自身の伝統の中から生まれたために、魂の自傷と言うことができるのです。

二つ目の質問ですが、心理療法を受けに来る西洋の患者たちも、自分の問題を、親が十分に面倒をみてくれなかった、愛してくれなかった、といった事実（あるいは空想）のせいにすることが非常に多いようです。日本の患者たちがそう言うのであれば、それはもう彼らが西洋型の核家族で育った現代人なのだと思います。百年前や二百年前の日本では、そんなことを言う人はいなかったと思います。もちろんそのような時代には、プロの心理療法家はおらず、カウンセリング・センターもなかったでしょうけれど。

六　日本文化における大人になることと殺害

【質問9】家族の殺害と世界創造についてうかがいます。日本の心理療法では家族関係が話題になることが多いと思います。事例検討会で、「なぜ二十歳になっても、この人は自分の問題を母のせいにしているのだろうか」とあなたが発表者に質問したこともありました。私はそこに西洋と日本の違いを感じました。

日本の心理療法では二十歳でも、三十歳でも、ときには六十歳でも、家族との関係が問題となることが稀ではありません。心理療法が成立するためには、ある程度、その人が個人になっている必要があると思いますが、日本の場合は家族と個人の境界線が曖昧になっており、家族全体にセラピストが関わらざるを得ない場合も多いと思います。

聖書に「あなたの母とは誰か」というエピソードがあるように、西洋では明確に個人と家族が切り離されて、神と個人の関係性になっているように思います。そうして個人と家族が切り離されているために、教会では神職者が神父やブラザーと呼ばれ、神とのつながりにおいて意識的に共同体を再構築するのだろうと思います。

一方で、日本では家族と個人はそう簡単には切り離されません。家族はいつも大切なものとして描かれます。それは、そのまま理想化された「故郷」というイメージとなり、心の中で美しい自然風景とともに思い出されることも多いように思います。日本ではかつて先祖崇拝が行われ、家が存続することが最も重要であったと言われます。人は死後に先祖の一部になり、「家族」として魂が存続することが重要だったのではないかと思います。いまでもその片鱗が残っていて、「故郷」やそれに付随する自然イメージはまるで天国のように美化されるのでしょう。

しかし、近年では日本でも「家族」という概念が壊れてきていて、新しい家族の形が求められるように思います。西洋において神の殺害が重要であるとしたら、日本人の心にとって共同体の崩壊、家族の崩壊は、重要な展開であると思います。私がそう感じるようになったのは次の高橋睦郎（一九三七―）の詩に出会ったためです。少し長いのですが、興味深いのでご紹介します。

家族ゲーム　または　みなごろしネロ　　高橋睦郎

1

ぼくは　父を殺した
理由は　老いぼれ
大食らいで　大淫ら
つまり　醜悪至極だったから
彼は死んで　神になった
へどまみれ　淫水まみれの神
彼を神に挙げた手柄は
ぼくのもの

2

ぼくは　弟を殺した
理由は　若さに輝き
しかも無垢で　高貴で
つまり　冒しがたかったため
彼は死んで　星になった
黒雲も　瀆すことのできない星
彼を星に変えた手柄は
ぼくのもの

3

ぼくは　妹を殺した
理由は　望まず配わされたせい
黙して運命を受容　悪意にも貞潔
つまり非の打ち所無かったゆえ
彼女は死んで　風になった
どんな汚辱とも関わらない　透明体
彼女を風に高めた手柄は
ぼくのもの

4

ぼくは　母を殺した
理由は　厚顔無恥
息子を酔わせ　無理矢理交わり
つまり　現世の大母を企てた罰
彼女は死んで　泥になった
目にも鼻にも　臭気耐えがたい泥
彼女を泥に落とした手柄は
ぼくのもの

5

ぼくは　妻を殺した
理由は　愛されることに狎れ
天井知らずの　証しの要求
つまり　身の程知らずだったので
彼女は死んで　闇になった
殺されたことも知らない　闇に
彼女を闇に押し遣った手柄は
ぼくのもの

6

ぼくは　息子を殺した
理由は　蹴殺された妻の子宮で
まだ月足らずの　眠る胎児
つまり　母親との混沌未分
彼は死んで　存在になった
死者という　全き存在
彼を存在に転じた手柄は
ぼくのもの

7

ぼくは　師を殺した
理由は　ぼくの形成者を詐称
誰彼に賄賂を強要　貯めこんだ
つまり　尊大狡猾の結果
彼は死んで　歴史になった
偽教育者　えせ哲学者の歴史に
彼を歴史に祭りあげた手柄は
ぼくのもの

8

ぼくは　ぼくを殺した
理由は　他人に殺されるのが
怕く　耐えがたかっただけ
それも　さんざ躊躇ったあげく
ぼくは死んで　幽霊になった
家族史の中をうろつく　幽霊
ぼくを幽霊にした手柄は
誰のもの？

（「現代詩手帖」二〇一五年六月号）

この詩を読むと、家族を殺すことが世界を構成する作業になっていることがわかります。ここでくり返される「殺す」とは、あなたの言う「論理的否定」だと思います。そうして家族の殺害によって世界を構成する要素、神、星、風、泥、闇が生まれます。その後、私の構成要素である存在、歴史、幽霊が生まれます。このように、日本の心にとって家族のイメージに取り組み、家族を殺すことが心理学的誕生において重要なのではないかと思います。家族に取り組むことを通して「ぼく」は霊的存在として誕生します。

一方で、西洋でも、フロイトがエディプス・コンプレックス理論で述べたように、父親殺しのモチーフは心理学的に重要なのだろうと思います。この点に関して、ジェイムズ・ヒルマンは西洋精神についてプエル Puer とセネクス Senex の対立とも表現しています。一方で、あなたのお考えでは、人間の心理学的誕生は神々の落下や意味の終焉によって生じる、と私は理解しています。その場合、家族の殺害のモチーフは、あくまで思春期の移行のイメージであり、誰にでも生じる心的変化である、と理解されるかとも思います。そう考えると、特に家族という共同体は考慮されていません。個人と家族との関係性は、深層心理学の各理論においてずいぶんと違うように思います。この比較にはあまり意味がないのかもしれませんが、この点について、あなたの意見を聞いてみたいです。（兼城）

西洋でも、六十歳を過ぎた患者たちの場合、むしろ家族関係や子ども時代の体験に焦点を当てることが多いようです。私は、ほとんどの場合、これは間違いだと思っています。一般論ですが、もし、そのような患者が自分の問題を説明するために、ママやパパのことを持ち出して話し始めたら、彼らがもはや長年にわたってその両親の子どもではなく自分の権利を持って大人の個人としてやって来たことを、心理学的には大人としての彼らには両親がいないこと（もしいるとしても、かつての両親でしかないこと）を、そして、彼ら自身が責任を引き受けるべき問題にもかかわらずかつての両親を非難していることを、ゆっくりと伝えていく必要があると私は感じています。ここで私は、先に述べたこと（質問7に対する返答のcを参照）を、本当の大人が子どもに対する親の罪を受け入れることについてユングが論じていた引用を参照しています（親から受けた苦痛を表現することができないと感じながらも、自分自身の中に深く隠してきた年老いた患者が、いま、セラピーで初めて、これらの「秘密」を表に出し始め、分析家と共有するとしたら、それはまた別の問題でしょう。それは心理学的に正当なことであり、重要なことでさえあります）。

先ほどの質問への回答で、すでに先祖代々の家族の伝統的な役割という重要な主題は取り上げましたので、この話はくり返さずに、あなたが引用した高橋睦郎の詩の話に移りましょう。この詩が私のいう「論理的否定」を表現しているというあなたの考えや、家族の殺害と世界創造や〈私〉の誕生との関連についての考えは、非常に興味深いものです。しかし、私は、それに納得はしていません。

この詩は私にとって難解で、矛盾を含んでいると思われます。一方では、その冷静で、ぶっきらぼうで、事実そのままを語る語法によって、まるで古代の創造神話のように聞こえます。この詩は、一連の殺害を語り、その殺害を通じて一人ひとりの家族が宇宙のさまざまな本質的要素に変容していく様子を、非常に淡々と語っています。

もう一方で、この詩は、自我を讃えているため、非常に現代的に聞こえます。何度もくり返し、各場面は「ぼく」で始まり、「手柄はぼくのもの」で終わります。はっきりと自我を中心に据えていて、もしかすると誇大妄想的でさえあるかもしれません（ここにあるのは神、星、風、歴史などを創造する者としての自我だからです）。私の思うところでは、これは「私」の誕生ではありません。なぜなら、この詩では「私」は最初から存在し、誇らしげに殺害を行うものだからです。それに対して、論理的な殺害とは、「私」によって行われるものではなく、比喩的に言えば、客体的な魂そのものによって行われるものです。それは、殺されることを必要としているものによる「自己運動」です。私たちがそれを行うことはできません。より深く認識が行われた論理的帰結として、自発的に起こらねばなりません。

「私」（と論理的否定一般）の誕生は、世界の創造に等しいものではなく、世界の存在は「私」の出現によってもたらされるものでもありません。「私」の誕生は、意識の構成に変化をもたらすだけです。父親が論理的に殺された後でも、同じ老父が存在し、彼は以前とまったく同じ大食漢で淫らな老人として存在することになります。論理的に殺されて生じるのは、ただ、突然の見方の変化です。しかも、ここが重要なのですが、決してそれは神として生じてくるのではなく、つまり超人的な水準に引き上げられるのではなく、逆に、父性的な最高権威という高い水準から下に引き下げられるのです。いまや父親は、人間的あまりに人間的な存在として見られています。逆から見ると、息子である私は、父親の仲間の一人で、父親と同じ大人で、同じ水準にあると感じることができるようになったのです。それまでは私よりも高い水準にいた父親が、言ってみれば一人の同僚になったのです。つまり、「殺害」は、文字どおりの「殺害」ではないのです。それは論理的な「殺害」で、つまり、もともとの父親というアイデアや父親という経験を殺しているだけなのです。論理的な父親殺しは、父の退位にほかなりません。

　この詩の表現の仕方では、殺害は論理的な否定ではなく、古代神話と同じように、文字どおりの行為として叙述されています。また、宇宙的な要素への変容も、この論理的なプロセスというアイデアには矛盾します。結果として、神、星、風、泥という実在の自然物がその物理的な姿で現れています。論理的プロセスは、物や存在を変容させるのではなく、物や存在の論理的構成を変容させるのです。したがって、論理的な殺害は、（老いて大食漢で淫らな）男や人間としての父親を殺すのではなく、父親の概念を、絶対権威としての父親の論理的ステイタスを殺すのです。この詩は、明示的に実在の人物のイメージを喚起していますが、論理的殺害は実在の人物に向けられることはありません。

論理的な否定は、殺すという行為の自然主義的なイメージの中には現れず、もしイメージに現れるとすれば、すでに殺され、昇華された父親の（あるいは誰であろうとも何であろうともそのような）イメージに現れます。この形式（「している」という現在形ではなく、「すでに〜した」という完了形）は、「論理的な否定」に限りなく近づいたイマジナルな表現です。ここには文字どおりの殺害も、残虐性も、流血もありません（イマジネーションという媒体は、論理的な関係や変化を表現するために相応しい手段ではありません。この媒体では構造的に不十分で、定義上、それは自然主義に縛られています。これが、心理学において、イマジナルから「魂の論理的な生」へ、そして思考への移行が必要な理由です。この問題は、私とヒルマンとの争点でもありました[13]）。

もし父親が神になるなら、それは論理的な否定ではなく、存在や物と同じ自然主義的な水準における変容や変身（形態変化）です。論理的な否定とは、止揚（*Aufhebung*）であって、（ここでは）父親を格下げすることによって意識を論理的に高い水準に引き上げることなのです。

もう一つの問題は、この詩のように父親が具体的に神となるならば、「私」が生まれないということです。なぜなら、現代的な意味での「私」は、自律と、独立を意味していて、自分自身の中心になることだからです。しかし、神とは、主君であり、一種のスーパー・ファーザーです。逆に言えば、もし神を創造した〈私〉が神の上方にいるのであれば、それはもはや神ではありません。

父親を退位させること、つまり、本来の父親というアイデア（ローマ人の言うところの最高の権威、*patria potestas* を持つ者としての父親）を（論理的な否定という意味で）「殺す」ことは、正しく論理的な否定と呼ぶことができます。なぜなら父親が退位すれば、事実上、息子はもはや父親に従属する息子ではなく、独立し、（父親の）権威から自由になり、みずからが自分自身の権威となるからです。これは、父親が論理的に殺されたことに内在する論理的帰結です。これに比して、父親から神への移行は、いわば奇跡的で恣意的なものです。神への変身は、父親を殺したことから論理的に導かれるものではありません（殺された父親は、岩や空や悪魔など、何か別のものに変えられる可能性もあったでしょう）。

存在も、歴史も、幽霊も「私」を構成する要素ではありません。実は、「私」というものには構成要素がまったくありません。それは純粋概念で、つまり（内容がなく、ゼロで、性質もない、点のような）空概念です。それは自己言及として存在する概念にほかならず、だからこそ、あらゆる内容に対して開かれた存在となりうるのです。

「私」の誕生には、このような意味での両親（父親と母親の両方）の「殺害」が必要で、ただそれだけが必要です。弟、妹、妻などは、それとは何の関係もありません。「私」の誕生という文脈では、「家族」に焦点を当てるのではなく、「両親」にのみ焦点を当てるべきです。しかし、もちろん、両親の止揚（*Aufhebung*）に伴い、家族という感覚も事実上、止揚されます。大人として生まれた「私」は、自分の家族を作ることになります。

（古代的な文化でも現代に近い文化でも）おそらくすべての文化において、青年は通常、成人へと順調に成長していきます。しかし、現代的な意味での「私」の成人性は、少々異なった特殊なものであり、ある種の文化的前提条件に依存し、とりわけ、集団や先祖が個人よりも優先されるというような文化の論理が克服されていることを前提条件としています。この意味での「私」は、論理的には原子的な個人であって、「自分自身に対峙した人間」[14]（エーリッヒ・フロム）です。これに対して、前近代文化の成熟した成人は、心理学的には、依然として家族、一族、共同体の中に包摂され、その中に自分の真の中心を持っているのかもしれません。

「プエルとセネクス」という主題は、家族の領域にも「父親殺し」の領域にも属しません。それどころか、まず第一に、このモチーフには殺害がありません。第二に、プエルとセネクスは存在や人ではなく、概念であり、イマジナルな形式で表現された概念です。第三に、プエルとセネクスはいわば二つの極、つまり男性的精神の中にある二つの対立する可能性であり、その中に内在する緊張を意味しています。

【質問10】心理療法における「子ども」イメージについて、ユングは子どもの心の問題はたいてい親の問題であるとしています。あなたはご著書〝***Neurosis: Metaphysical Illness***〔『神経症　形而上学的な病』（未邦訳）〕〟で、子どもと家族について次のように書かれています。

> 家族とは、子どもにとって、本質的にその自己を構成するものの領域である。両親は、（自然主義的な観点からすれば）実証的・事実的に外的現実であるにもかかわらず、論理的あるいは心理学的には、小さな子どもにとって決して（大文字の）他者ではなく、異質なものでも、外的現実でもなく、内的なものであり、子ども自身のものである。なぜなら両親は子どもの〈私〉というものの本質的で客観的な面を担う者だからである。まさにそうであるからこそ、両親の実際の継続的な実存や両親の喪失、そして子どもに対する両親の実際の行動の具体的なあり方は、きわめて重要であり、その帰結をもたらすのである。両親あるいは親代わりになる者との安定した信頼できる関係の欠如は、子どもにとって悲惨な事態を招きかねない。
>
> (p. 184)

ここでは、子どもにとって「私」というものが確立しておらず、両親がそのまま子どもの客観的な「私」を形作っていると考えてよいでしょうか。あなたは子どもとは「関係を基礎とするもの relatedness」であるとも書かれていたと思います。

また、このことと関係していて、さらにお聞きしたいのが、子どものセラピーについてです。子どもの心理的問題は親の問題が大きいというユングの考えに基づくと、子どものセラピーは家族療法が適切であるという考えに導かれるようにも思います。日本では親子平行面接という方法が採用されることが多く、親の心理療法（主に心理教育やガイダンス）と子どもの心理療法が平行して行われます。家族に介入する家族療法家もいますが、メインストリームは親子平行面接であると思います。私はかつて親子平行面接において、家族の問題を取り扱ったために、急速に子どもの主訴が解消し、子どもの心理療法が終了してしまったことがありました。このときに私はたとえ家族や親のコンプレックスの影響を受けているにしても、子ども自身が自分の心の中で家族イメージに取り組むことが、子どもの心の成長を促すうえで重要なのではないかと思いました。それは現実的に親の問題に介入しなくていいという意味ではありませんが、家族の問題と子どもの心理療法はある程度は別個に考えた方が良いのではないかと思います。

また、日本では大人になっても「親に傷つけられた」と訴える人は多くいます。そのとき、あなたが述べている「心理学的差異」の概念がとても有用だと思います。つまり、その人がある種のトラウマを抱えているのか（心的問題）、それとも一見トラウマ的な傷つきを神経症的に利用しているのか（心理学的問題）という区別です。しかし、クライアント本人は、「自分は親に傷つけられた」と確信しているため、自分の心の中の問題に向き合うことが難しい場合も多いように思います。私はまずは家族の話を聞くことで、おのずとクライアント自身の問題に導かれるのではないかと思っています。民俗学者の柳田國男が述べているように、日本では特に家庭内の女性が救いをもたらす神様とのつながりをもち、癒しの媒介者でした。歴史的には、そのような家族の中の女性が「巫女」になったのだろうと考察されています。これはユングの用語で言えばアニマが家族の中の女性に投影されていたとも考えられるかもしれません。日本ではかつて家族の一部が神様であったために、いまでも心理療法の中で家族について話し合うことはときに有効に働くのでしょう。西洋では家族について話し合うことは、さほど心理学的な重要性を持たないのかもしれませんが、どうでしょうか。

日本では心理療法の中で家族の話を聞いていると、その話が徐々に自分自身の問題の核心に近づいてくると思います。しかし家族イメージの殺害にさしかかると、クライアントはあまりに罪悪感が強くなり、治療が中断するか、急速に家族に回帰していくという展開を辿ることが多いと思います。それ自体は日本的な心の展開として、受け入れるしかないと思うのですが、心理療法の観点から見ると残念にも思います。

私の経験では日本の心理療法の中で、家族の問題から徐々に自分自身の内面で動いているイメージに焦点が移ると、次に「子どものイメージ」が出てくることが多いと感じています。例えば、数年間のセラピーの終盤に、あるクライアントは次のような三つの夢を報告しました。彼は家族を非難し続けて、なかなか自分自身の問題に取り組めない男性でした。

夢1　ひき肉のような細かい肉があって、それがだんだん人間の形になっていく。胎児がそこにいるが、足の部分が畸形になっている。

夢2　武器庫の中に入ると、幼児が椅子に縛り付けられている。敵か味方かわからないので、しばらくそのままにしていたが、その後、解放した。その子は銃を持っており、それでドアをこじ開けて外に出ようとした。「そういう事か」と思い、その幼児の後頭部を銃で撃って殺した。

夢3　宗教儀式で自分の頭蓋骨に穴があけられている。内側から穴を見ているのが怖い。

この夢を初めて聞いたときは、私にはショッキングでした。しかし改めて思い返すと、彼は子どもを殺すことで、これまでの自分の在り方と訣別したのだろうと感じました。子どもは彼自身の過去でもありますが、同時に未来でもあるように思います。この子殺しのイメージは、重要なモチーフのように思います。あなたは片子の分析で、片子の自殺を日本文化の特徴として指摘していたと思います。一方で、このケースから私が思ったのは、家族から離れて日本的な「私」が成立するときには、「私が子どもを殺した」というイメージを生じさせるようです。これは非常に苦しいイメージですが、日本の魂にとって取り組む価値があることなのではないかと思います。（兼城）

幼児には「私」がありません。「私」は獲得されるものです。幼い子どもは発達のある時点で、自分自身を「私」（ここでは心的あるいは言語的な〈私〉を指していて、前節で述べたような大人の〈私〉あるいは現代的な〈私〉を指すのではありません）として確立します。その「私」としての自分の確立は、子どもがそれまでのように自分の名前（三人称）で自分を示すのではなく、「私」として自分を示すことができるようになったときに明らかにされます。しかし、引用された文章で私が言いたかったのは、この「私」のことではなく、「自己」のことです。私が示唆したのは、赤ん坊は（どんぐりが完結しているように）それ自体で完結しているわけではない、ということです。赤ん坊は、自分自身と「母親」（あるいは母親代わり）の担っている〈空白の枠〉との複雑な一体化です。幼児的な存在の論理に備わっている〈空白の枠〉は、現実に満たされる必要があり、それが満たされないと、例えば「ホスピタリズム」[15]といったものにつながるかもしれません。赤ん坊自身は、いわば、その完全な現実の半分に過ぎません。赤ん坊にとって母親は別の人間ではなく、まさに赤ん坊自身の自己なのです。私たちは母親と赤ん坊を外から見ているので、それが二つの別々の存在に見えますが、赤ん坊にとっても、内側から見てみても、そうではないのです。――古代において人は自分の中に自己を持たず、例えば剣の中に自己を持ち、軍属ならば軍旗の中に自己を持っていた、ということがありますが、それと比べてみてください。軍旗に自己があるからこそ、それは何としても守られなくてはならなかったわけです。

心理学的な問題を抱えた子どもが幼ければ幼いほど、セラピーは両親のセラピーであるべきでしょう。子どもが大きくなればなるほど、子どもがその焦点の中心になるはずです。なぜなら、両親からの被害はすでに終わっているからです。とはいえ、母子平行面接は意義のあるものだと思います。すでに少し大きくなった子どもは、（よい親ではない）両親に対して反発を強める必要がしばしばあって、そうして、幸せに育ってきた子どもたちよりも早期に、両親から距離を置くことができるのです。

本当のトラウマに苦しんでいるのか、それとも、患者が自分の問題を見ないようにするために「トラウマ」という概念を神経症的に利用しているのかを区別する必要がある、というあなたの指摘は非常に重要なものです。私はすでに先ほど、「心的外傷後ストレス障害」という診断名を無分別に使うことに警告を発しました。

日本では、家族は歴史的に神の一部だったのかもしれません。どうなのでしょう、私にはわかりません。西洋から見ると、それは驚かされることです。ヨーロッパでは、家族に神の背景はありませんでした。実際、むしろ、ブルジョア社会が台頭し、工業化が進んだ十九世紀になって初めて、家族が尊いものとみなされるようになったのです。十九世紀を通じて家族というものがロマンチックにされていったのです。

　あなたが報告された三つの夢は、神秘的なものに思われます。この子どもの殺害が〈私〉の誕生を表しているのかどうかわかりませんが、ともかく「私」の誕生に関して言えば、「両親の殺害」は、それ自身が自分の中で、自分が子どもであったこと（＝子どもの態度）を「殺す」ことでもあります（先にほど、「殺された」父親というものによって、それに依存していた息子もまた事実上「殺された」ことを示しました）。使徒パウロは次のように言っています。「私が子どもだったとき、私は子どものように話し、子どものように理解し、子どものように考えていましたが、一人の人となってからは、子どもじみたことをやめました」（コリント 13:11）。

　報告していただいた夢には、他にも多くの詳細（奇形の脚、武器庫、椅子に縛り付けられた幼児など）があり、それらを考慮する必要があります。私は、夢の解釈では、夢から一つのモチーフや出来事を取り上げてはいけないと思っています。夢全体と、夢全体の中での各モチーフの文脈を見る必要があるのです。また、子どもを銃で撃つというのは、殺すという行為を自然主義的に描いています。しかし、私が躊躇しているからと言って、あなたの考えが価値のないものだとは思いません。

七　東西の現代社会を見る

【質問11】共生社会というものが世界的に求められ、持続的な取り組みによって多様性を甘受できる社会を作り出そうというスローガンが掲げられています。それに対する世界的な反応はわかりませんが、日本においては、このスローガンが家族の再生と同列に考えられているようです。すでに壊れかけている家族共同体を再生させることが、多様性を認めてすべてを抱擁できる社会につながると思われているように見えます。「共生」というキーワードが、家族と結び付けられ、現代社会的な意味での共生ではなく、原始社会的な共生が目指されているように感じられます。しかし、そもそも現代社会における共生とは心理学的には、何を示すのでしょうか。心理学的に自分の影を認め、他者を知り、みずからの心の内において、自己と多様性とを同時に成立させることとは、共生社会につながるのでしょうか。（猪股）

「共生社会」が求められていること自体、私は聞いたことがないのですが、ダイバーシティ（多様性）、寛容性などについてはよく耳にしています。「共生」とは文字どおり「共に生きる」という意味で、「共生社会」という表現は（「黒いカラス」という言葉と同様に）冗長表現になっています。「社会」それ自体がすでにコミュニティや人びとが共に生きることを意味しているからです。しかし、「持続可能な努力」とも言っているのですから、「共生」はこの表現では別の意味で使われているのでしょう。それはともかく、共生社会の実現という呼びかけは、他のあらゆる呼びかけと同様に、私にとっては、自我の運動、知的プログラム、イデオロギーにしか聞こえないのです。多様性を求める声も同様です。このような呼びかけは、過去のファシズムや共産主義や、その他の社会的ユートピアや、あるいは現在の中国で起こっていることと（内容ではなく、形式と原理において）同じです。つまり、考案された社会形態を現実の社会に上から押し付けようとするものです。それは、一種の社会工学であり、命令です。そしてもちろん、人びとのリアルな感情の操作です。私はそれが恐ろしいと思っています。社会はそれ自身で独自に発展していかなければならないと思います。社会学や心理学は、何が変化したのか、社会の生活がそこからどのように発展したのか、それが何を意味するのか、そうしたことを事後的に記述するだけです。社会はそのまま放っておけばいいのです。社会は社会自身が自分でケアするものです。

　ダイバーシティもまた、少なくとも西洋では、説明的な言葉ではなく、プログラムとして流行している考え方です。それは「多様性があるべきだ」というアイデアです。これもまたひどいものです。多様性は世界に存在し、それは増えることもあれば減ることもあります。しかし、多様性を強制する多様性のプログラムなどあってはならないでしょう。

　心理学的に私が受け入れているプログラムはただ一つ、「すぐれた心理学を実践しようとすること」です。心理学者としての私は、宣教師でも、改革者でも、ヒーラーでもありません。私の仕事は、存在する問題や現象に、できる限り魂のこもった方法で関わっていくことだけです。

　そして、個人として、私は自分のことは自分でするように心がけています。私は、できるだけまっとうに、しっかりと自分の人生を生きていこうと努めています。

【質問12】西洋では、社会制度や法を整えることによって、原始的な家族共同体が成立しなくなった社会に、個人を支えるセーフティネットを作り出し、それによって個人の自立を助けようとしているように思います。日本では、何か個人に問題が起きると、その問題を解決するのも、その人を助けるのも、あるいはその人に対して責任を負うのも、家族であるとされています。社会制度よりも家族が個人を助けるべきだと、いまでも思われているようです。心理学が取り組んでいる作業の一つは、他者と自己の成立だと思いますが、自己を家族の中に送り返そうとする日本の精神風土の中で、心理学はそもそも他者と自己を成立させられるのでしょうか。個別性と集合性という対立物のあいだで、最終的にはいつも集合性が勝利するような風土において、ユングの心理学は成立するのでしょうか。（猪股）

確かにヨーロッパには、現代社会にうまく対応できない個人に対して、セーフティネットを提供する社会制度があります。そのため、家族が救助の手を差し伸べる必要はありません。しかし、このセーフティネット制度には重大な欠点もあります。セーフティネットは、怠惰な人たちに不当に利用される可能性を備えています。それは松葉づえのように使われる可能性もあります。そして、この制度が、あなたの言うように、個人の自立を助けるとは私には思えません。もともと人びとは自立していて、存在する何らかの外的な問題を克服するために社会制度による少しの助けが必要としているのか、あるいは、この制度が人びとをまさに客観的にこの制度に依存させ続けるのか、このいずれかでしょう。現代の西洋社会は、セーフティネットがあろうとなかろうと、かなり冷たく抽象的な社会です。実際、社会のセーフティネットはそれ自体が、抽象的で冷たいものです。つまり私が言いたいのは、自力で生きていけない人への助けとして実際的にはそれは必要ですが、心理学的にはそれはたいしたものではない、ということです。

　ユングの心理学や個人の自立の問題を考える限り、ヨーロッパのような社会制度に支えられているのか、日本のように家族に支えられているのか、いずれにしてもそれほど大きな違いはないように思われます。この二つの制度は同じものではありませんが、しかし、依存の問題はどちらにもあります。ですから、どちらの場合でも、問題を抱えた人が問題から抜け出そうとすることは、常にそれぞれの個人の課題であるように思います。そうすることによってのみ、（実際的な自立や経済的な自立とは違う）心理学的な自立が可能になるのです。そして心理学は、この課題や責任の重荷を、苦しんでいる患者に負わせなければならないのです。それはその患者の仕事なのです。心理療法は、患者に負担を課し、患者に何かを要求しなければならないのです。もし人びとが救助されることを本当には望まず、自分の仕事に取り組まないのであれば、その人たちを助けたり救助したりするのは心理学者の仕事ではありません。心理学は、患者を抱きしめてはならないのです。患者を抱き寄せたり、同情や哀れみを持ちすぎたりすると、患者は依存的になり、心理療法を松葉づえや言い訳として使うことを彼らに許してしまいます。彼らは自分自身に対して応答責任があるのです。「自分自身に対峙した人間」なのです。

【質問13】ユングは、心理学を宗教の後継であると考えていたと思います。そして、宗教とは、集合的なものを聖家族としてその内側に抱えています。心理学が宗教の後継であるならば、この聖家族は心理学の中でどのような形式を取るのでしょうか。（猪股）

そうです、心理学は宗教の後継です。しかし、宗教が聖家族のような集合的なものをその内に内包しているという点は理解できません。まず、第一に、「聖家族」というのは、キリスト教という一つの宗教にしか存在しない理念であり、キリスト教でも主にカトリック教会にしか存在しないと私は考えています（もっとも、私が間違っているのかもしれません）。第二に、そして主として、それは「聖なる」家族、集団、集合的なものが宗教的な尊厳を授けられているという理念ではありません。むしろ、「聖家族」は一般的な考え方ではなく、イエスの誕生の場における、ヨセフ、マリア、そして幼子イエスという、特定の個々人による集団の固有名称に過ぎません。（一人ひとりの姿を持つ）彼らは聖なる存在であり、誕生の場面では核家族を表しているため、その誕生場面を描いた中世の絵画表現が聖家族と呼ばれるようになったのです。西洋世界における家族の理念と現実に対して、この聖家族のイメージは（十九世紀以降のきわめて近年のイデオロギー的な影響を除いては）特別な影響を与えませんでした。社会的現実の中で、家族がより高位の宗教的なオーラを授けられることはなかったのです。また、神学的にも「聖家族」は何の意味も持ちません。興味深いことに、家族という言葉はラテン語からの借用語で、近代言語に導入されたのはかなり遅く、それはようやく十六世紀に入ってからのことです。それ以前は、現在私たちが意味する家族は、ギリシアやラテンの古代でもヨーロッパ中世でも特別な名称さえなく、「妻と子どもたち」のように呼ばれていたのです。ラテン語の *familia* には（ローマ時代や中世では）いまの家族のような意味ではありませんでした。それは一つの支配形態の呼称であり、「領主に従属するさまざまな種類の従者たち［顧客、農奴、家臣、自由民、自由婦人など］というさまざまなより広い意味を持っていました。つまり、親族関係とは無関係だったのです。親族というような意味の家族には、「聖家族」という呼称は与えられないのです。

さて、あなたの質問に入ります。宗教の後継者としての心理学において、聖家族の占める場はありません。それは、そもそも宗教において聖家族が重要な意味を持たなかったからというだけではありません。宗教の止揚に伴って、家族（私たちの感覚では核家族）のような具体的で現実的な主題の水準も原理的に後継のものに取って代わられたからです。家族とは、経験的、社会的現実です。それは現実の人びとから構成されています。しかし、心理学は人間に関するものではなく、魂に関するものであり、魂の論理的な生や、魂の理念に関するものです。心理学は、論理的な形式に関わり、経験的な実体に関わっているわけではありません（しかし、質問1の（3）も参照してください）。

八　心理学と現代：現代に取り組む心理学的な作業

【質問14】「神を信じない時代における神々へのもてなし」（本書第六章）を、とても興味深く読み、インドの「ジャータカ（仏陀の前世話）」や仏教説話に、「月のウサギ」という類似した物語があるのを思い出しました。その物語を要約すると、以下のようになります。

森で行き倒れた老人を、猿、狐、ウサギが見つけました。三匹は、老人を何とか助けようとします。猿や狐は、食料を調達できました。でも、ウサギは食料を調達できず、できることも何もありません。ウサギは途方に暮れながら、老人にしてあげられることを考えます。そして一生懸命に考えた結果、ウサギ自身が火に飛び込み、自分を食料として老人に捧げます。その後、実は老人は帝釈天であることが明かされ、ウサギの行動に心を打たれ、ウサギを月へと昇らせます。そうして、ウサギはいつまでも月で過ごしています。

私はこのお話を、犠牲的精神の大切さを説いているものとしてではなく、もっと別のものとして理解をしています。老人ははじめ、猿や狐からの食料に感謝しますが、普通にそれを食べています。しかし、ウサギが食料になったのを見て、初めて涙します。そこで、自分が生きるために、相手の命が犠牲になっていること、人間は殺戮者であることを初めて認めるように思います。そうして人間の業を認めることで、ウサギに対して感謝することになり、この世に生かされていることに感謝をするようにもなります。目を背けたくなることでも、目の前の起きていることを認め、感謝を持って生きていきなさい、という内容を伝えていると私は理解しています。

これが、あなたが言っておられたこと、つまり、自分の心の中にすでにある元型たちと出会い、「存在論的に認められ、敬意を払われること」に通じていると思いました。そして、私はあなたの言う「本物の儀式的活動として、それを理論化して、名付けること」への難しさをあらためて感じています。

ユングは、普段の生活を送るキュスナハットと、歓待をするボーリンゲンとを分け、日常と非日常を分けています。私たちも、日常と非日常を分けていますが、過去の文化から出産や葬式などの儀式だけを持ち出して、そのときだけ非日常的なものを活用しています。つまり本当の意味では、現代の日常の中に、非日常の儀式性を根付かせることはできません。また、そうしたものに科学的な名称を付けることで、結果的に本物の儀式性や命や呪力をなくしてしまうこともくり返しています。

どうしたら、あなたのおっしゃる「理論のより深い側面の復権とみなすこと」へと向かえるのか、もう少し詳しくご意見をいただければ幸いです。（村田）

「月のウサギ」の物語は、確かに「フィレモンとバウキス」の物語と似ているところがあります。しかし、その始まりはまったく違います。フィレモンとバウキスは訪問を受けるのです。神々が（貧しい人間に扮して）もてなしを求めてきます。月のウサギの物語では、その逆で、三匹の動物が行き倒れている老人を見つけます。彼らは最初から活動的な姿をしていて、彼らの行為はもてなしではなく、老人に食べ物を与えて助けることです。

第二の違いは、フィレモンとバウキスが客人のためにわずかな食料を犠牲にしているのに対し、ウサギが自分自身を犠牲として差し出している点です。第三に、神々が最後にフィレモンとバウキスにみずからを啓示的に明かすのに対し、この物語では啓示は重視されず、報酬（ウサギが月に昇ること）だけが重視されているように思われます。啓示とは、より深い洞察を得ること、客人の真の本質に関する最初の盲目性を失うことと関係しています。ここでは、気づきや意識が重要です。対照的に、報酬は、倫理と正義の領域に属します。そこでは、行動と行為が重要です。

私は、あなたの解釈をよく理解できていません。なぜ、犠牲的精神の重要性を退けるのでしょうか？　私はこの物語を知らないので、あなたの再話で判断するしかありませんが、あなたの語られた物語では、老人が新しい洞察を得る気配はなく、特に「人間が殺戮者である」という洞察もありません。この物語には、殺害を行う人間は出てきません。暴力も報告されていません。そのかわり、ウサギは自分を犠牲にしています。そして、老人が泣くのは、ウサギが自分のためにしてくれたことに、知的にではなく、情動的に深く動かされたことを示しているように私には思えます。この物語の中で老人が、あなたの言っておられるような人間の業や人生一般について哲学的な考察を始めるとは、私には思えません。また、人間は「殺戮者」であり、自分が肉を食べる限り、生きるために他の命を犠牲にしていることを、老人である彼が、なぜずっと知らなかったと言えるのでしょうか？　そのことを知らずに、どうして長い年月を生きてこられたのでしょうか？　それほど明らかで当たり前のことが、どうしてわからなかったのでしょう。人間の業を認めることの重要性といったあなた自身の考察は、それ自体では重要なことかもしれません。しかし、それがこの物語と関係があるとは思えません。

　また、「これが、あなたが言っておられたこと」と書かれていますが、私がこのエッセイで示唆したこととは違うと言わざるをえません。このエッセイで私は「あなたの心《ハート》にすでに存在している元型」について語ってはいません。そうではなく、例えば、「いまここにある普通の、卑しい装いの中にすでに存在している神々」について語ったのです。「いまここにある姿」とは、自分の心《ハート》のことではありません。

　さて、ここで、この「神々へのもてなし」という私のエッセイについて、総括的な告白をしなければなりません。この文章は、私がユング派の分析家として活動を始めたばかりの頃、いわば私の「心理学的な青年時代」に書かれたもので、まだジェイムズ・ヒルマンの元型的で多神教的な心理学に十分に納得し、それに感銘を受けていた時期のものです。当時はまだ、元型的心理学のロマンティックでノスタルジックな性質も、ユングの後ろ向きで復古的な態度も見抜いてはいなかったのです。ヒルマンもユングも、現代の世界を心理学的に公正に評価することをしませんでした。彼らのイデオロギー的な偏りは、心理学的な思考に自我のプログラムが入り込んだものだ、と私は考えていますが、それが彼らのそれ以外のきわめて重要な洞察に満ちた心理学を著しく損なったのです。そして当時、私はまだ彼らに忠実で、いわば無批判に従っていたので、私のエッセイのある傾向や態度も心理学的には欠陥があり、私にとって、いまはもはや通用しないものなのです。

より正確に言えば、神話的物語そのものに対する私の解釈と、いまこの瞬間や目の前の現象に現れているあらゆるものの内的真実の啓示に重点を置いている限り、この私の論考は、まだ有効であると思われます。しかし、私のエッセイの基調と「神々」についてのレトリックは、あたかも神々が現代の魂に、したがって私たちの存在論に、いまだに居場所を持っているかのようです。さらに、（全体としてユングのボーリンゲンの塔プロジェクトと同様に）ユングが「ファウストのための償い」と「フィレモンのための聖域」を望む背後には、全体として反動的なアイデアがあり、部分的に反キリスト的・反近代的な傾向があるのですが、これらはすべて真の心理学のためにはもはや受け入れがたいものです。古代の神話や儀式に倣った先入観的なアイデアによって心理学的現象にアプローチしてはならないし、その意味で、最終的には現代の生の現象の奥底に古代の神々や元型を見出せると期待してはならないと思います。

「フィレモンとバウキス」の物語が教えてくれているのは、逆に、現代世界というまったく異なる条件のもとで、心理学的真理がどのような形式をとっているのかということに、私たちがみずからを開かなければならない、ということに違いありません。それぞれのいまここにある現実の現象の、平凡で卑しい装いの奥底に何が啓示されているのかが問われているのです。フィレモンとバウキスが、そもそも神々やよそ者の神性について、何もわからないまま、普通の人間である放浪する乞食を客人として扱い、その手厚いもてなしによって、この卑しい客人がみずからの真実を啓示的に明かし、古代に神々の姿を取っていたことが明らかになったように、現代の現象に対しても、元型や神々といった大きなアイデアを念頭に置いて接近していくのではなく、それに心理学的に耳を澄ませなくてはなりません。フィレモンとバウキスがそうしなかったように、私たちも、はじめから何が啓示されるのかを期待してはいけません。むしろ私たちは、低俗な経験的事実の性質を持った現代の現象が、その奥底に心理学的に隠しているものが（もしあるとすれば）何であるのか教えてもらえるようにその現象を許容し、さらにはそれに私たち自身が驚かされるように、それを許容しなければなりません。もっとも、現在それらの現象の中にあるものは、間違いなく古代の神々ではないでしょう。心理学的な真実は、それぞれの時代に、それ自身のそれぞれ異なった形式でみずからを提示するのです。

　このようなことを申し上げた上で、あなたの質問に移りたいと思います。

　私は拙稿で「理論のより深い側面の復権」を語ってはいなかったと思います。これは翻訳上の問題かもしれませんが、私が話したのは「理論のより深い次元の回復」です[16]。おそらく、あなたが言及したものはこれでしょう。この文章の「回復」は変わった意味を持っています。私は、ファウストの「海から陸を取り戻す」試みに思いを向けてもらうためにこの言葉を使いました。つまり、ここにあるのは復権という意味ではなく、獲得、征服、取得というような意味なのです。つまり、これは「理論」の意味と潜勢力を根本的に深化させ拡大させ前進させることができるうえに、そうあるべきだというアイデアです。また、ここで「次元」とは、新しい水準や広い視野を意味しています。私がこの論考で示唆したのは、現代において儀式は、その昔、神官（あるいは私的個人）によって遂行されていた儀式のような文字どおりの遂行や挙行ではなく、その場所ももはや自然主義的な外的現実にはなく、その形式も文字どおりの行動ではない、ということです。私はむしろ、現代の心理学において、そして心理学にとって、今日の儀式の本当の場所は理論であり、理論の水準であり、そして心《マインド》の内性にその場があることを示唆しました。それはもはや目に見えるものではありません。

真に心理学的に、つまり「魂」の観点とその真の理解から、感情の深みにおいて現象について考え、慎重に、敏感に、識別しながら、心理学的に経験したものに対して正確で適切な言葉や名称を用いて語ること、それが古代の儀式の挙行に相当する現代的なものです。心理学は私たちに成長を求めています。魂は「自然」を離れ、論理的な生となったのです。あくまでもヒントとして、少々単純化されたイメージを使って表現するなら、小さな子どもは指を使って足し算や引き算をしますが、大人は心《マインド》の中で計算をするものです。心理学はもはや、魂の生を自然界に、あるいはその中に投影することはできません（これは、ユングが近代の真実に抗して、ボーリンゲンの塔でもう一度試みようとしたことです）。心理学は内性の学として厳密に構想されなければならないのです。

あなたは、「私たちはまた、それを科学的に名付けることをくり返し、その結果、本当の儀式性を失っている……」と言っていますが、はい、確かに、現代では多くの儀式性の喪失が見うけられます。特に、神聖な意味を持って文字どおり挙行される儀式の古い意味に固執するのであれば、その傾向は顕著です。私が提案したように、現代では現代に独自の非常に異なる形式の「儀式」を、あるいはむしろ儀式に相当する現代的なものを手にすることができるかもしれません。現代はまったく異なった論理的水準にあり、ポスト・ナチュラルの水準にあるのです。ですから、私たちは古い期待にしがみつくのではなく、自分たち自身の心理学的な状況に適応していかなければなりません。それは現代的な文脈に適応することを指していて、つまり魂の表現形式に関する私たちの期待を現代に適応させることなのです。古い意味での神話や儀式は、歴史的な心理学の中にしか存在しません。現代のイギリス人は、数千年前のイギリス人が話す古英語を理解できないでしょうし、数千年前のイギリス人は現代英語を理解できないでしょう。単語も発音も文法も根本的に変化しているのです。魂の言語も同じように変化してはいけないのでしょうか？

　ユングも、その反動的な傾向にもかかわらず、次のように断言しています。「私たちは車輪を逆回転させることはできません。消えてしまった象徴性に戻ることはできません。［…］私はそれが真実であることを知っていますが、それは私がもはや受け入れることができない形式を取った真実です。［…］それはもう私にとって真実ではなく、私の心理学的状況を表現してはいません。［…］私は新しい形式を必要としているのです」[17]（CW18, §632）。理論や、思考の内性（生きている思考）だけが、私たちの心理学的状況を公正に取り扱うことができる、というのが私の主張です。そして実際、実践的な心理療法は、すでに内性の形式という現代的な水準に移行し、ずっとこの種の「儀式」だけを（たとえしばしば表面的に、単に技術的なやり方であるにしても）遂行しています。つまり、単に解釈という「儀式」を、夢の解釈を、症状の解釈といったことを行っているのです。行動化（儀式の挙行）の必要はありません。はたして理論化以外の解釈などあるでしょうか？

九　この瞬間という現在をもてなす

【質問15】「神々へのもてなし」を読んで、ナラティブといまこの瞬間に専心することとの対比がとても興味深かったです。臨床場面においても、物語が展開することに目を向けがちですが、そうしている限り、いまこの瞬間に生じている魂のイマジナルな現れを受け取ることはできません。このことは、過去のセミナーでも議論された、「個性化は、あるべきプロセスや、目指すべきゴールではない」ということにもつながるように思いました。また、あなたの夢セミナーのあり方とも重なるように思いました。夢の一語一語に集中するとき、魂のイマジナルな現れに出会うことができるのかもしれません。（北山）

一方の、物語や事例の展開の重視と、もう一方の、瞬間への献身が、通常、互いに排除し合うというのは確かにそのとおりです。そして、私が理解すべきだと考える（そして常にではありませんが、ときにはユングによっても同様に理解されていた）個性化は、実際のところ、何かに向かって進むという意味でのプログラムではなく、自己改善のための舗装された道を進むという意味でのプログラムでもありません。むしろ、それは私たちがそのときそのときで、精一杯、私たちの生をすみずみまで生きることです。ユングは次のように言っています。「個性化とは、決して珍しいことでも、少数の人の贅沢でもありません。個性化は、ごく普通の生であり、あなたが何であるのかが意識されるようになることです」（*Letters 1*, p.442, to Van Waveren, 25.Sep.1946）。そして、確かに、夢において一つひとつの言葉に集中し、思いを馳せることは、もしかしたらその深みや、その魂の意味の出現につながるかもしれない方法です。ただ、私は「イマジナルな」出現とは言いません。その出現は、私たちの理解や洞察の中で、つまり思考の中で起こるのだと思います。それはイマジナルな幻影として生じるのではありません。

【質問16】同じ論文の中で、「神々は、私たちが神々に味方したり、神々を選んだりすることを望んではおらず、私たち自身の中で神々を「展開させ」たり、英雄的冒険やキリスト教的な夜の旅という個性化過程の着想に従って、神々を探しに出かけたりすることも望んではいない――こうしたことは自我が自分の重要性を高めるために考えることではないだろうか。神々はもっと別のものを求めており、よりシンプルで、より根本的で、より革新的なものを求めている。彼らは、存在論的に認められ、敬意を払われることを望んでいる」（p. 284）とあります。この部分を読んで、特定の宗教、宗派とは関係なく、純粋な信仰（神との対話）とはこのようなことなのではないかと考えました。超越的なものは、どこか遠くの場所にあったり、そこに向かっていくことではなく、いまこの瞬間にあるものから私たちによって見出されるものなのでしょう。イメージを知覚して受け取ることとしての「愛」は、いわゆるキリスト教的な「愛」や、ヒューマニスティックな愛情とは異なるものだと理解しています。ここでの「愛」は、本質的に神聖なものとの純粋な触れあいのように、私には思えました。（北山）

質問14への回答で述べたように、現在では、もはや心理学において私が神々について語ることはありません。例外は、古い神話や神学のテキストを解釈するときですが、それらが属する時代の精神を表現するものとして、解釈することが正当である場合です。つまり、歴史的心理学において解釈する場合です。これは「超越」の理念にも影響します。現代の心理学では、それは文字どおりの超越や、神聖なものや神々しいものへの言及を意味してはいないのです。それは魂の深みを、現象の内なる真理を指しているのです。確かに私が言及した愛は、キリスト教の愛とも、人間的な愛情とも違います。そしてまた、この愛は純粋な触れ合いとみなされるものだという点にも同意します。しかし、私が躊躇するのは、あなたは「神聖なものとの純粋な触れあい」と言いましたが、私は、「魂の真理との純粋な触れあい」と言わなくてはならないからです。現代において、魂の真理が世界の完全な意味での神聖として現れることができるかどうか、それは疑問です。

【質問17】「神々へのもてなし」において、キリスト教の降臨以降の「瞬間の枯渇」との対比などがなされ、その時間性にまつわる説明がされていました。「もてなしとは、現在とその隠された現前とその顔と声への献身であり、この瞬間のイメージを受容し、養うことである」（p. 262-3）が、「（キリスト教の降臨により）時間は「現在」である可能性を奪われ、「過去」と「未来」の支配を受けることになった」

(p. 265)、また「それ以前と今日に分裂してしまったために、現在の瞬間に人が完全に没頭することは許されなくなってしまった」(p. 267) という言葉は大変説得力を持って感じられました。そうして、この「現在」を受容し養うイメージについて考えるうちに、思いだされてきたことがあります。

それは、非常に過酷な状況を経た方ないしはその渦中にいる方、例えば、癌などの重篤な病を抱えながら、危機的に日々を過ごされている方と話をした後に、「今日、あなたと話せてよかった」と言われる瞬間のことです。このような言葉を患者からもらえるのは、その前の会話が病気の辛さの話ではなく、抱えている問題の改善などとも関連のない他愛のないものであったり、ごく日常的なものであったりすることが多いです。

私はそれが、患者が自分自身と命と向き合うことを経て、重要な一瞬一瞬をみずから作りだし、その瞬間を迎えるようになったときに現れる感覚と言葉であると思っています。それは残された時間についての気づきから端を発しているのではないかと思われます。彼らのこの言葉には非常に多くの意味が含まれていると感じ、その瞬間への充足感のようなものが共有されているように感じます。このようなことは一度や二度ではありませんし、他の似たような状況のセラピーの報告の中でも聴かれる話です。このような現在を受容する感覚は、多くは家族や近しい人たちと共有されることが理想的であると思いますが、私たち心理療法家やその他の援助職もそれに接することがあります。こういった、危機状況を契機に生じる「いま」を噛み締める感覚と、あなたの説明されている「もてなし」の「現在性」の概念とは区別されるべきものでしょうか。(植田)

質問14への回答で述べた自己批判の精神に基づき、私は、キリスト教の到来後の瞬間の枯渇と、キリスト教において時間が「現在」である可能性を奪われているという事実についての私の発言を少し修正する必要があります。私は確かにこの考え方を支持していますが、この問題はより複雑であることを付け加えなければなりません。キリスト教において瞬間は、それぞれの瞬間がそれ自身の異なる特別な神や神の側面の啓示につながる可能性を持った多神教と同じような、現在の瞬間とはなりえません。それとは対照的に、キリスト教の状況におけるいかなる瞬間も、同じ一神教の神の恩寵を啓示することしかできないのです。

とはいえ、これもまた、現在という真実の経験です。しかし、それは一神教の世界における現在であり、一神教の神が自然主義的な多神教のさまざまな神々の上方に根本的に上昇して、神々を止揚したように（それは意識がより高い論理水準に到達したことも意味していて）、これはもはや自然主義的ではないより高い意識の水準において経験される現在です。この高い水準ゆえに、キリスト教とは、時間と現在に関する限り、いわば論理的に二つの水準で生きているのです。一つは、人間の堕落、救い主の出現、最後の審判という全体的な時間です。しかし、もちろんキリスト教徒は地上での経験的な生活も送っており、いまここに神の現前としての現在の深みを経験することが可能です。神話の世界との違いは、キリスト教徒にとっての現在の深みは、この現実の瞬間に何が起ころうとも、それは常に多種多様な贈り物と試練を伴った唯一の神の顕現であるという点です。

あなたが描写してくれた体験、つまり厳しい危機に瀕し重病に苦しむ患者と共にくり返されていく体験は、とても心を動かされるものです。そのような瞬間は、まさに完全な意味での現在の瞬間だと思います。それはまさに、神話的ではなくなった現代世界の状況下で現れる現在の深みであり、心の内性において現れる現在の深みでしょう。そして、このような瞬間は、患者が自分自身と自分の人生の状況に真正面から向き合う点に至ったことによって生じたのかもしれない、という点に私は同意します。そして、その際、その深みを迎え入れてもてなすこともあれば、あるいは、場合によっては、その深みに抗して自分を硬化させることもあるのだと思います。このような経験を私たちに共有してくださったことに感謝します。

註

［1］本章は、本書執筆者たちが家族という主題にまつわる問いをW・ギーゲリッヒに書面で送り、それに対して届いた返答を英語から訳出して掲載したものである。各質問のあとに記載されている名前は、その問いの質問者を指している。また、議論に沿って示されている題目は編者が記したものである。

［2］本章で「心」と訳出されているものは、特に断りがない限りは、サイキ psyche である。それは、日本語で心といわれるものに比べて、奇妙な響きを含むものであり、ある種の異質性や異常性さえも含み持った言葉である。しかし、心理学と言われるものは、まさしくこの「心」を扱うものである。それ以外に「心」と訳出されているものには、マインド mind とハート heart があるが、マインドは日本語の心に近い意味を持ち、ハートも日本語の心に近いものだが、この言葉が使われるときには情緒的なニュアンスが強調される。

［3］本来は、決して直接とらえることのできないものを表すカントの用語であるが、ここでは通常の科学は物自体をとらえられるものとして疑いもなく信じていることを示すために、この言葉が敢えて使用されている。

［4］いわゆる哲学的な意味での反省 reflection のことであり、振り返り見つめ直し、それが内化されるという意味で、心理学の本質的な動きを指している。またいわゆる内省 introspection と反省を著者は峻別している。

［5］ユングはETH講義「意識と無意識」の中で spiritus familiaris を家族と結びつけて話しているが、質問者がその引用をしなかったため、ここではその質疑応答は進まなかった。この講義では、明らかにユングは、家族とこの用語を重ねあわせているが、例えば全集 GW14/II, § 366 では、著者の言うとおり「身近な精霊」の意味で使われている。

［6］コンステレーションとは、本来、夜空の星の配置のことを指すが、ユングは、星の配置にたとえて、心の中でのさまざまな要素の、その都度の関わり方によって心のありようが異なることを表すために、この言葉を使っている。

［7］M・ハイデガーの存在論では、人間はそもそもこの世に投げ込まれた「被投性 Geworfenheit」を抱えて生まれてくるが、それを投企として引き受けていくことで本来的な自分のあり方に向かっていく運動になる。

［8］この「常にあらかじめ／常にすでに always already、immer schon」は前掲訳注の「被投性 Geworfenheit」と同様に、M・ハイデガーによって使用された概念であり、既在性や等根源性にも関わり、根源をたどることができないという制限の中にある人間存在を引き受けていく考え方である。

［9］Be 動詞が強調されており、いわゆる繫辞を強調することで、繫辞を挟んだ二つのものが等価であることを示している。つまり、**A is B** の **is** が強調されていると、AとBが等価であることを強調することになる。

[10] 冒頭にエルの神話が紹介され（p.8）、その後は本書全体でこのテーマがくり返し論じられていく。邦訳は『魂のコード』（鏡リュウジ訳、朝日新聞出版社、二〇二一年）。

[11] 日本語では一般的に「隠蔽記憶」と訳されているが、英訳がスクリーン・メモリーとなっているように、この言葉は、その記憶があることによって、本質を見えなくさせているものを指している。

[12] これは遠い過去の文献に限らず、例えば昭和の文豪である泉鏡花の「草迷宮」や谷崎潤一郎の「母を恋うる記」に代表される作品群や、川端康成や三島由紀夫などの作品にもくり返されてきた主題であろう。

[13] ギーゲリッヒの「殺害」とヒルマンの「鏡から窓へ」というそれぞれの論文を参照しながら、ユング派の学術誌 *spring* 上で往還された議論がある。彼らは、ユング心理学という思想を問い直すことのできた数少ない顕学であり、その出発点として、心の実体化や文字どおり化には共通して批判的であった。だが、ヒルマンが最終局面で、心から生まれたイメージの自律性に留まるのに比べて、ギーゲリッヒは、実体化や文字どおり化を否定した心が、イメージさえも否定して、あらたな形で生まれ出てくることを見ており、心の自己否定の運動にさらに付き従ったとも言えるだろう。

[14] フロムの一九四七年の著書『人間における自由』（谷口隆之助・早坂泰次郎訳、東京創元社、一九五五年）の原題。

[15] 医学用語の一つであり、施設症とも訳出される。病院や施設などで長期間生活することによって生じる障害全般を指している。

[16] これは、質問者が日本語訳だけを読み、質問の際に原著英文を参照せずに、みずから、日本語訳を新たに英訳し、その英訳をギーゲリッヒ氏が読んで生まれた齟齬である。質問の日本語訳は、その質問者による英語をさらに日本語に訳して、このズレを明示するものとした。

[17] The symbolic life〔象徴的な生〕という一九三九年のロンドンでの英語講演の記録。

おわりに

猪股　剛

これは、心理臨床家たちがその自己体験を中心に置いて、「家族」について問いかけた論述書である。

心理臨床という実践に関わっていると、いろいろな現実的な課題に出会うことになる。虐待や暴力で苦しんでいる人たち、学校や職場に通えなくなって悩んでいる人たち、さまざまな身体症状や精神症状に困っている人たち、自分の能力や発達に疑問を感じて行き詰まっている人たち等、さまざまな人に出会う。どの方たちにお会いしても、彼らはそれぞれ個別の特殊な課題を抱えていて、同じ悩みなどどこにもない。しかし、そのような多様性に満ちた人びとの人生にも、家族だけは必ず、大きな役割を果たすものとして登場する。場合によっては、家族についてだけはまったく語られないという形で、その語りのなかに大きな痕跡を残していることもある。

「そんなことは、当然ではないか、人は家族と共に育ってきているのだから、語れることも語れないことも含めて、家族は人の人生で大きな役割を果たしているんだ」と考えることはできる。それを当然のこととして、個別の課題に向き直り、日々、多様な事例に献身するのが心理臨床の営みかもしれない。しかし、今回、あえて家族に立ち止まり、なぜ私たちにとって家族がここまで大きな役割を担っているのか、それは本当に当然のことなのか、そのことを問うてみることにした。

そもそも「家族」という人のまとまりや、「家族」というイメージや、「家族」という思想は、私たちの心にとってどのような役割を果たしているのだろうか。実際の「家族」の生活は、全世界的にどの時代においても、当然のように重要なものなのだろうか。時代による変化や地域による差異はないのだろうか。現代の日本で、私たちが考えている「家族」とは、そもそもいったい何を指しているのだろうか。当たり前とされている「家族」に、私たちは、さまざまな問いを向けてみることにした。

家族について考えてみようとすると、当然ながら、臨床現場で出会ってきた個々の家族の姿が目の前に浮かんでくる。それが私たち心理臨床家の特徴である。私たちは、普遍を目指して活動しているのではなく、あくまでも一つひとつの出来事に関わり、目の前の一人の方の心の充実や幸せを考えていこうとしている。そうすると、家族を考える際にも、一つの事例について考える必要が出てくる。しかし、個人情報保護を遵守して、専門家としての守秘義務を守りながら、個別の事例をこのような書物のなかで論じることは不可能に近い。個々の事例は、抽象化したり一般化したりするとその本質を失ってしまう。それをすることは、即座に心理臨床活動の自己否定に至り、一人の人の心を社会化して典型例に変えてしまうことになる。では、心理臨床家が心理学という営みに根ざしながら、「家族」について論じるにはどうすればよいのか。その問いを抱えながら、本書の取り組みは始まった。

その際、一つの方法としてフィールドワークは有効であった。心理臨床家が面接室の外に飛び出して、都市や農村や山岳地帯を歩きながら、その地域に生きているより多くの人たちと対話をして、その地域と社会の個別性を重視しながら、それぞれの人と風土のなかに生きている心の動きに注力した。『ホロコーストから届く声』と『私たちのなかの自然』というこのシリーズの過去の二冊では、この方法で何とか心理臨床の活動の本質とその思索を公開することができたように思う。しかしながら、「家族」という主題に関しては、フィールドワークだけではなかなかうまくいかなかった。どこにでかけて行っても、「家族」には抽象化しえない個別性がさらに強く感じられて、それを風土や時代として表現することが難しかった。

そこで、本書では、多くの執筆者たちが、自分自身をフィールドワークすることになり、自身の自己体験を個別事例として記すことになった。その試みが成功しているのかどうか、それは本書の編者としての私が語れるところではなく、読者諸氏の判断を待ちたいところである。しかし、一つだけ言えることは、そもそも心理臨床の営みは、客観的に他者を分析するようなものではなく、常に自己分析を必要とするものであり、徹底した自分の心との対話を通じて、はじめて可能となる営みである。自分を知り、自分を解体することを経ずして、他者を知ることはできない。そのような心理学のはじまりに立ち返ったうえで、私たちは本書を執筆している。

各章を通観してみると、まず第一章で兼城が沖縄という自分の出自に立ち返って家族を論じ、第二章では大録が東京という大都市に浮遊する根付かない家族について論じている。第三章では、私が家族幻想の終焉とみずからの弱さと共にあることから生まれる可能性について論じた。第四章では植田がみずからの家族の喪失体験と、そこから自分の歌が生まれてくる臨床的な可能性について論じている。第五章では、村田が家族のなかに燃えている火を主題としながら、その焼けただれる破壊的な側面と暖められる生産的な側面とを自己体験と事例に則して論じている。いずれも自分の家族や家族史との対話を経て書き上げられたものばかりである。

唯一私だけが直接家族を論じていないのだが、編者として執筆者たちを叱咤激励した手前、私にも一つの応答責任が感じられ、ここに少しだけ個人的な家族史を記して、私の論考の背景を示しておきたい。

私は、関東の小さな町工場に生まれ育っている。父は戦中の満州に生まれ、母は長野の農村地帯に生まれている。二人とも戦後の混乱期に都市に出て、自分の身一つで生活を切り開こうとした若者であった。父はその母を早くに亡くし、母はその父を早くに亡くしていたことが、二人の独立心の基盤にはあったのかもしれない。私は、二人が若い頃に一緒に劇場で見たというフェデリコ・フェリーニの『道』を、ときおり彼らの人生と重ねて考えることがある。純朴だが世間知らずなジェルソミーナと乱暴だが優しさを隠し持つザンパノが、二人で大道芸をしながら世を渡り歩いていく物語である。物語の終盤で、綱渡り芸人であり詩人でもある同僚をザンパノがあやまって殺してしまい、それを機に二人の物語は崩壊していく。だが、この詩人というものが象徴している冒険が、惜しまれながらも生活のために切り捨てられていく様子も、私にはどことなく父と母の人生と重なるものだと感じられていた。

もちろん私たちの日常生活は、旅芸人のようなものではなく、しっかりと一つところに居を構えて日々の活動を基盤にして成立していた。私が子どもの頃は、町工場で働く人たちは、まだみんなで共に暮らしていた。独立して居を構えられず、住み込みで私たちと共に生活していたのである。その頃は、いわゆる大家族のように賑やかな食卓があったことを朧気に記憶している。工場のコンクリートの床に杵を置いて毎年のように餅つきをしていたし、季節ごとに工場の人たちと温泉に行ったり釣りに出かけたりしていた。私たちの工場のあった地域には、まだ田んぼや畑が数多く残り、そのなかに町工場や住宅が少しずつ増えていった。そのため、私の幼少期の記憶には、田んぼの水や泥といった自然にまつわる記憶と、金属の削れる音やシンナーや塗料の化学物質の香りが混じり合って存在している。自然と人工が混成しながら私の家族の記憶は成立している。

そして、それが少しずつ都市の住宅と道路に取って代わられていく。騒音や異臭の問題で、工場は都市部には存続しづらく、昭和の終わりから平成の初めの頃には、町工場はほとんど閉鎖されていった。私が暮らしていた工場でも、働いていた人たちはみんなそれぞれで家族をもって独立し、次第に大家族のようにみんなで集まることはなくなっていった。そして、その中心にいた父や母の死を経て、当然のように工場は閉鎖されていった。最近、むかし暮らしていたあたりを歩いてみたことがある。だが、もはやそのあたりには昔の面影は何も残っていなかった。誰もが感じることかもしれないが、子どもの頃に暮らしていたところを大人になって歩くと、まるですべてがミニチュアのように小さく感じられて、自分が少々奇形の巨人になったようで、とても居心地が悪い。しかも、そこは知っている場所でありながらも、知っているものが何も現存しない場所である。ガリバーがリリパット王国にたどり着いたのは、スウィフトの考えた創作だと思っていたが、もしかするとスウィフトは大人になってから子どもの頃に暮らした故郷を訪ねたことがあったのかもしれない。私は、故郷を訪ねて哀愁を感じるというよりも、すべてが変化したことを実感しながら、心のなかと現実と目の前の現実を見比べて、違和感を覚え、混乱していた。

　私の記憶のなかには、家族の生成と、家族の崩壊の両方が刻まれている。それは時代の社会状況や経済状況の影響を受けながら進んでいったもののように思うが、その一方でそもそも家族とは、生成と崩壊のあいだにあるようにも感じられる。おそらく私は、世に典型的な生成と喪失を感じているだけで、家族や社会や共同というものは、そのようにいつも生成と崩壊のあいだにあり、いまという現実の取り組みのなかにだけ存在しているのだろう。それは、形として存在しているのではなく、活動として存在する。ならば、やはり私たちが心を通じて活動することが、そうしたものの生成と崩壊に取り組み、いまという現実を成立させていくことになるのではないだろうか。

　フェリーニの『道』で殺された綱渡りをする詩人は、イル・マットという名で呼ばれていた。

直訳すれば「狂人」である。私は家族幻想の喪失と心理学の可能性について第三章で論じたが、それはそもそも狂った取り組みなのかもしれないと思っている。自然と人工のあいまった領域に足を踏み入れることは、いつも必ず狂いを生み出す。だが、それを敢えて引き受けていくことが、この時代の魂といったものに関わることだと思っている。そこにまだ名付けえぬものが存在している。

本書の後半の第六章と第七章には、ヴォルフガング・ギーゲリッヒの心理学の精髄が掲載されている。第六章の「もてなし／ホスピタリティ」についての論考（'Hospitality Towards the Gods in an Ungodly Age: Philemon–Faust–Jung,' in *The Neurosis of Psychology : Primary Papers Towards a Critical Psychology*, Collected English Paper Vol.1, Routledge, 2020）は、執筆者自身が語っているように、彼がユング心理学者としての青年期に執筆したものであり、現在のギーゲリッヒの思索とは多少異なる部分も含んでいるが、逆にユング心理学の変わることのない精髄が感じられる論考でもある。現実を物語的に捉えることから、この瞬間をもてなすことへと向かう心理学の方法論は、それが難しい現代だからこそ、一読の価値のあるものだとも言えるだろう。また、第七章の家族を巡る対話は、本書の執筆者たちから出された問いかけにギーゲリッヒが答えるかたちで制作されたものであり、本書でしか読むことのできない貴重なものである。また、それだけでなく、西洋と日本との差異を明確にしながら、家族に関する本質が浮かび上がってきている対話であるように思う。

その他、家族にまつわるフィールドワークから得られた知見の一部は、コラムとして紹介してある。これは読者諸氏が本書の主題をさらに展開し、感じ考えていく際のヒントになればと考えて掲載してある。何らかのお役に立つようならば幸いである。

こうして本書が書籍として日の目を見ることができた背景には、多くの方々の協力や支援があったことをここに明記しておきたい。本文中に名前を明記した方も、そうでない方もおられるが、臨床面接のなかで出会い、フィールドワークのなかで出会い、さまざまなお話を聞かせていただいた数多くの方々に心からお礼を申し上げたい。みなさんとの対話がなければ、本書は成立していない。また本書は専門書の刊行の難しい時代において帝塚山学院大学の出版助成を得て刊行に至った。本書刊行の意義に理解を示してくれた大学の審査委員会にも感謝の意を表したい。

そしてまた、左右社の東辻浩太郎さんは、心理学という特殊な領域と、心理臨床家である私たちの遅々とした取り組みに深く理解を示し、本書の内容にゆっくりと時間をかけて向き合ってくれた。東辻さんからのコメントや助言なければ、本書はいまよりもさらに拙いものになっていただろうし、完成にいたることもなかっただろう。あらためて心から感謝申し上げたい。

この数年で、コロナ禍や戦争やエネルギー問題や貧困化によって、世界の情勢は大きく変化している。私たちは、困難に出会ったときに外への扉を閉じて家族に立ち戻りたくなるのかもしれない。そんなとき、本書は、あらためて家族について考えながら、もう一度外に向けて、現在の現実に向けて、自分の扉を開くためのヒントになるかもしれない。そんな願いを持ちながら、本書をみなさんにお届けしたいと思う。

猪股　剛（いのまた　つよし）

一九六九年生まれ、ユング派分析家、臨床心理士／公認心理師。帝塚山学院大学准教授。精神科や学校臨床において実践に携わるとともに、アートやパフォーマンスの精神性や、現代の心理の深層を思索することを専門としている。著書に『心理学の時間』（単著、日本評論社）、『遠野物語　遭遇と鎮魂』（共著、岩波書店）、『ホロコーストから届く声　非常事態と人のこころ』『私たちのなかの自然　ユング派心理療法から見た心の人類史』（編著、左右社）、訳書に『近代心理学の歴史』『C・G・ユングの夢セミナー　パウリの夢』（いずれもC・G・ユング著、創元社）、『ユングの神経症概念』『仏教的心理学と西洋的心理学』（いずれもW・ギーゲリッヒ著、創元社）などがある。

兼城賢志（かねしろ　けんじ）

一九八六年生まれ。臨床心理士／公認心理師、博士（心理学）。俳誌『鷹』同人、俳人協会会員。精神科や小児科、学校での臨床実践を経て、現在、上智大学総合人間科学部共同研究員。深層心理学の立場で心理療法の実践を行いながら、発達障害、言語、宗教などのテーマを研究している。訳書に『フロイト技法論集』（岩崎学術出版社、分担訳）、著書に『新興俳句アンソロジー　何が新しかったのか』（ふらんす堂、分担執筆）、『私たちのなかの自然』（左右社、分担執筆）などがある。

大録　慈（おおろく　めぐみ）

一九七九年生まれ。臨床心理士／公認心理師。やないクリニック、美南こころの森クリニックに勤務。また児童福祉領域でも、子どもと親の心理臨床に携わっている。生きる上で心が自発的に生み出す物語やイメージに関心をもっている。

植田　静（うえだ　しずか）

一九七一年生まれ。臨床心理士／公認心理師。獨協医科大学病院小児科・とちぎ子ども医療センター在籍。山王教育研究所スタッフ。難病サバイバーの心理療法をはじめ、さまざまな小児臨床に携わる。音楽家としては二〇二三年夏にインディペンデント・レーベルよりアルバム「a small sun」を発売予定。

村田　知久（むらた　ともひさ）

一九七六年生まれ。臨床心理士／公認心理師。長谷川病院心理療法科在籍。心が持つ可能性や深層を探求し、臨床活動を実践している。専門は、夢や描画、箱庭や色彩などの様々なイメージや表現。著書に『私たちのなかの自然』（左右社、分担執筆）がある。

ヴォルフガング・ギーゲリッヒ（Wolfgang Giëgerich）

一九四二年生まれ。ドイツ連邦共和国ベルリン市在住。米国ニュージャージー州立大学ドイツ文学の教授職を辞して心理学へ転じ、一九七六年よりユング派分析家。二十世紀の東西思想の結節点となったエラノス会議にてくり返し演者を務めるところから始まり、現在までユング思想を牽引し続けている。既刊邦訳に『魂と歴史性』『神話と意識』（いずれも日本評論社）、『魂の論理的生命　心理学の厳密な概念に向けて』『ユングの神経症概念』『仏教的心理学と西洋的心理学』（いずれも創元社）、「抑圧された忘却　アウシュヴィッツといわゆる〈記憶の文化〉」（『ホロコーストから届く声』所収、左右社）などがある。また夢分析論の決定版とも言える『夢と共に作業する』（日本評論社）が近刊予定。

北山　純（きたやま　じゅん）

一九七五年生まれ。臨床心理士／公認心理師。博士（心理学）。学習院大学文学部心理学科教授。夢や描画、箱庭といったイメージを用いた心理療法に関心を持ちながら、現在は精神科クリニックで心理臨床に携わっている。著書に『高齢者の心理臨床　老いゆくこころへのコミットメント』（創元社）などがある。

西山葉子（にしやま　ようこ）

一九七一年生まれ。臨床心理士／公認心理師。現在、長谷川病院心理療法科にて心理臨床に携わる。夢や箱庭、描画、遊び、身体を通して現れるイメージと心の変容について探求している。著書に神田久男編『心理援助アプローチのエッセンス』（樹村房、分担執筆）、猪股剛編著『ホロコーストから届く声』『私たちのなかの自然』（左右社、分担執筆）など。

相樂　加奈（さがら　かな）

一九八六年生まれ。臨床心理士／公認心理師。仁和医院心理室に在籍。夢や描画、箱庭などのイメージと表現を通して心理臨床の実践をしている。心の奥深さや豊かさに関心があり探索している。

宮澤淳滋（みやざわ　じゅんじ）

一九七八年生まれ。臨床心理士／公認心理師。すずのきメンタルケアクリニック在籍、相模女子大学非常勤講師。主に精神科領域において夢を主体とした心理療法を実践し、心を通して開けてくる世界を探究している。著書に『ホロコーストから届く声』『私たちのなかの自然』（左右社、分担執筆）、訳書にC・G・ユング『C・G・ユングの夢セミナー　パウリの夢』『近代心理学の歴史』『分析心理学セミナー１９２５　ユング心理学のはじまり』（いずれも創元社、共訳）などがある。

家族のおわり、心のはじまり

ユング派心理療法の現場から

二〇二三年三月三十日　初　版

編著者　猪股　剛

著　者　兼城賢志、大録慈、植田静、村田知久、
W・ギーゲリッヒ、北山純、西山葉子、
相樂加奈、宮澤淳滋

発行者　小柳　学

発行所　株式会社　左右社
〒一五一-〇〇五一
東京都渋谷区千駄ヶ谷三-五五-一二-B1
TEL　〇三-五七八六-六〇三〇
FAX　〇三-五七八六-六〇三二

装　丁　細野綾子

印刷所　創栄図書印刷株式会社

 ISBN 978-4-86528-361-7 Printed in Japan

https://www.sayusha.com

ホロコーストから届く声　非常事態と人のこころ　本体二八〇〇円＋税

猪股　剛　編著

植田　静、鹿野友章、小杉哲平、古川真由美、宮澤淳滋、W・ギーゲリッヒ、西山葉子、清水めぐみ、山本民恵　著

誰にも自分を晒したくない引きこもりの心性と、四六時中つながっていたい気持ち。引き裂かれている私たちの心の病理をコロナ禍はまざまざと示すことになった。そしてその心性は、先の見通せない息苦しさのなかで狂おしく未来を希求した末、強制収容所に行き着いた一九三〇年代と深く通底している――。ザクセンハウゼン強制収容所を訪問し、記念碑や博物館のあり方に触れ、生還者プリーモ・レーヴィの見続けた夢を分析。スティーブ・ライヒやピナ・バウシュの作品に時代の心性を聴き取る臨床心理学者たちのホロコースト試論。

私たちのなかの自然　ユング派心理療法から見た心の人類史　本体三〇〇〇円＋税

猪股　剛　編著

兼城賢志、宮澤淳滋、成瀬正憲、村田知久、西山葉子、W・ギーゲリッヒ、河西直歩、長堀加奈子、鹿野友章、植田　静　著

都市に暮らす私たちの心に、狩猟・採集・農耕の時代から残っているもの。その心性の揺らぎや不安こそが、私たちの「生きづらさ」の底にあるのではないか。自然と向き合い自然のなかで生きてきた人類史的時間に目を向けた臨床心理学者たちによるフィールドワーク。魂において私たちがいかにして〈人間〉となったのかを解き明かす、現代ユング派を代表するW・ギーゲリッヒの重要論文「殺害」収録。